2024年版　パーフェクト宅建士 直前予想模試

JN058116

※本書は2024年4月1現在施行されている法令に基づいて編集されています。

はしがき

　本書は、信頼と実績の「パーフェクト宅建士」シリーズにおけるラスト・アイテム、宅建本試験の**直前期の学習に特化**して編集された『**直前予想模試**』です。

　ひととおり基本書での学習が完了し、過去問も解き終えた方であれば、**最後の"ツメ"**となるこの時期は、本試験の形式に慣れ、さらに応用力に磨きをかける学習が必要になります。

　そこで本書では、近年の本試験の傾向をふまえ、あらゆる角度からの出題に対応できるよう、バラエティに富んだ3回分の模試を収録しました。

　第1回目は、**本試験に近い**「ベーシック編」、第2回目は、**近年の改正点に照準**を合わせた「法改正編」、第3回目は、**知識の正確さをチェック**できる組合せ問題や個数問題を多めに取り入れ、また、対策必須の"ヒッカケ"の要素もちりばめた「**ステップアップ編**」となっています。

　さらに、本年は4つ目の模試として、本試験問題より少し易しい**トライアル模試**をご用意しました。従来のテキストの解説に加え、一部**動画解説**も行います。

　それぞれの模試を活用して、**現時点での実力の確認**や**応用力の強化**に役立ててください。なお、問題は「取外し式」ですので、本試験と同じ雰囲気でチャレンジできます。

　巻頭特集ではラストスパートを駆け抜ける受験生のみなさんを応援するために、出題が予想される今年の法改正情報などを一気に確認する「**法改正情報・統計まとめ**」を掲載しています。しっかり読んで、本試験直前の"**総仕上げ**"に役立ててください。

　本書を利用されることによって、1人でも多くの方が**今年度の本試験で合格**されることを、心よりご祈念申し上げます。

2024年6月
住宅新報出版　出版部

必ず押さえて、得点アップ！

法改正情報・統計をマルっと

最重要テーマ⑦！

　宅建試験は、**直近の法令等の改正箇所**を中心に出題されることが多くあります。そのため、**合格のキーポイント**は改正点をしっかり押さえることです。ここでは、近年の改正で重要なトピックスもあわせて短時間で論点を習得できるよう、テーマを絞って解説しています。また「直近の統計データ」も収録しているので、しっかりチェックしてください。

　さらに、**改正箇所等に特化した問題**を用意しましたので、演習してみましょう！

権利関係

不動産登記法

所有者不明土地の解消に向けた改正

相続登記の申請の義務化と相続人申告登記（令和6年4月1日施行）

　相続登記とは、登記名義人が死亡し、不動産の名義を被相続人から相続人に変更することをいう。

　改正前は、相続登記の申請は義務ではなく、その申請をしなくても相続人が不利益を被ることは少なかった。また、相続をした土地の価値が乏しく、売却も困難である場合には、費用や手間を掛けてまで登記しようという意欲もわかないという現実があった。このような事情から、全国における所有者不明土地の割合が24％（R4国土交通省調査）にもなっているという状況が生じている。そこで、以下のように、相続登記を義務化し、怠った場合は罰則を科す制度を設けた。

> 76条の2第1項　**所有権の登記名義人について相続の開始**があったときは、当該相続により所有権を取得した者は、自己のために相続の開始があったことを知り、かつ、当該**所有権を取得したことを知った日から3年以内**に、所有権の移転の登記を申請しなければならない。遺贈（相続人に対する遺贈に限る。）により所有権を取得した者も、同様とする。
> 164条　正当な理由がないのに、登記の申請を怠った場合には、10万円以下の過料となる。

不動産登記の公示機能をより高める観点等からの改正

（1）　会社法人等番号等を登記事項とする（令和6年4月1日施行）

　所有権の登記事項として、ⅰ）登記の目的、ⅱ）申請の受付の年月日及び受付番号、ⅲ）登記原因及びその日付、ⅳ）登記に係る権利の権利者の氏名又は名称及び住所等などがあるが、次の内容も登記事項となった。

> 73条の2第1項1号　所有権の登記名義人が法人であるときは、**会社法人等番号**その他の特定の法人を識別するために必要な事項として法務省令で定めるもの。

　ある不動産についてどの法人が所有権の登記名義人として記録されているのかを厳格に特定し、その真正性を確保する観点から、**所有権の登記名義人が法人**である場合には、**会社法人等番号等を登記事項**とすることとなった。

（2）外国に居住する所有権の登記名義人の国内連絡先の登記（令和6年4月1日施行）

　近年、国際化の進展の下で、海外在留邦人の増加や海外投資家による我が国への不動産投資の増加により、不動産の所有者が国内に住所を有しない事例が増加しつつある。

　所有権の登記名義人が外国居住者である場合については、住基ネット等との連携によっても住所等の変更情報を取得することができないため、円滑に連絡をとるための特別な仕組みが必要となり、所有権の登記事項として、以下のような新規定を設けた。

> 73条の2第1項2号　所有権の登記名義人が国内に住所を有しないときは、その国内における連絡先となる者の氏名又は名称及び住所その他の国内における連絡先に関する事項として法務省令で定めるもの。

　連絡先としては、不動産関連業者や司法書士等などが想定される。

（3）DV被害者等保護のための記載事項の特例（令和6年4月1日施行）

　登記事項証明書等の交付請求により、誰でも登記名義人等の氏名・住所を知ることが可能である。また、相続登記の義務化により、相続人が住所を登記することになる。これはDV被害者等も対象となるが、DV被害者等が加害者に住所を知られると生命・身体に危害が及ぶおそれがあるので、DV被害者等保護のための次のような新規定を設けた。

> 119条6項　登記官は、登記記録に記録されている者（自然人であるものに限る。）の住所が明らかにされることにより、人の**生命若しくは身体に危害を及ぼす**おそれがある場合又はこれに準ずる程度に**心身に有害な影響を及ぼす**おそれがあるものとして法務省令で定める場合において、その者からの申出があったときは、登記事項証明書等に当該住所に代わるものとして法務省令で定める事項を記載しなければならない。

　住所に代わるものとして委任を受けた弁護士等の事務所や被害者支援団体等の住所、あるいは法務局の住所などが想定されている。

（4）形骸化した登記の抹消手続きの簡略化（令和5年4月1日施行）

　所有権以外の権利に関する登記の抹消については、令和5年4月1日施行の不動産登記法の改正で新たに規定された。一部が令和5年度宅建試験で出題されているが、未出題の論点もあわせて、見直しとして次のポイントを確認しておこう。

- 不動産の売主は、売買契約と同時にした**買戻しの特約**により、買主が支払った代金及び契約の費用を返還して、**売買の解除**をすることができる（民法579条）。
- 買戻しの期間は、10年を超えることができない。特約でこれより長い期間を定めたときは、その期間は、10年となる（同法580条）。したがって、**10年経過すると買戻しはできない**ことになる。
- 権利に関する登記は、原則として、登記権利者と登記義務者が共同して申請しなければならない（不動産登記法60条）。これを**共同申請主義**という。

　買戻し特約の登記は、権利に関する登記であるから、**買戻し特約の抹消登記は**、登記権利者である所有権登記名義人と、登記義務者である買戻権者が**共同して申請する**のが原則

である。

　しかし、上記の「原則」の問題点として、買戻しの期間が経過している買戻しの特約など、既にその**権利が実体的には消滅している**にもかかわらず、その**登記が抹消されることなく放置**され、権利者（登記義務者）が不明となったり、実体を失ってその抹消に手間や費用を要するケースが少なからず存在するとの指摘があった。そこで、令和5年4月1日施行で次のような規定が新設された。

　69条の2　買戻しの特約に関する登記がされている場合において、契約の日から**10年を経過したとき**は、登記権利者は、**単独で当該登記の抹消を申請**することができる。

予想問題　不動産の登記に関する次の記述のうち、不動産登記法の規定によれば、正しいものはどれか。

1　日本の土地の所有権の登記名義人がカナダ人であり、その者が日本国内に住所を有しないときはカナダ国内の住所が記録されれば足り、日本国内における連絡先となる者の氏名・住所を登記する必要はない。

2　不動産の所有権を取得した相続人が、自己のために相続の開始があったことを知り、かつ、当該所有権を取得したことを知った日から3年以内に正当な理由がないのに、所有権移転登記の申請を怠った時は、5万円以下の過料に処されることがある。

3　登記官は、登記記録に記録されている自然人の住所が明らかにされることにより、人の生命若しくは身体に危害を及ぼすおそれがある場合において、その者からの申出があったときは、登記事項証明書等に当該住所に代わるものを記載しなければならない。

4　買戻しの特約に関する登記がされている場合において、契約の日から10年を経過したときは、買戻特約の登記を抹消することができ、この場合の抹消の申請は、登記権利者と登記義務者が共同申請しなければならない。

解　説

1　誤り。所有権の登記名義人が**国内に住所を有しない**ときは、その国内における連絡先となる者の氏名又は名称及び住所その他の**国内における連絡先**に関する事項として法務省令で定めるものが、所有権の登記事項となる。

2　誤り。不動産の所有権を取得した相続人が、自己のために相続の開始があったことを知り、かつ、当該所有権を取得したことを知った日から**3年以内**に正当な理由がないのに、所有権移転登記の申請を怠ったときは、**10万円以下の過料**に処されることがある。

3　正しい。登記官は、登記記録に記録されている者（自然人に限る）の**住所が明らかにされることにより、人の生命若しくは身体に危害を及ぼす**おそれがある場合又はこれに準ずる程度に**心身に有害な影響を及ぼす**おそれがある場合において、その者からの申出があったときは、登記事項証明書等に当該**住所に代わるものを記載**しなければならない。

4　誤り。買戻しの特約に関する登記がされている場合において、契約の日から**10年を**

経過したときは、登記権利者は、**単独で当該登記の抹消**を申請することができる。

正解　3

宅建業法

重要事項の説明

建物状況調査（令和6年4月1日施行）

　これから取引しようとする建物が既存の建物であるときは、次に掲げる事項は重要事項となる。

- 建物状況調査（**実施後1年を経過していないもの**に限る。**鉄筋コンクリート造**又は**鉄骨鉄筋コンクリート造の共同住宅等**にあっては、**2年を経過していないもの**に限る）を実施しているかどうか、及びこれを実施している場合におけるその結果の概要。

　建物状況調査の説明は、建物状況**調査を実施した者**が「建物状況調査の結果の概要（重要事項説明用）」を作成し、これに基づき、宅地建物取引士が、劣化事象等の有無を説明するが、この点について、「宅地建物取引業法の解釈・運用の考え方」において、以下のような内容を追加した。

　なお、**住戸内**における調査と**住戸外**における調査を、**異なる調査者**がそれぞれの調査範囲及びその責任分担を明確にした上で、それぞれ実施している場合も、**建物状況調査として有効**である。この場合、「建物状況調査の結果の概要」として、住戸内における調査を実施した者が作成したものと住戸外における調査を実施した者が作成したものが分かれているときは、その両方を説明するものとする。

媒介契約についての「宅地建物取引業法の解釈・運用の考え方」（令和6年4月1日施行）

　宅地建物取引業者は、媒介契約書面に「建物状況調査を実施する者のあっせんの有無」について記載する。**標準媒介契約約款**では、媒介契約の目的物件が既存の住宅である場合において、**あっせんを「無」とするとき**は、その**理由を記入**することとしているが、例えば次のような理由を記入することが考えられる。

①甲が、建物状況調査を実施する者の**あっせんを希望しないため**

②目的物件の所有者から、建物状況調査の**実施の同意が得られないため**

③既に建物状況調査が**実施されているため**

予想問題　既存住宅の建物状況調査について、宅地建物取引業法35条の重要事項の説明及び媒介契約書面に関する次の記述のうち、宅地建物取引業法によれば、正しいものはどれか。なお、説明の相手方は宅地建物取引業者ではないものとする。

1　1年3カ月前に建物状況調査を実施した木造の既存住宅が売買の対象である場合、売買の媒介をする宅地建物取引業者は、買主になろうとする者に、建物状況調査をしている旨及び、その結果の概要を説明しなければならない。

2　1年3カ月前に建物状況調査を実施した鉄筋コンクリート造の共同住宅が売買の対象である場合、売買の媒介をする宅地建物取引業者は、買主になろうとする者に、建物状況調査をしている旨及び、その結果の概要を説明しなければならない。

3　建物状況調査について、住戸内における調査と住戸外における調査を、異なる調査者が実施した場合には、それぞれの調査範囲及びその責任分担を明確にした場合であっても、この建物状況調査は無効である。

4　標準媒介契約約款を採用して既存住宅の売買の媒介契約を締結した場合、建物状況調査をする者のあっせんを「無」とするときは、その理由を記入する必要はない。

解説

1　誤り。**木造の既存住宅**が売買の対象である場合、**建物状況調査が1年を経過**している場合には、**建物状況調査はしていない**と説明しなければならない。

2　正しい。**鉄筋コンクリート造の共同住宅**が売買の対象である場合は、建物状況調査が**2年を経過していない**ので、建物状況調査をしている旨及び、その結果の概要を**説明しなければならない**。

3　誤り。建物状況調査について、**住戸内における調査と住戸外における調査**を、異なる調査者がそれぞれの調査範囲及びその責任分担を明確にした上で、それぞれ実施している場合も、**建物状況調査として有効**である。

4　標準媒介契約約款を採用して既存住宅の売買の媒介契約を締結した場合、建物状況調査をする者の**あっせんを「無」とするとき**は、所有者からの実施の同意が得られない等の**理由を記入**する必要がある。

正解　**2**

テーマ **3** 法令上の制限

建築基準法

建築副主事の新制度（令和6年4月1日施行）

　改正建築基準法により建築副主事という新しい制度が施行された。実務に精通した多くのベテランの建築主事がリタイアした結果、建築主事が不足して建築確認事務が滞っている。そこで、大規模建築物以外の建築物（小規模建築物）については、建築副主事も建築確認することができるようにしたのである。各ポイントを押さえておこう。

> **4条7項**　**建築主事を置いた市町村又は都道府県は**、必要があると認めるときは、建築主事のほか、当該市町村の長又は都道府県知事の指揮監督の下に、**大規模建築物**（建築士法3条1項各号の建築物）**以外の建築物の確認等の事務**をつかさどらせるために、**建築副主事を置くことができる。**
>
> **2条35項**　**特定行政庁**とは、建築主事又は建築副主事を置く市町村の区域については当該**市町村の長**をいい、その他の市町村の区域については**都道府県知事**をいう。
>
> **6条1項柱書**　建築主事等とは、建築主事又は建築副主事をいう。
>
> **6条1項**　建築主は、大規模建築物以外の建築物について、建築副主事に建築確認の申請をすることができるようになった。
>
> **7条1項**　建築主は、建築確認を受けた工事を完了したときは、建築主事等の検査（**建築副主事の検査にあっては、大規模建築物以外の建築物**に係るものに限る。）を申請しなければならない。
>
> **7条2項**　前項の規定による工事完了検査の申請は、工事が完了した日から4日以内に建築主事等に到達するように、しなければならない。

予想問題　次の記述のうち、建築基準法の規定によれば正しいものはどれか。

1　市町村は、建築主事を置くことはできるが、建築副主事を置くことはできない。
2　甲県内に建築副主事を置くA市がある場合、A市における特定行政庁とは、甲県知事である。
3　建築副主事に建築確認申請できる建築物は、大規模建築物以外の建築物に限られる。
4　大規模建築物の工事完了検査の申請は、建築副主事に対しても申請することができる。

解説

1　誤り。都道府県も市町村も建築副主事を置くことができる。
2　誤り。建築主事又は建築副主事を置く市における特定行政庁とは、当該市の長である。
3　正しい。建築副主事が建築確認できるのは、大規模建築物以外の建築物に限られる。
4　誤り。大規模建築物の工事完了検査の申請は、建築副主事に対して申請することはできない。

正解　3

宅地造成及び特定盛土等規制法（盛土規制法）

（令和5年5月26日施行）

（1）　基本方針及び基礎調査

3条　**主務大臣（国土交通大臣及び農林水産大臣）**は、宅地造成、特定盛土等又は土石の堆積に伴う災害の防止に関する**基本方針を定めなければならない。**

4条　**都道府県**（指定都市、中核市の区域内の土地については、それぞれ指定都市又は中核市。以下同じ。）は、基本方針に基づき、**おおむね5年ごとに**、宅地造成、特定盛土等又は土石の堆積に伴う崖崩れ又は土砂の流出のおそれがある土地に関する地形、地質の状況その他主務省令で定める事項に関する**基礎調査を行うものとする。**

2項　都道府県は、**基礎調査の結果**を、関係市町村長（特別区の長を含む。）に通知するとともに、**公表**しなければならない。

（2）　規制区域の指定と定義

　都道府県**知事**は、崖崩れや土砂の流出による災害を防止するために、おおむね5年ごとに、地形や地質の状況等に関する基礎調査を行い、その結果を踏まえ、関係市町村長の意見を聴いて、**宅地造成等工事規制区域**又は**特定盛土等規制区域**を指定することができる。

宅地造成等工事規制区域	**都道府県知事**は、**宅地造成、特定盛土等又は土石の堆積（宅地造成等）**に伴い災害が生ずるおそれが大きい**市街地等区域**であって、宅地造成等に関する工事について規制を行う必要があるものを、**宅地造成等工事規制区域**として指定することができる。
特定盛土等規制区域	**都道府県知事**は、**宅地造成等工事規制区域以外の土地の区域**であって、当該区域内の土地において**特定盛土等又は土石の堆積**が行われた場合には、これに伴う災害により**市街地等区域**その他の区域の居住者等の生命又は身体に危害を生ずるおそれが特に大きいと認められる区域を、**特定盛土等規制区域として指定**することができる。

❶特定盛土等規制区域は、宅地造成等工事規制**区域内**には指定できない。

用語の定義	宅地造成等	**宅地造成、特定盛土等又は土石の堆積**をいう。
	農地等	農地、採草放牧地及び森林をいう。
	宅地	**農地等及び公共施設用地以外の土地**をいう。
	宅地造成	**宅地以外の土地を宅地にする**ために行う、以下の**表の①～⑤**をいう。
	特定盛土等	**宅地又は農地等**において行う、以下の**表の①～⑤**をいう。
	土石の堆積	宅地又は農地等において行う土石の堆積で表の⑥⑦（**一定期間の経過後**に当該土石を**除却**するものに限る。）をいう。

（3）　宅地造成等工事規制区域の規制

　盛土規制法12条1項によれば「**宅地造成等工事規制区域内**において行われる**宅地造成等**に関する工事については、工事主は、当該**工事に着手する前に**、主務省令で定めるところにより、都道府県**知事の許可**を受けなければならない。ただし、宅地造成等に伴う災害の発生のおそれがないと認められるものとして政令で定める工事については、この限りでない。」と定めている。

●宅地造成等工事規制区域内で、都道府県知事の許可が必要な行為

宅地造成	①高さ**1m超**の崖を生じる盛土 ②高さ**2m超**の崖を生じる切土 ③高さ**2m超**の崖を生じる盛土と切土（①②を除く） ④高さ**2m超**の盛土で**崖を生じないもの**（①③を除く） ⑤面積**500㎡超**の盛土又は切土（①〜④を除く）
土石の堆積	⑥高さ**2m超**で面積**300㎡超**のもの ⑦面積**500㎡超**のもの

① **高さ1m超の崖を生じる盛土**

② **高さ2m超の崖を生じる切土**

③ 高さ**2m超**の崖を生じる
　盛土と切土（①②を除く）

④ 高さ**2m超**の盛土で**崖を生じない**
　（①③を除く）

※崖とは30度を超える硬岩盤以外のもの

⑤ **面積500㎡超の盛土又は切土**
　（①〜④を除く）

①〜④に該当しない
500㎡超の切土又は盛土

（4） 特定盛土等規制区域の規制

特定盛土等規制区域内において行われる**大規模な特定盛土等又は一時的な土石の堆積**（次の①～⑦）に関する工事については、工事主は、当該工事に着手する前に、**都道府県知事の許可**を受けなければならない。ただし、特定盛土等又は土石の堆積に伴う災害の発生のおそれがないと認められるものとして政令で定める工事については、この限りでない。

●特定盛土等規制区域内で、都道府県知事の許可が必要な行為

特定盛土等	①2m超の崖を生じる盛土 ②5m超の崖を生じる切土 ③5m超の崖を生じる盛土と切土（①②を除く） ④5m超の盛土で崖を生じないもの（①③を除く） ⑤3000㎡超の盛土又は切土（①～④を除く）
土石の堆積	⑥高さ5m超で面積1500㎡超のもの ⑦面積3000㎡超のもの

なお、特定盛土等規制区域内において行われる**特定盛土等又は**一時的な**土石の堆積**に関する工事については、工事主は、当該工事に着手する日の**30日前**までに、当該工事の計画を都道府県知事に**届け出**なければならない。ただし、特定盛土等又は土石の堆積に伴う災害の発生のおそれがないと認められるものとして政令で定める工事については、この限りでない。

予想問題 宅地造成及び特定盛土等規制法に関する次の記述のうち、正しいものはどれか。なお、宅地造成等に伴う災害の発生のおそれがない政令で定める工事については、考慮する必要はない。

1 宅地造成等工事規制区域内で宅地造成又は特定盛土等に関する工事（災害発生のおそれのない政令で定める工事を除く。以下同じ。）を行う場合には、工事施行者は、都道府県知事の許可を受けなければならない。

2 宅地造成等工事規制区域内で土石の堆積に関する工事を行う場合には、工事主は、都道府県知事の許可を受ける必要はない。

3 特定盛土等規制区域は、宅地造成等工事規制区域内の居住者等の生命又は身体に危害を生ずるおそれが特に大きいと認められる区域に指定される。

4 特定盛土等規制区域内で宅地造成に関する工事をする場合には、工事主は、都道府県知事に30日前までに届出をする必要はないし、都道府県知事の許可を受ける必要もない。

解説

1 誤り。**宅地造成等工事規制区域内**で**宅地造成等**（宅地造成、特定盛土等又は土石の堆積）に関する工事を行う場合には、**工事主**は、都道府県知事の許可を受けなければならない（宅地造成及び特定盛土等規制法12条1項）。

2 誤り。**宅地造成等工事規制区域内**で**土石の堆積**に関する工事を行う場合には、工事主は、都道府県知事の許可を受けなければならない（同法12条1項）。

3 誤り。特定盛土等規制区域は、**宅地造成等工事規制区域以外の区域**で特定盛土等又は土石の堆積が行われた場合に、これに伴う災害により市街地等区域の居住者等の生命又は身体に**危害を生ずるおそれが特に大きい**と認められる区域に指定される（同法26条1項）。

4 正しい。**特定盛土等規制区域内**で**宅地造成**に関する工事をする場合には、工事主は、都道府県知事に30日前までに届け出をする必要もないし、許可を受ける必要もない（同法27条1項、30条1項）。

正解　**4**

（5）　その他工事等の届出

届出必要な場合・届出義務者	知事届出期間	
①宅地造成等工事規制区域の指定の際、**宅地造成等**に関する工事を行っている**工事主** ②特定盛土等規制区域の指定の際、**特定盛土等**又は**土石の堆積**に関する工事を行っている**工事主**	指定の日から21日以内	事後
③宅地造成等工事規制区域内又は特定盛土等規制区域の土地（公共施設用地を除く）において、次の施設の**除却工事**をする者 ⅰ）**高さ2mを超える**擁壁若しくは崖面崩壊防止施設 ⅱ）地表水等を排除するための**排水施設**又は**地滑り抑止ぐい**等	工事に着手する14日前までに	事前
④宅地造成等工事規制区域又は特定盛土等規制区域において公共施設用地を宅地又は農地等に**転用した者**	転用した日から14日以内	事後

予想問題　宅地造成及び特定盛土等規制法に関する次の記述のうち、正しいものはどれか。

1 特定盛土等規制区域の指定の際、当該特定盛土等規制区域内において行われている特定盛土等又は土石の堆積に関する工事の工事施行者は、その指定があった日から21日以内に、当該工事について都道府県知事に届け出なければならない。

2 特定盛土等規制区域内の土地（公共施設用地を除く。）において、高さ2mを超える崖面崩壊防止施設の全部又は一部の除却工事（許可や30日前までに届出が必要な工事を除く。）をする者は、その工事に着手する日の21日前までに、その旨を都道府県知事に届け出なければならない。

3 特定盛土等規制区域内の土地（公共施設用地を除く。）において、「地滑り抑止ぐい」の全部又は一部の除却工事（許可や30日前までに届出が必要な工事を除く。）をする者は、その工事に着手する日の14日前までに、その旨を都道府県知事に届け出なければならない。

4 特定盛土等規制区域内において、公共施設用地を宅地又は農地等に転用（許可や30日前までに届出が必要な工事を除く。）する者は、その転用する日の14日前までに、その旨を都道府県知事に届け出なければならない。

解 説

1　誤り。特定盛土等規制区域の指定の際、当該特定盛土等規制区域内において行われている特定盛土等又は土石の堆積に関する工事の**工事主**は、その指定日から21日以内に、当該工事について都道府県知事に届出が必要である。届出人は工事施行者ではなく、工事主である（宅地造成及び特定盛土等規制法40条１項）。

2　誤り。特定盛土等規制区域内の土地（公共施設用地を除く。）において、高さ２mを超える**崖面崩壊防止施設**の全部又は一部の除却工事をする者は、その工事に着手する日の**14日前**までに、その旨を都道府県知事に届け出なければならない（同法40条３項、同法施行令26条）。

3　正しい。特定盛土等規制区域内の土地（公共施設用地を除く。）において、「**地滑り抑止ぐい**」の全部又は一部の**除却工事**をする者は、その工事に着手する日の**14日前までに、その旨を都道府県知事に届け出**なければならない（同法40条３項、同法施行令26条）。

4　誤り。特定盛土等規制区域内において、**公共施設用地を宅地又は農地等に転用**した者は、その**転用した日から14日以内に、その旨を都道府県知事に届け出**なければならない（同法40条４項）。

正解　**3**

 テーマ 5 税・その他

不動産取得税・固定資産税・登録免許税

不動産取得税（令和６年４月１日施行）

（１）宅地評価土地の取得に対して課される不動産取得税の課税標準は、当該土地の固定資産課税台帳の評価額の２分の１とされる特例は、令和６年４月１日から**令和９年３月31日まで延長**されることが決定された。

（２）不動産取得税の税率の本則は４％であるが、特例として土地及び住宅は３％になる。この特例は、令和６年４月１日から**令和９年３月31日まで延長**されることが決定された。

固定資産税（令和６年４月１日施行）

　一定の新築住宅は、３年度間又は５年度間に限り床面積が120㎡までの部分について、税額の２分の１相当額が減額される特例は、令和６年４月１日から**令和８年３月31日まで**延長されることが決定された。

登録免許税（令和６年４月１日施行）

　①住宅用家屋の所有権保存登記の税率の軽減措置（4／1,000が1.5／1,000）、②住

宅用家屋の所有権移転登記(**売買・競売**による取得に限る)の税率の軽減措置(20／1,000が3／1,000)、③住宅取得資金の貸付等に係る抵当権設定登記の税率の軽減措置(4／1,000が1／1,000)は、それぞれ令和6年4月1日から**令和9年3月31日まで延長**されることが決定された(租税特別措置法第72条の2、第73条、75条)。

	住宅家屋の所有権保存登記・所有権移転登記・抵当権設定登記の税率軽減措置の適用要件
1	個人が、**自己居住用**の住宅家屋について、登記を受けること
2	住宅家屋を新築又は取得後**1年以内に登記**を受けること
3	床面積の合計が**50㎡以上**であること
4	住宅用家屋が既存住宅(中古住宅)である場合、新耐震基準に適合していること(**昭和57年1月1日以後**に建築されたものであれば新耐震基準に適合しているとみなす)
5	登記の申請書に住宅用家屋の所在地の**市区町村長の証明書**(住宅用家屋の床面積が50㎡以上であること等の一定の要件を満たす旨の証明)を添付すること

過去問題 住宅用家屋の所有権の移転登記に係る登録免許税の税率の軽減措置に関する次の記述のうち、正しいものはどれか。(R3年12月出題)

1 この税率の軽減措置の適用対象となる住宅用家屋は、床面積が100㎡以上で、その住宅用家屋を取得した個人の居住の用に供されるものに限られる。

2 この税率の軽減措置の適用対象となる住宅用家屋は、売買又は競落により取得したものに限られる。

3 この税率の軽減措置は、一定の要件を満たせばその住宅用家屋の敷地の用に供されている土地の所有権の移転登記についても適用される。

4 この税率の軽減措置の適用を受けるためには、登記の申請書に、一定の要件を満たす住宅用家屋であることの都道府県知事の証明書を添付しなければならない。

解 説

1 誤り。軽減措置の適用対象となる住宅用家屋は、床面積が**50㎡以上**であれば適用される(租税特別措置法施行令42条、41条)。

2 正しい。軽減税率の適用を受けるには、住宅用家屋の**取得原因が売買又は競落**である場合に限られる(同法施行令42条3項)。

3 誤り。居住用家屋の取得に適用があるのであって、**土地**の所有権移転登記には適用がない。

4 誤り。税率の軽減措置を受けるためには、登記申請書に、**市区町村長の証明書**(住宅用家屋証明書)を**添付**しなければならない。「都道府県知事の証明書」ではない(租税特別措置法73条、同法施行令42条1項)。

正解 2

住宅金融支援機構

独立行政法人住宅金融支援機構（令和5年12月13日施行）

　毎年、問46では独立行政法人住宅金融支援機構（以下「機構」という）の問題が出題される。出題形式は、「機構はどのような業務ができるか」というものであり、次のように独立行政法人住宅金融支援機構**法**以外からも出題される。これは、「空家等対策の推進に関する特別措置法の一部を改正する法律」の施行に伴い、住宅金融支援機構法施行令について規定の整理が行われたために制定された。

> 空家等対策の推進に関する特別措置法21条
> 　**機構は**、市町村又は空家等管理活用支援法人からの委託に基づき、空家等及び空家等の跡地の活用の促進に**必要な資金の融通**に関する**情報の提供**その他の**援助**を行うことができる。

　また、昨年度の改正点であるが、「脱炭素社会の実現に資するための建築物のエネルギー消費性能の向上に関する法律等の一部を改正する法律」において、機構の直接融資業務が一つ追加された。

> 住宅金融支援機構法13条1項10号
> 　**住宅のエネルギー消費性能の向上**を主たる目的とする**住宅の改良に必要な資金の貸付**けを行うこと。

予想問題　独立行政法人住宅金融支援機構（以下この問において「機構」という。）に関する次の記述のうち、**誤っているもの**はどれか。

1　機構は、マンションの共用部分の改良に必要な資金の貸付けを行う。

2　機構は、建築物のエネルギー消費性能の向上等に関する法律に規定する住宅のエネルギー消費性能の向上を主たる目的とする住宅の改良に必要な資金の貸付債権を買い取る業務は行うが、直接融資することはできない。

3　機構は、住宅の建設、購入、改良若しくは移転（以下「建設等」という）をしようとする者に対し、必要な資金の調達に関する情報の提供、相談その他の援助を行う。

4　機構は、市町村からの委託に基づき、空家等及び空家等の跡地の活用の促進に必要な資金の融通に関する情報の提供その他の援助を行うことができる

解説

1　正しい。機構は、マンションの共用部分の改良に必要な資金の貸付けを行う（機構法

13条1項7号）。

2　誤り。機構は、建築物のエネルギー消費性能の向上等に関する法律に規定する**住宅の****エネルギー消費性能の向上**を主たる目的とする**住宅の改良に必要な資金の貸付け**を行う（同法13条1項10号）。機構は、直接融資をする。

3　正しい。機構は、住宅の建設、購入、改良若しくは移転（以下「建設等」という）をしようとする者又は住宅の建設等に関する事業を行う者に対し、必要な資金の調達又は良質な住宅の設計若しくは建設等に関する**情報の提供、相談その他の援助を行う**（機構法13条1項4号）。

4　正しい。**機構は**、市町村又は空家等管理活用支援法人からの委託に基づき、空家等及び空家等の跡地の活用の促進に**必要な資金の融通**に関する**情報の提供**その他の**援助**を行うことができる（同法13条2項2号）。

正解　**2**

テーマ
5問免除科目

統計まとめ

例年、問48に統計の問題が出題される。過去7回の本試験において、建築着工統計は7回、地価公示からは6回、法人企業統計から6回出題されているので、数値が増加したのか、減少したのかを押さえよう。

	R1	R2(10月)	R2(12月)	R3(10月)	R3(12月)	R4	R5
地価公示	○	○		○	○	○	○
建築着工統計	○	○	○	○	○	○	○
法人企業統計	○	○	○	○			○
宅建業者数	○		○		○		○

令和6年地価公示結果の概要（令和6年3月26日公表　国土交通省）

令和6年1月以降の1年間の地価について、以下のとおりである。

（1）　全国平均

全国平均では、**全用途平均・住宅地・商業地**のいずれも**3年連続で上昇**し、上昇率が拡大した。**工業地は8年連続で上昇**し、上昇率が拡大した。

	前年比	状　況
全用途	2.3%上昇	3年連続で**上昇**し、**上昇率が拡大**
住宅地	2.0%上昇	3年連続で**上昇**し、**上昇率が拡大**
商業地	3.1%上昇	3年連続で**上昇**し、**上昇率が拡大**
工業地	4.2%上昇	8年連続**上昇**し、**上昇率が拡大**

（2）　三大都市圏

　三大都市圏平均では、全用途平均・住宅地・商業地のいずれも3年連続で上昇し、上昇率が拡大した。東京圏、名古屋圏では、全用途平均・住宅地・商業地のいずれも3年連続で上昇し、上昇率が拡大した。大阪圏では、全用途平均・住宅地は3年連続、商業地は2年連続で上昇し、それぞれ上昇率が拡大した。

	前年比	状　況
全用途	3.5%上昇	3年連続の**上昇**で、**上昇率が拡大**
住宅地	2.8%上昇	3年連続の**上昇**で、**上昇率が拡大**
商業地	5.2%上昇	3年連続の**上昇**で、**上昇率が拡大**
工業地	5.8%上昇	10年連続の**上昇**で、**上昇率が拡大**

建築着工統計調査報告（令和6年1月31日公表　国土交通省）

令和5年の新設住宅着工戸数（概要）

　令和5年の新設住宅着工は、持家、貸家及び分譲住宅が減少したため、全体で減少となった。

（1）　総戸数

新設住宅着工戸数	3年ぶりの**減少**（819,623戸、前年比4.6%減）
新設住宅着工床面積	2年連続の**減少**（64,178千㎡、前年比7.0%減）

（2）　利用関係別戸数

持家		2年連続の**減少**（224,352戸、前年比11.4%減）
貸家		3年ぶりの**減少**（343,894戸、前年比0.3%減）
分譲住宅		3年ぶりの**減少**（246,299戸、前年比3.6%減）
	マンション	昨年の増加から再びの**減少**（107,879戸、前年比0.3%減）
	一戸建住宅	3年ぶりの**減少**（137,286戸、前年比6.0%減）

（3）　その他

建築工法	プレハブ	2年連続の減少（103,403戸、前年比8.1%減）
	ツーバイフォー	2年連続の減少（90,792戸、前年比0.5%減）

年次別法人企業統計調査（令和5年9月1日公表　財務省）

令和4年度の不動産業について

（1）　不動産業の売上高

不動産業の売上高は約46兆2,682億円（対前年度比で4.8%減少）であり、前年度より減少した。

全産業の売上高の約3%を占めている。

（2）　不動産業の営業利益

不動産業の営業利益は約4兆6,592億円（対前年度比で13.2%減少）であり、3年ぶりに減少した。

全産業の営業利益は、63兆2,650億円であり、対前年比で16.7%増加し、2年連続で増加した。

（3）　不動産業の経常利益

不動産業の経常利益は、5兆9,392億円であり、対前年度比で2.0%減少し、3年ぶりに減少した。

全産業の経常利益は、95兆2,800億円であり、対前年度比で13.5%増加し、2年連続で増加した。

（4）　不動産業の売上高利益率

●不動産業の売上高営業利益率

不動産業の売上高営業利益率は、10.1%で、前年度（11.1%）と比べて減少した。全産業の売上高営業利益率（4%）より高い。

●不動産業の売上高経常利益率

不動産業の売上高経常利益率は、12.8%で、前年度（12.5%）と比べて増加した。全産業の売上高経常利益率（6.0%）より高い。

令和4年度宅地建物取引業法の施行状況調査結果（令和5年10月4日公表　国土交通省）

　令和4年度における宅地建物取引業法に基づく国土交通大臣・都道府県知事による免許・立入調査・監督処分・行政指導の実施状況および都道府県知事による宅地建物取引士登録者数についてとりまとめた。

主な動向	宅地建物取引業者数は9年連続で増加
	監督処分件数は減少傾向、勧告等の行政指導件数は令和4年度において減少に転じたものの、両方とも件数は依然として多い
	宅地建物取引士の新規登録者数は近年増加傾向であり、総登録者数は約115万人

（1）　宅地建物取引業者の状況

　令和4年度末（令和5年3月末）現在の宅地建物取引業者数は、129,604業者（大臣免許が2,922業者、知事免許が126,682業者）。

　対前年度比では、大臣免許が146業者（5.3%）、知事免許が861業者（0.7%）増加し（全体では1,007業者（0.8%）の増加）、**9年連続の増加**となった。

（2）　監督処分・行政指導の実施状況

　令和4年度において、宅地建物取引業法の規定に基づき国土交通大臣又は都道府県知事が行った宅地建物取引業者に対する監督処分・行政指導の件数は、以下のとおりである。

監督処分	①免許取消処分	63件（対前年度比　−30件、32.3%減）
	②業務停止処分	38件（対前年度比　＋11件、40.7%増）
	③指示処分	38件（対前年度比　−4件、9.5%減）
	合計	139件（対前年度比　−23件、14.2%減）
行政指導		528件（対前年度比　−99件、15.8%減）

（3）　宅地建物取引士登録者数の状況

　令和4年度においては、新たに29,491人が都道府県知事へ宅地建物取引士の登録をしており、これにより総登録者数は1,154,979人となっている。

予想問題　次の記述のうち、正しいものはどれか。

1　建築着工統計調査報告（令和5年計。令和6年1月公表）によれば、令和5年の新設住宅着工戸数は、819,623戸であり、前年より増加した。

2　年次別法人企業統計調査（令和4年度。令和5年9月公表）によれば、令和4年度における不動産業の営業利益は約4兆6,592億円（対前年度比で13.2%減少）であり、3年ぶりに増加した。

3　令和6年地価公示（令和6年3月公表）によれば、令和5年1月以降の1年間の地価変動は、全国平均では、住宅地及び商業地については、ほぼ横ばいであった。

4　令和4年度宅地建物取引業法の施行状況調査結果（令和5年10月公表）によれば、監督処分の合計件数は減少傾向にあり、勧告等の行政指導件数は令和4年度において減少に転じた。

解説

1　誤り。建築着工統計調査報告（令和5年計。令和6年1月公表）によれば、令和5年の**新設住宅着工戸数**は819,623戸であり、**3年ぶりの減少**であった。

2　誤り。年次別法人企業統計調査（令和4年度。令和5年9月公表）によれば、令和4年度における**不動産業の営業利益**は約4兆6,592億円（対前年度比で13.2％減少）であり、**3年ぶりに減少**した。

3　誤り。令和6年地価公示によれば、全国平均では、**住宅地も商業地も3年連続で上昇**し、上昇率が拡大した。

4　正しい。令和4年度宅地建物取引業法の施行状況調査（令和5年10月公表）によれば、監督処分件数は減少傾向にあり、勧告等の行政指導件数は令和4年度において減少に転じたものの、両方とも件数は依然として多い。例年、同調査において監督処分の件数についての記述はあったが、行政指導の件数についての記述はなかったところ、**今年初めてその記述があったので注目**しよう。

正解　**4**

宅建テルキナ流

テキスト・問題用紙の
合格するマーク術

『パーフェクト宅建士』公式オンライン講座の講師を務める宅建テルキナ。
講師のテルとキナが、今から**宅建試験当日まで使える**勉強法・解答法を惜しみなく伝授します！

宅建テルキナ

2019年に結成された、宅建攻略ユニット。「知識を絞って、正確性を極限まで上げる」をテーマに、YouTubeを中心に宅建試験に合格するための情報を発信中。

■平井照彦（teru）

大手予備校で宅建講師を経験。現在は教材制作・執筆をしながら、行政書士として宅建関連の申請実務も行っている。

■宇都木雪那（kina）

平井のクラスに通学し、宅建試験に一発合格。不動産実務経験者。

テキスト・問題用紙の
合格するマーク術

『パーフェクト宅建士 基本書』や過去問などを使って勉強する際、重要なポイントにマークをつけていく方法があります。マークをすることで視覚的にも分かりやすくなり、うまく活用すれば効率よく学習を進められます。しかし、「重要そうなポイントだからマークしている」という状態だと、いつの間にかマークばかりになってしまい、本当に重要なポイントを見失ってしまう事態も起きかねません。

そんな悩みを解決するため、宅建テルキナに効果的なマークの仕方を聞きました。

Point 01　マークは単語に絞る

テキストや過去問に出てくる文章は法律が絡むため、長く堅苦しいものが多いです。マークをするときは、**文章ではなく単語を拾っていく**とポイントを絞りやすくなります。

実際に過去問を使って練習してみましょう。

令和5年　問6
A所有の甲土地について、Bが所有の意思をもって平穏にかつ公然と時効取得に必要な期間占有を継続した場合に関する次の記述のうち、民法の規定及び判例によれば、正しいものはいくつあるか。

イ　Bの取得時効が完成した後に、AがDに対して甲土地を売却しDが所有権移転登記を備え、Bが、Dの登記の日から所有の意思をもって平穏にかつ公然と時効取得に必要な期間占有を継続した場合、所有権移転登記を備えていなくても、甲土地の所有権の時効取得をDに対抗することができる。

上記は「取得時効」の問題です。取得時効のポイントは、「所有の意思をもって、平穏にかつ公然と、一定期間占有することによって、所有権の取得時効が成立する」こと。

Bが甲土地を時効によって取得し、対抗できるかは、「**一定の事実状態**」「**一定期間**」の2つの見極めが必要です。取得時効が完成する前か後か、必要な期間占有をした後か継続した場合かを整理しながらマークしましょう。

> コツは、「少ないかな?」というくらいに留めておくこと。最初からマークをし過ぎるとマークばかりになってしまい、重要箇所が分からなくなってしまいます。

Point 02 原則と例外に分ける

　法律には、「**原則**」と「**例外**」があります。この２つを理解することも、問題を読み解くコツです。

　法律以外の分かりやすい例として、サッカーの原則と例外を見てみましょう。

> 原則：プレー中にフィールド内で手を使ってはならない。
> 例外：ゴールキーパーだけは、自軍のペナルティエリア内に限り、手を使うことができる。

　原則と例外のイメージがつきやすくなったと思います。では、民法の「錯誤」の項目に当てはめてみましょう。

錯誤（勘違い）によって契約をした場合

> 原則：契約を取り消すことができる
> 例外：本人に重大な過失がある場合は取り消すことができない

　次の例題で、原則と例外を視覚的にわかりやすくするために、マーカーなどを使って**色で分けて**みましょう。

　ここでは原則を ▨▨▨▨、例外を ～～～～ で表します。

令和２年（10月）問6
AとBとの間で締結された売買契約に関する次の記述のうち、民法の規定によれば、売買契約締結後、AがBに対し、錯誤による取消しができるものはどれか。

1　Aは、自己所有の自動車を100万円で売却するつもりであったが、<u>重大な過失により</u>Bに対し「10万円で売却する」と言ってしまい、Bが過失なく「Aは本当に10万円で売るつもりだ」と信じて購入を申し込み、ＡＢ間に売買契約が成立した場合
3　Aは、自己所有の時価100万円の名匠の絵画を贋作だと思い込み、Bに対し「贋作であるので、10万円で売却する」と言ったところ、Bも同様に贋作だと思い込み「贋作なら10万円で購入する」と言って、ＡＢ間に売買契約が成立した場合

　ここで注意してほしいのは、**例外に意識を向けすぎない**ことです。あくまでも「原則があっての例外」のため、例外を見つけようと意識しすぎると知識が混同してしまいます。

> 学習の際、マーカーなどを使って、原則は赤色、例外は青色に分けてマークしていました。

問題文に答えを書き込む

　試験中、問題を読みながらキーワードや重要な個所にラインを引いたり、マークを付けたりしながら解くこともあるでしょう。その際、無駄にラインやマークを入れてしまうことで、解答時間が短くなったり、読み直したときに重要点が分からず再度一から読み直さなければならないといった手間が発生します。

　そのような事態にならないよう、問題用紙に書き込みをしながら解いてみましょう。ポイント１、２のマーク方法も使います。

令和５年度問13「区分所有法」
建物の区分所有等に関する法律（以下この問において「法」という。）に関する次の記述のうち、誤っているものはどれか。

2　集会は、区分所有者の４分の３以上の同意があるときは、招集の手続を経ないで開くことができる。　❌　全員

　　　　できない

　このように、「どこが○あるいは×」か、「×であれば正しい知識」を書き込みます。そのうえで、キーワードにマークをつけると、見直しの際もひと目で分かるため効果的です。

注意

　これまでの方法は、マークをつける**キーワードを間違えてしまう**と効果を十分に**発揮できません。**そのため、テキストであれば消して書き直しができるペンやマーカーを用いたり、過去問であれば問題をコピーしたりして実践してみてください。

どう使ったらいい？

『パーフェクト宅建士』

テキスト・問題集の
活用術

　書店には、宅建のテキストがたくさん並んでいます。あれこれ覗いてみて、あるいはネットのレビューを見比べて、自分に合いそうなテキストを選んで、学習をスタートさせたことでしょう。

　そんな独学で学習を続ける方に、あるいはこれから学習を始める方に、本試験まで学習をどう進めていけばいいのか、どんなテキストをどう使えばいいのか。『パーフェクト宅建士』シリーズの効果的な使い方をご案内します。

　限られた時間の中で進める学習を、より効率的にするためのヒントが見つかるはずです！

ギモンに答えます！

"パーフェクト宅建士"シリーズの 使い方Ｑ＆Ａ

宅建のテキスト・問題集はたくさんの種類がありますが、効果的に使えていますか？　知っているようで知らない、宅建テキスト・問題集の使い方を「パーフェクト宅建士」シリーズを例に挙げてまとめました。

Q. テキスト・問題集はいつ使えばいいの？

A. それぞれ学習時期に合わせた大まかな"使い時"があります。

まとめると、こういった使い方が基本になります。

① 合格に必要な知識を得るテキスト（「基本書」）	→直前まで使い続ける
② 知識演習の演習をする問題集（「分野別過去問題集」「一問一答Pocket」）	→直前期前までに一通り終わらせる
③ 実践＆実力チェック用問題集（「直前予想模試」「過去問12年間」）	→8月ごろから直前期にかけて集中的に使う

ヒント！ これは、あくまで理想のスケジュールです。ご自分の勉強の進捗や、苦手な分野・論点に合わせて必要と感じたテキスト・問題集を使いましょう。

Q. テキスト、問題集をどう組み合わせたらいいの？

A. 勉強の仕方に合わせた３つのプランをご紹介します！

プランA 確実な得点力をつける！「基本書」&「一問一答」&「12年間」	プランB 実践的に進めたい！「分野別」&「基本書」&「直前予想模試」
確実な得点力が欲しいなら、肢ひとつひとつの正誤を答えられる正確な知識をつけ、出題傾向を把握することが一番です。そのためのプランがこちら！ ① 「基本書」を読んで、 ② 「一問一答Pocket」で繰り返し問題を解き、 ③ ①②を終えたら、「過去問12年間」で本試験の傾向、解き方をものにする！	最初からテキストを読むのではなく、まずは実際の本試験の問題を解いて、どう出題されるのかを知りながら進めたい方はこちら。 ① 「分野別過去問題集」を解いて、 ② 「基本書」で分からないことを確認！ ③ ①②を繰り返して学習を進めたら、「直前予想模試」で本試験形式に慣れる！
ヒント！ 「一問一答Pocket」は実際に出題された問題の肢を使った問題集。「基本書」の記述に沿って、論点ごとに○×形式の問題が掲載されているので、ひとつひとつの知識を確認するのに最適です。	ヒント！ 「分野別過去問題集」を繰り返し解いて、解ける問題を増やしましょう。「基本書」を"辞書"として一緒に使うことを忘れずに！

スペシャルプラン 試験まで時間がない！！そんなときは「ズバリ予想！テーマ50」&「分野別」&「直前予想模試」

「宅建士ズバリ予想！テーマ50」（住宅新報出版刊）は本試験頻出の知識だけをギュッと詰め込んだ要点整理集。丸暗記して、問題を解けるようになれば、合格への"ショートカット"もきっと実現！
① 「宅建士ズバリ予想！テーマ50」の内容を赤シート使用で暗記して、
② 「分野別過去問題集」をひたすら解く！
③ ①②を最後まで進めたら、「直前予想模試」で本試験形式に慣れる！

ヒント！ 「宅建士ズバリ予想！テーマ50」で覚えた知識を使って問題を解けるようになるには、演習することが必須です。「分野別過去問題集」を95％以上解けるように覚えきりましょう！

　どのプランでも、「テキストを読んで」、「問題を何度も解いて」、「本試験形式に慣れる」こと。この３ステップが鉄則です！　３ステップをこなして合格に近づくためにも、テキスト・問題集はきちんと選びましょう！

Q. 今日は疲れてテキストを開く気になれない…、今日は30分も時間がとれない……

A. そんなときは、「マンガ宅建士はじめの一歩」！
（住宅新報出版刊）

　本試験の出題内容に換算して30点分の知識をギュッと詰め込みつつも、マンガなので気軽に勉強が進められます。忙しくても頑張りたい方におすすめの１冊です。

これでバッチリ！

本書「直前予想模試」の使い方

本書の使い方はカンタン３段階！

1 使う模試を選んで、問題を切り離そう。
どの模試からはじめてもＯＫ。

2 本番と同じ、２時間を計って挑戦しよう！
目標は100分で解き終わり、残りの20分で見直しをすること。

3 解答を確認して、解説を読もう。

問題

本番さながらの
レイアウト！

【問 4】 Ａは、その所有する宅地を、Ｂに対し、2,000万円で売却した後、さらにＣに対して、3,000万円で売却した。登記名義は、依然としてＡ名義のままである。この場合における次の記述のうち、民法の規定によれば、誤っているものはどれか。
1 ＡＢ間、ＡＣ間のどちらの売買契約も有効である。
2 Ａは、Ｃに対し、移転登記をすることが可能である。
3 Ｂは、Ｃに対し、損害賠償の請求が可能である。
4 Ｃに移転登記がなされた後でも、ＡＢ間の売買契約は有効である。

解答・解説

解けた問題にチェックを入れましょう

難易度

ひと目でわかる論点

「パーフェクト宅建士基本書」の参照項目

問題を解く時のポイントや関連知識をまとめました

太字の部分に注意して読もう！

模試の各回の「レベル設定」

第1回目 ベーシック編 …… **得点目標 36点**

基礎的な問題が多め。今の自分の基礎力を測るのにおすすめです。

第2回目 法改正編 …… **得点目標 35点**

直近の法改正が絡む問題を重点的にチョイス。狙われそうな知識がきちんと身についているか確認しましょう。

第3回目 ステップアップ編 …… **得点目標 33点**

細かい知識や応用力を試されます。知識をものに出来ているか測りましょう。

ヒント！ ステップアップ編でも、基礎的な知識が理解できていれば、消去法で正解の選択肢に辿り着くことができる場合が多いです。諦めないでトライしてみましょう！

各問題の「難易度」

- **難易度A** …絶対に正解したい「頻出かつ基本的」な問題
- **難易度B** …"合否のわかれ目"となる問題。ぜひ正解してほしい‼
- **難易度C** …難問や奇問である。間違っても気にしないこと！

ヒント！ 各問題は難易度A～Cに振り分けられています。難易度Aの問題は頻出なのでAの問題から順に復習していくと効率◎！

模試の使い方のポイント

☑ 解けるようになればOK！

模試で間違えると落ち込むこともあるでしょう。しかし、今回間違えた問題を徹底的に見直せば、その分、実力がつきます。そこで必要なのが**間違えた理由の分析**です。何故間違ったのか、たとえば、演習が足りていない分野だったのか、知識に対する理解不足なのか、もしくは問題の読み間違い・早合点なのか、「間違えた理由」を自分の中に明らかにしておくことが大切です。

☑ 繰り返し解いてOK！

模試は繰り返し解いてOKです。 間違った問題、特に難易度A～Bの問題を必ず解けるようになれば得点力が着実にアップ！　ぜひ、出題一覧表を解けた問題のマークで埋められるようになるまで、使い切ってください！　なお、新しい解答用紙は住宅新報出版のウェブサイトからダウンロードできます。（https://www.jssbook.com/）

☑ 試験直前の「法改正」「統計情報」のチェックを忘れずに！

直近の「**法改正**」関連の論点や「**統計情報**」は出題されやすく、得点源になります。本書の巻頭特集にまとまっていますので、試験直前に必ず確認しましょう。切り取って試験会場に持ち込むのもアリです。

3 動画解説アリ！

トライアル模試の利用法

　模試の形式に慣れるため、さらに問題を解いて得点する自信をつけるために、もう１回分の模試をご用意しました。本試験問題より少し易しい模試ですので、気軽にチャレンジしてください。

　公式オンライン講座『パーフェクト宅建士』の講師である宅建テルキナによる解説講義を視聴すれば、理解がより深まること間違いなし！

トライアル模試の公開予定

問題・解答解説：2024年7月下旬
　　　　　　　　住宅新報出版の専用ページ（下記参照）

解説動画講義　：2024年7月下旬〜８月上旬
　　　　　　　　宅建テルキナの公式Youtubeチャンネル
　　　　　　　　（https://www.youtube.com/@takken_terukina）

トライアル模試のダウンロード方法

① 住宅新報出版ウェブサイトの専用ページにアクセス

 専用ページ　https://www.jssbook.com/news/n57280.html

② パスワードを入れてダウンロードしてください！

Per2024Tri0052

注意

- PDFファイルをご覧いただくには、アドビシステムズ社が配布しているAdobe Acrobat Reader（無償）等が必要です。
- ダウンロードに必要な通信費はお客様負担となります。
- ダウンロードサービスは2025年５月31日までになります。
- ダウンロード版に掲載されている文章、写真、イラスト等著作物の著作権は住宅新報出版に帰属します。著作権上認められた範囲内において使用する場合を除き、当社に許諾なく複製、公衆送信、翻案等利用することを禁じます。

● 読者様向け「Webサービス」のご案内 ●

❶「重要統計データ」

今年度の宅建本試験で出題される可能性が高い「**令和6年版
土地白書**」（国土交通省、**本書編集時点では未公表**）等のデータ
について、「住宅新報出版ウェブサイト」でお知らせいたします
（8月公開予定）。

専用ページ：https://www.jssbook.com/news/n54784.html

❷「マークシート」ダウンロードサービス

本試験と同様の「**解答用紙**」（マークシート）が「住宅新報出版ウェブサイト」
からダウンロードできます。より本試験を意識した学習にお役立てください。

❸「苦手科目をちょっと復習　解いて覚える一問一答」

さらに5科目10問ずつ、計50問の一問一答をご用意しました！　詳しくは、
上記、専用ページをご確認ください。

❹「令和6年度 宅地建物取引士試験・解答速報」

弊社では、**本試験終了後**（当日中）、「**解答速報**」を公開いたします。下記URL
にアクセス、または2次元バーコードを読み取っていただき、ブックマークをお
願いいたします。

❺ 日建学院×住宅新報出版「宅地建物取引士『コラボ模試』」開催！

詳細は裏表紙をご確認ください。

❻ 電子書籍 パーフェクト宅建士基本書＋一問一答 Pocket おためし版

シリーズの人気タイトルの一部を無料でご覧いただけます！　ぜひこの機会に
お試しください。

合格に役立つさまざまな情報をご提供します!!

住宅新報出版ウェブサイト　https://www.jssbook.com

ぜひアクセスして、本試験対策にお役立てください!!

巻頭特集3

ワンポイントアドバイス

模試はどう使うのが効果的ですか?

　模試は自分が今どれくらい得点できるのかを計る指針として使いましょう。本書の他にも、本試験さながらの会場で受けられる公開模試やWeb上で受けられる模試もありますので、積極的に活用してください。「過去問12年間」を模試の代わりに使うのも良いです。

ネットの無料動画やアプリなどは使ってもいいの?

　今は本当にたくさんの方法で学習を助けてもらうことができます。理解の助けになるように、ネットに頼るのはアリです。ただし、ひとつ注意してほしいのは、必ずしもネットの情報が最新の正しい知識とは限らないことです。もちろん、きちんとした内容のものが多いですが、中には昨年以前の情報から更新されていないこともあります。必ず手元の当年版のテキストに戻るクセをつけてください。

試験まで時間がありません! 少しでも点を上げるには?

　その場合は、まず「分野別問題集」を徹底的にやり込みましょう。「分野別問題集」ではよく出題される分野が手厚くカバーされています。そして間違いが多い分野は「要点整理集」などのテキストで、さらに必要な知識を身につけてください。これを繰り返し、95%以上正解できるようになりましょう。そして、最後の仕上げに模試を加える。一見遠回りに見えますが、これが一番効率的です。

　また、ずっと言われていることですが、法改正があった論点や統計など、出題されやすいところを試験直前に「最終確認」するのも有効なので忘れずに。

　本試験まで駆け抜けましょう!

問題

学習目的別・3タイプの模試を収録

① 「本試験」を想定！
ベーシック編

② 「法改正」を得点源に！
法改正編

③ 「変化球」にも慣れよう！
ステップアップ編

※**解答用紙**（マークシート）は「住宅新報出版ウェブサイト」からダウンロードしてください。詳しくは、読者様向け「Webサービス」のご案内（P.35）の②をご覧ください。

各「問題冊子」の取外し方

色紙を残したまま、問題冊子・1冊分をつかんで、手前に引っ張るようにして取り外してください。

＊取外しの際に生じた損傷につきましては、お取替え致しかねます。あらかじめご承知置きいただけますようお願い申し上げます。

問 題

第 1 回

ベーシック編

合格目標 **36**点

制限時間 **2**時間

- 問題は全部で50問です。

- 解答用紙（マークシート）は、「住宅新報出版ウェブサイト」からダウンロードしてください。詳しくは、読者様向け「Webサービス」のご案内（P.35）の②をご覧ください。

- 解答は、解答用紙の「記入上の注意」に従って記入してください。正解は、各問題とも1つのみです。

- 問題の中の法令に関する部分は、令和6年4月1日現在施行されている規定に基づいて出題されています。

【問　1】　建物の転貸借に関する次の1から4までの記述のうち、民法の規定、判例及び下記判決文によれば、誤っているものはどれか。

（判決文）

　賃貸借契約が転貸人の債務不履行を理由とする解除により終了した場合、賃貸人の承諾のある転貸借は、原則として、賃貸人が転借人に対して目的物の返還を請求した時に、終了すると解するのが相当である。

1　賃貸人が転借人に返還を請求した以上、転貸人が賃貸人との間で再び賃貸借契約を締結して、転借人が賃貸人に転借権を対抗しうる状態を回復することは期待することができない。

2　賃貸借契約が転貸人の債務不履行に解除され、賃貸人が転借人に建物の返還を請求した時点で、転貸人の転借人に対する債務は履行不能となる。

3　賃貸借契約が転貸人の債務不履行により解除されても、転貸借契約は終了せず、賃貸人からの建物返還請求があっても、現に建物の使用収益を継続している限り、転借人は転貸人に対し転借料支払義務を負う。

4　賃貸人が転借人に対し建物の返還を請求したときは、転借人は賃貸人に対し建物の返還義務を負うとともに、遅くとも返還請求を受けた時点から返還請求を履行するまでの間の建物の使用収益について、不法行為による損害賠償債務または不当利得返還債務を負う。

【問　2】　Aが、所有する建物をBに2,000万円で売却し、Bは同建物を、Cに対し、2,500万円で転売し、建物の登記は、現在、C名義に移っている。この場合、民法の規定及び判例によれば、誤っているものはどれか。

1　Aが、Bの詐欺を理由に、Bとの契約を取り消した。詐欺の事実を、Cが知っていた場合、Aは、Cに対し、建物の明渡しとC名義の登記の抹消を請求できる。

2　AB間の契約が、ABが通謀した虚偽の意思表示によるものである場合、そのことにつき、Cが不知であった場合、Aは、Cに対し、建物の明渡しとC名義の登記の抹消を請求することはできない。

3　Aは未成年者であったので、制限能力を理由とし、Bとの契約を取り消した。Cが、Bとの契約当時、Aが未成年者であることを知らなかった場合でも、Aは、Cに対し、建物の明渡しとC名義の登記の抹消を請求できる。

4　Aは、成年被後見人であったが、Bとの契約当時、意思能力を欠いていた。この場合Aは、Cに対し、制限能力を理由として契約を取り消し、建物の明渡しとC名義の登記の抹消を請求することはできるが、Bとの契約の無効を理由として、Cに対し、建物の明渡しとC名義の登記の抹消を請求することはできない。

【問　3】　共有に関する次の記述のうち、民法の規定及び判例によれば、正しいものはどれか。

1　共有者の一人が、その持分を放棄したときは、その持分は他の共有者に帰属する。

2　共有物に対する不法行為による損害賠償請求権に関しては、共有者は保存行為として、全損害額の賠償を求めることができる。

3　共有者の協議に基づかないで一部の共有者から共有物の占有使用を承認された第三者に対しては、他の共有者はその第三者に対し、共有物の明渡しを請求できる。

4　共有地の不法占有に対する妨害排除と明渡しの請求は、各共有者の持分の過半数によって行わなければならない。

【問　4】　Aは、その所有する宅地を、Bに対し、2,000万円で売却した後、さらにC に対して、3,000万円で売却した。登記名義は、依然としてA名義のままである。この場合における次の記述のうち、民法の規定によれば、誤っているものはどれか。

1　AB間、AC間のどちらの売買契約も有効である。

2　Aは、Cに対し、移転登記をすることが可能である。

3　Bは、Cに対し、損害賠償の請求が可能である。

4　Cに移転登記がなされた後でも、AB間の売買契約は有効である。

【問　5】　抵当権に関する次の記述のうち、民法の規定によれば、正しいものの組み合わせはどれか。

ア　抵当権者は、その抵当権をもって、他の債権の担保とすることはできない。

イ　抵当権の順位の変更は、抵当権者の合意があれば行えるが、その効力は登記をすることにより生じる。

ウ　抵当権の効力は、抵当物件の果実に対しても当然に及ぶわけではない。

エ　抵当権が設定された土地上に、その後建物が新築された場合、抵当権の実行に基づく競売の場合において、その建物のために地上権が設定されたとみなされる場合がある。

1　ア、イ

2　イ、ウ

3　ウ、エ

4　ア、エ

【問　6】　AのBに対する債権についてCが連帯保証人となっている場合に関する次の記述のうち、民法の規定によれば、正しいものはどれか。

1　Cは、Aから請求を受けた場合、まずBに請求せよと主張することができる。

2　AがCに期限を猶予した場合、その効力はBにも及ぶ。

3　CがAに対して反対債権を有する場合、Bは、Aに対してその反対債権をもって相殺することができる。

4　BがAに対して取消権を有しているときは、取消権の行使によってBがその債務を免れるべき限度において、Cは、Aに対して債務の履行を拒むことができる。

【問　7】　宅地建物取引業者Ａ社の従業員Ｂは、取引の相手方Ｃに虚偽の説明をし、その説明を信じたＣに損害を与えてしまった。この場合における次の記述のうち、民法の規定及び判例によれば、正しいものはどれか。

1　Ｂに故意又は過失がなく、Ｂ自身が不法行為責任を負わない場合でも、Ａ社は、Ｃに対して、生じた損害を賠償しなければならない。

2　ＢがＣに対し損害の賠償をした場合は、ＢはＡ社に対しその求償を請求することができる。

3　Ａ及びＢの損害賠償債務は、ＣからＡ又はＢに対して履行の請求があった時から履行遅滞となり、Ｃは、その時以後の遅延損害金を請求することができる。

4　ＣのＡ社に対する損害賠償債権は、ＣのＢに対して有する損害賠償債権が消滅時効にかかったからといって、当然には消滅しない。

【問　8】　ＡがＢに対し600万円の金銭債権を、ＢはＡに対し400万円の金銭債権を有している。この場合における次の記述のうち、民法の規定及び判例によれば、Ｂが相殺することができない場合はどれか。

1　Ｂの有する金銭債権が、消滅時効の完成したものを他者から譲り受けたものであり、かつ、Ａが時効の援用をした場合。

2　Ｂの有する金銭債権が、差押えを禁じられたものである場合。

3　Ｂの有する金銭債権が、ＡがＢの身体に傷害を与えたことによる損害賠償請求権より生じたものである場合。

4　Ｂの有する金銭債権の履行地と、Ａの有する金銭債権の履行地とが異なる場合。

【問　9】　時効の援用に関する次の記述のうち、民法の規定及び判例によれば、誤っているものはどれか。

1　他人の債務のために自己の所有物件に抵当権を設定した物上保証人は、その他人の債務の消滅時効を援用できる。

2　土地の所有権を時効取得すべき者から、その土地上に同人の所有する建物を賃借している者は、その土地の取得時効の完成により直接利益を受ける者であるから、その土地の取得時効を援用できる。

3　抵当不動産の譲渡を受けた第三者は、抵当権の被担保債権の消滅時効を援用できる。

4　時効は当事者が援用しなければ、裁判所はこれにより裁判をすることができず、また時効の援用がなされた場合、その効力は起算日に遡る。

【問　10】　Aは、令和6年4月、その所有地について、Bに対し、建物所有を目的とし存続期間30年の約定で賃借権を設定した。この場合、借地借家法の規定によれば、次の記述のうち正しいものはどれか。

1　Bが、契約の更新後に、現存する建物を取り壊し、残存期間を超えて存続すべき建物を新たに築造した場合で、Aの承諾もそれに代わる裁判所の許可もないとき、Aは、土地の賃貸借の解約の申入れをすることができる。

2　存続期間が満了し、契約の更新がない場合で、Bの建物が存続期間満了前にAの承諾を得ないで残存期間を超えて存続すべきものとして新たに築造されたものであるとき、Bは、Aに対し当該建物を買い取るべきことを請求することはできない。

3　借地権の当初の存続期間中に借地上の建物の滅失があった場合、Bは、土地の賃貸借の解約の申入れをすることができる。

4　Bが、借地上の建物について自己名義の保存登記をしていても、その建物を自ら使用していないときは、第三者に対して借地権を対抗することができない。

【問　11】　建物賃貸借において、その建物に賃借人が付加した造作に関する次の記述のうち、借地借家法の規定及び判例によれば、誤っているものはどれか。

1　建物賃貸借契約の終了後に、賃借人が賃貸人に対し買取請求をなしうる造作は、建物に付加された物件で賃借人の所有に属し、かつ建物の使用に客観的便益を与えるものをいい、賃借人がその建物を特殊の目的に使用するために特に付加した設備は含まない。

2　建物の賃借人が賃貸人に対し、造作の買取を請求しても、賃貸人がそれに対し承諾をするまでは売買契約が成立したのと同一の法律関係は生じない。

3　賃貸借契約が、賃借人の賃料不払いによって解除された場合には、賃借人は造作買取請求権を有しない。

4　賃貸人の同意を得ずに建物に付加した造作については、造作買取請求権が生じない。

【問　12】　相続に関する次の記述のうち、民法の規定によれば、正しいものはどれか。

1　Aが死亡してBのみが相続人である場合、Bは、Aが賃借していた居住用建物の賃借権は承継することができるが、居住用以外の建物の賃借権は承継できない。

2　相続分の指定は、遺言によってのみすることができる。

3　被相続人の子を代襲して相続人となった孫は、遺留分権利者となることができない。

4　相続の放棄をした後でも、3カ月以内なら相続の放棄を撤回できる。

【問　13】　建物の区分所有等に関する法律に関する次の記述のうち、誤っているものはどれか。

1　すべての専有部分が賃貸されている建物にも、区分所有法は適用される。

2　管理者の選任は、集会の決議によって行わなければならず、規約に特定人を管理者として定めることはできない。

3　区分所有者全員の承諾があるときは、集会を開かずに、書面又は電磁的方法による決議をすることができる。

4　区分所有者全員の書面又は電磁的方法による合意があったときは、書面又は電磁的方法による決議があったものとみなされ、集会の決議と同一の効力を有することになる。

【問　14】　不動産の仮登記に関する次の記述のうち、誤っているものはどれか。

1　仮登記に基づく本登記は、仮登記名義人が単独で申請することができる。

2　仮登記をしたときは、その次に当該仮登記の順位番号と同一の順位番号により本登記をすることができる余白が設けられる。

3　地上権設定の仮登記は、登記記録の権利部の乙区に記録される。

4　仮登記の抹消は、仮登記名義人が単独で申請することができる。

【問　15】　都市計画法に関する次の記述のうち、正しいものはどれか。

1　市街化区域については、少なくとも用途地域を定めるものとし、市街化調整区域については、原則として用途地域を定めてはならないとされている。

2　高度利用地区は、用途地域内において市街地の環境を維持し、又は土地利用の増進を図るため、建築物の高さの最高限度又は最低限度を定める地区である。

3　都市計画区域については、無秩序な市街化を防止し、計画的な市街化を図るため、原則として、市街化区域と市街化調整区域との区分を必ず定めなければならない。

4　都市計画は、都市計画区域内において定められるものであるが、都市施設については、特に必要があるときは当該都市計画区域外においても定めることができる。

【問　16】　都市計画法に関する次の記述のうち、誤っているものはどれか。なお、この問において「都道府県知事」とは、地方自治法に基づく指定都市、中核市及び施行時特例市にあってはその長をいうものとする。

1　都市計画区域及び準都市計画区域外の区域内において、8,000㎡の開発行為をしようとする者は、都道府県知事の許可を受けなくてよい。

2　市街化区域内において、農業を営む者の居住の用に供する建築物の建築の用に供する目的で1,500㎡の土地の区画形質の変更を行おうとする者は、あらかじめ、都道府県知事の許可を受けなければならない。

3　市街化調整区域内において、図書館の建築の用に供する目的で行われる1,500㎡の土地の区画形質の変更を行おうとする者は、あらかじめ、都道府県知事の許可を受けなくてよい。

4　準都市計画区域内において、工場の建築の用に供する目的で2,000㎡の土地の区画形質の変更を行おうとする者は、あらかじめ、都道府県知事の許可を受けなければならない。

【問 17】 建築基準法に関する次の記述のうち、正しいものはどれか。

1 防火地域内にある建築物で、外壁が耐火構造のものについては、その外壁を隣地境界線に接して設けることができるが、準防火地域内にある場合は、その外壁を隣地境界線に接して設けることができない。

2 防火地域又は準防火地域において、延べ面積が1,000㎡の建築物は、防火上有効な構造の防火壁又は防火床で有効に区画する必要はない。

3 防火地域及び準防火地域にわたる共同住宅が、防火地域外において防火壁で区画されている場合においては、その共同住宅のすべてについて、準防火地域内の建築物に関する規定を適用する。

4 防火地域内において建築物を改築する場合で、その改築に係る部分の床面積の合計が10㎡以内であるときは、建築確認は不要である。

【問 18】 建築基準法（以下この問において「法」という。）に関する次の記述のうち、正しいものはどれか。

1 建蔽率の限度が10分の8とされている地域内で、かつ、準防火地域内にある耐火建築物については、建蔽率の制限は適用されない。

2 法が施行された時点で現に建築物が立ち並んでいる幅員4m未満の道路は、特定行政庁の指定がなくとも法上の道路となる。

3 第一種住居地域において、カラオケボックスで当該用途に供する部分の床面積の合計が500㎡であるものは建築することができない。

4 建築物の前面道路の幅員により制限される容積率について、前面道路が2つ以上ある場合には、これらの前面道路の幅員の最小の数値（12m未満の場合に限る。）を用いて算定する。

【問　19】　宅地造成及び特定盛土等規制法に関する次の記述のうち、誤っているものはどれか。なお、この問において「都道府県知事」とは、地方自治法に基づく指定都市及び中核市にあってはその長をいうものとする。

1　土石の堆積とは、宅地又は農地等において行う土石の堆積（一定期間の経過後に当該土石を除却するものに限る。）で、高さが２ｍを超えるもの、又は高さが２ｍを超えない場合で土石の堆積を行う土地の面積が500㎡を超えるものをいう。

2　特定盛土等とは、宅地又は農地等において行う盛土その他の土地の形質の変更で、当該宅地又は農地等に隣接し、又は近接する宅地において災害を発生させるおそれが大きいものとして政令で定めるものをいう。

3　宅地造成とは、宅地以外の土地を宅地にするために行う盛土その他の土地の形質の変更で政令で定めるものをいう。

4　宅地造成等工事規制区域内において、過去に宅地造成等に関する工事が行われ現在は工事主とは異なる者がその工事が行われた土地を所有している場合、当該土地の所有者は、宅地造成等に伴う災害が生じないよう、その土地を常時安全な状態に維持するように努めなければならない。

【問　20】　土地区画整理法に関する次の記述のうち、誤っているものはどれか。

1　仮換地の指定を受けた場合、その処分により使用し、又は収益することができる者のなくなった従前の宅地は、当該処分により当該宅地を使用し、又は収益することができる者のなくなった時から、換地処分の公告がある日までは、施行者が管理するものとされている。

2　土地区画整理事業の施行者は、仮換地を指定した場合において、当該仮換地について使用又は収益を開始することができる日を当該仮換地の効力発生の日と同一の日として定めなければならない。

3　換地計画において定められた保留地は、換地処分があった旨の公告があった日の翌日において、施行者が取得する。

4　仮換地の指定は、その仮換地となるべき土地の所有者及び従前の宅地の所有者に対し、仮換地の位置及び地積並びに仮換地の指定の効力発生の日を通知してする。

【問　21】　農地に関する次の記述のうち、農地法（以下この問において「法」という。）の規定によれば、正しいものはどれか。

1　土地区画整理法に基づく土地区画整理事業により道路を建設するために、農地を転用しようとする者は、法第４条第１項の許可を受けなければならない。

2　相続人に該当しない者に対する特定遺贈により農地を取得する場合、農地法第３条第１項の許可を受ける必要はない。

3　市街化区域内の農地を宅地とする目的で権利を取得する場合は、あらかじめ農業委員会に届出をすれば法第５条第１項の許可は不要である。

4　金融機関からの資金借入れのために農地に抵当権を設定する場合、法第３条第１項の許可が必要である。

【問　22】　国土利用計画法第23条の届出（以下この問において「事後届出」という。）に関する次の記述のうち、正しいものはどれか。

1　売主Ａと買主Ｂが土地売買等の契約を締結した場合には、当事者のうち当該契約による権利取得者Ｂは、その契約に係る土地の登記を完了した日から起算して２週間以内に、事後届出を行わなければならない。

2　Ｃが所有する市街化区域に所在する面積5,000㎡の一団の土地を分割して、1,500㎡をＤに、3,500㎡をＥに売却する契約をＣがそれぞれＤ及びＥと締結した場合、Ｄは事後届出を行う必要はないが、Ｅは事後届出を行う必要がある。

3　Ｆが所有する市街化調整区域に所在する面積4,000㎡の農地をＧに売却する契約をＦとＧが締結した場合、Ｇは事後届出を行う必要がある。

4　Ｈが所有する都市計画法第５条の２に規定する準都市計画区域内に所在する面積7,000㎡の土地について、Ｉに売却する契約を締結した場合、Ｉは事後届出をする必要がある。

【問 23】 印紙税に関する次の記述のうち、誤っているものはどれか。

1　土地の売買契約書には、印紙税は課税されるが、交換金額（評価額）や交換差金額の記載のない甲土地と乙土地の交換契約書には、印紙税は課税されない。

2　土地の賃貸借契約書には、印紙税が課税されるが、建物の賃貸借契約書には、印紙税は課税されない。

3　土地の売却をするための代理権を授与する委任契約書には、印紙税は課税されない。

4　土地の贈与契約書は、記載金額のない不動産の譲渡契約書として200円の印紙税が課税される。

【問 24】 固定資産税に関する次の記述のうち、正しいものはどれか。

1　固定資産税の標準税率は、100分の2.1である。

2　200㎡以下の住宅用地に対して課する固定資産税の課税標準は、課税標準となるべき価格の2分の1の額とする特例措置が講じられている。

3　年度の途中において土地の売買があった場合の当該年度の固定資産税は、売主と買主がそれぞれその所有していた日数に応じて納付しなければならない。

4　固定資産税は、固定資産の所有者に対して課されるが、100年より永い存続期間の定めのある地上権が設定されている土地については、所有者ではなくその地上権者が固定資産税の納税義務者となる。

【問 25】 地価公示法に関する次の記述のうち、正しいものはどれか。

1　標準地は、都市計画区域内の区域（国土利用計画法第12条第1項の規定により指定された規制区域を除く。）にのみ選定することができる。

2　土地鑑定委員会は、標準地について、地価が高騰している場合には、毎年2回、2人以上の不動産鑑定士の鑑定評価を求め、その結果を審査し、必要な調整を行って、当該標準地の単位面積当たりの正常な価格を判定し、これを公示する。

3　土地に地上権が設定されている場合には、当該土地を標準地として選定することはできない。

4　土地鑑定委員会が標準地の単位面積当たりの正常な価格を判定したときは、すみやかに標準地の地積及び形状についても公示しなければならない。

【問　26】　宅地又は建物の売買の媒介における宅地建物取引業法第35条の規定に基づく重要事項を記載した書面（以下この問において「35条書面」という。）及び同法第37条の規定に基づく契約内容を記載した書面（以下この問において「37条書面」という。）に関する次の記述のうち、誤っているものはどれか。なお、この問においては、電磁的方法による提供は含まないものとする。

1　宅地建物取引業者は、買主が宅地建物取引業者であっても、宅地建物取引士の記名のある35条書面を交付しなければならない。

2　宅地建物取引業者は、買主となろうとする者の承諾が得られた場合でも、35条書面及び37条書面を同時に交付してはならない。

3　宅地建物取引業者は、35条書面に記名した宅地建物取引士とは別の宅地建物取引士に、37条書面への記名をさせてはならない。

4　宅地建物取引業者は、35条書面及び37条書面について、宅地建物取引業者の事務所の近くの喫茶店で交付してもかまわない。

【問　27】　宅地建物取引業法に関する次の記述のうち、正しいものはどれか。

1　甲県知事の免許を受けている宅地建物取引業者A社（法人）の設立許可が取り消されたことにより解散した場合、A社の清算人は、当該解散の日から30日以内に、その旨を甲県知事に届け出なければならず、A社の免許は、当該解散の日から、その効力を失う。

2　甲県知事の免許を受けている宅地建物取引業者B社（法人）が破産手続開始の決定を受けた場合、B社の破産管財人はその旨を甲県知事に届け出なければならず、Bの免許は、当該破産手続開始の決定のときから、その効力を失う。

3　甲県知事の免許を受けている宅地建物取引業者Cが死亡した場合、Cの一般承継人は、Cが自ら売主として締結した宅地の売買契約に基づく取引を結了する目的の範囲内において、なお宅地建物取引業者とみなされる。

4　宅地建物取引業者D社（甲県知事免許）と宅地建物取引業者E社（国土交通大臣免許）が合併し、D社が消滅した場合、D社を代表する役員であった者は、その旨を国土交通大臣に届け出なければならない。

【問　28】　次の記述のうち、宅地建物取引業法（以下この問において「法」という。）の規定によれば、誤っているものはどれか。

1　宅地建物取引業者は、従業者に従業者証明書を携帯させなければ、その者を業務に従事させてはならないが、当該従業者には、代表者（いわゆる社長）を含むほか、非常勤の役員や単に一時的に事務の補助をする者も含まれる。

2　宅地建物取引業者（国土交通大臣免許）が、法第50条第2項の規定に基づき業務を行う場所の届出を行う場合、国土交通大臣への届出は、その所在地を管轄する都道府県知事を経由しなければならない。

3　宅地建物取引業者が自ら売主となり、建築工事完了後の一団の分譲住宅の販売広告をする場合、当該宅地建物取引業者は、自己が売主である旨の表示をしなければならない。

4　新たに宅地建物取引業の免許を受けようとする者は、免許を受ける前に営業保証金を主たる事務所の最寄りの供託所に供託し、又は保証協会の社員とならなければならない。

【問　29】　宅地建物取引業の免許（以下この問において「免許」という。）に関する次の記述のうち、宅地建物取引業法の規定によれば、誤っているものはどれか。

1　A社の取締役が、道路交通法違反の罪により罰金の刑に処せられた場合、このことを理由として、すでに受けているA社の免許が取り消されることはない。

2　B社の取締役が3年前に宅地建物取引業法の規定に違反したことにより罰金の刑に処せられていた場合、B社が新たに免許を受けようとするときは、当該取締役を退任させるか、又は当該取締役について罰金の刑の執行が終わった日から5年の経過を待たなければ、新たに免許を受けることができない。

3　C社の取締役が3年前に刑法第204条（傷害）の罪により罰金の刑に処せられていた場合、C社が新たに免許を受けようとするときは、C社は、当該取締役を退任させるか、又は当該取締役について罰金の刑の執行が終わった日から5年の経過を待たなければ、新たに免許を受けることができない。

4　D社の取締役が、刑法第246条（詐欺）の罪により懲役の刑に処せられた場合、このことを理由として、すでに受けているD社の免許が取り消されることはない。

【問　30】　宅地建物取引業者A（甲県知事免許）が、甲県内に本店aと支店bを設置して営業しようとし、又は営業している場合の営業保証金に関する次の記述のうち、宅地建物取引業法の規定によれば、誤っているものはどれか。

1　Aは、営業保証金を金銭と有価証券で供託している場合において、本店を移転したために最寄りの供託所が変更したときは、その金銭で供託している部分についても、保管替えを請求することはできない。

2　Aが、営業保証金として金銭及び地方債証券を供託する場合、当該地方債証券の額面金額が1,000万円であるときの金銭の額は、600万円でなければならない。

3　甲県知事は、免許をした日から3月以内に営業保証金を供託した旨の届出がない場合、Aに対して当該届出をすべき旨の催告をしなければならない。

4　甲県知事は、Aが、営業保証金の供託の届出をすべき旨の催告を受けたにもかかわらず、当該催告が到達した日から1月以内に届出をしない場合、Aの免許を取り消さなければならない。

【問　31】　宅地建物取引業者Aがその業務に関して行う広告に関する次の記述のうち、宅地建物取引業法（以下この問において「法」という。）の規定によれば、正しいものはどれか。

1　Aは、実在しない宅地について広告をすることはできないが、宅地が実在すれば、実際に取引する意思のない宅地であっても広告をすることができる。

2　Aは、別荘地に別荘（建物）を建設して分譲する場合、契約の締結を建築確認を受けた後に行うこととすれば、建築確認を受ける前であっても、当該別荘の分譲広告をすることができる。

3　Aは、建物を新築するため建築確認の申請中であった場合、「建築確認申請中」として新聞広告をすれば、自ら売主として当該建物の販売に関する契約の予約をすることができる。

4　Aは、建物の形質に関し、実際のものよりも著しく優良であると人を誤認させるような広告を行った場合、実際に取引の相手方となった者がそのことを知っていたとしても、法第32条が規定する誇大広告等の禁止規定に違反する。

【問　32】　宅地建物取引業者Ａが自ら売主として、宅地建物取引業者でない買主Ｂと宅地（価格8,000万円）の売買契約を締結した場合に関する次の記述のうち、宅地建物取引業法及び民法の規定によれば、正しいものはどれか。

1　「債務不履行による契約解除に伴う損害賠償の予定額を1,000万円とする」旨の特約をした場合でも、Ａの実際に被った損害の額が予定額を超えることを証明できるときは、Ａは、1,600万円を限度として、1,000万円を超える額の損害賠償を請求することができる。

2　「債務不履行による契約解除に伴う損害賠償の予定額と違約金の額をそれぞれ1,600万円とする」旨の特約をした場合でも、損害賠償と違約金を合計した額は、1,600万円となる。

3　売買契約の締結に際し、ＡがＢから2,000万円の金銭を手付として受領した場合で、その後、Ｂが手付を放棄して契約を解除したときには、Ａは、受領した金銭を一切返還する必要はない。

4　売買契約が「宅地の引渡しまでに代金の一部として1,600万円支払う」条件の割賦販売であった場合で、Ｂが1,600万円を支払い、Ａが宅地を引き渡すときは、Ａは、登記その他引渡し以外の売主の義務も履行しなければならない。

【問　33】　宅地建物取引業者が建物の売買の媒介を行う場合の宅地建物取引業法第35条に規定する重要事項の説明に関する次の記述のうち、同条の規定に違反するものはいくつあるか。なお、説明の相手方は宅地建物取引業者ではないものとする。

ア　当該建物が津波防災地域づくりに関する法律により指定された津波災害警戒区域内にあったが、買主もそのことを承知していたので、その旨の説明を省略した。

イ　当該建物の売買代金の額並びにその支払時期及び方法については説明したが、売買代金以外に授受される金銭があっても、代金の額に比べて僅少であったため、当該金銭の額及び授受の目的についての説明は省略した。

ウ　当該建物の登記記録に記載されている所有者の氏名は説明したが、所有権の移転登記の申請時期についての説明は省略した。

エ　当該建物の引渡しの時期が明確ではなかったので、引渡しの時期を説明しなかった。

1　一つ
2　二つ
3　三つ
4　四つ

【問　34】　宅地建物取引業者Ａ（消費税課税事業者）が売主甲（消費税課税事業者）から甲所有の土地付建物の媒介依頼を受け、買主乙との間で売買契約を成立させた場合、Ａが甲から受領できる報酬の限度額（消費税額及び地方消費税額を含む。）は、次のうちどれか。なお、土地付建物の代金は5,200万円（消費税額及び地方消費税額を合算した額200万円を含む。）とする。

1　1,560,000円
2　1,620,000円
3　1,716,000円
4　1,782,000円

【問 35】 宅地建物取引業者Aが自ら売主となって、宅地建物取引業者でない買主B
と宅地の売買契約を締結した場合における、宅地建物取引業法第37条の2の規定による
売買契約の解除（以下この問において「解除」という。）に関する次の記述のうち、正
しいものはどれか。

1　BがAから媒介の依頼を受けた宅地建物取引業者Cの申出によりCの事務所で買受
　けの申込みをし、売買契約を締結した場合、Bは、その契約を解除することができ
　る。

2　BがAが設置したテント張りの現地案内所で買受けの申込みをし、売買契約を締結
　した場合、AがBに対し契約を解除することができる旨及びその方法を告げなかった
　ときでも、Bは、宅地の引渡しを受け、かつ、売買代金の全部を支払った後は、契約
　を解除することはできない。

3　Bが自宅近くの喫茶店で買受けの申込みをし、Aから契約を解除することができる
　旨及びその方法を書面で告げられ、売買契約を締結した場合、Bは、その日から8日
　以内であれば、当該契約を口頭により解除することができる。

4　BがAとの売買契約を解除した場合、Aは、契約の解除に伴う損害賠償又は違約金
　の支払いを請求することができる。

【問 36】 宅地建物取引業法（以下この問において「法」という。）の規定によれば、
宅地建物取引業者Aに関する次の記述のうち、正しいものはどれか。

1　Aが建物に関する工事の完了前において行う当該建物の売買で、宅地建物取引業者
　ではない者を買主として自ら売主となるものについて、手付金等に関して保険事業者
　による保証保険契約により保全するときは、買主に保険証券を交付することに代え
　て、買主の承諾を得て、一定の電磁的方法によることができる。

2　Aは、法第35条の規定により作成すべき書面（重要事項説明書）について、相手方
　等の承諾がなくても電磁的方法により提供することができる。

3　帳簿について、Aは、事務所のパソコンのハードディスクに記録し、必要に応じ当
　該事務所においてディスプレイの画面に表示する環境を整えれば、当該帳簿への記載
　に代えることができる。

4　従業者名簿について、Aは、当該名簿を事務所のパソコンのハードディスクに記録
　し、ディスプレイの画面に表示する方法で取引の関係者への閲覧に供することはでき
　ない。

【問 37】 次の記述のうち、宅地建物取引業法の規定によれば、誤っているものはどれか。

1 宅地建物取引業者は、アルバイトとして一時的に事務の補助をする者であっても、その業務に従事する者については、従業者名簿に記載しなければならない。

2 宅地建物取引業者は、宅地建物取引業法第49条の規定に違反し、業務に関する帳簿を備え付けなかった場合、罰金の刑に処せられることがある。

3 宅地建物取引業者は、その業務に関する各事務所の帳簿及び各事務所の従業者名簿について、各事務所ごとに備えるほか、主たる事務所にも一括して備えなければならない。

4 宅地建物取引業者は、その業務に関する帳簿を、各事業年度の末日をもって閉鎖し、閉鎖後5年間（当該宅地建物取引業者が自ら売主となる新築住宅に係るものにあっては10年間）当該帳簿を保存しなければならない。

【問 38】 宅地建物取引業の免許（以下「免許」という。）に関する次の記述のうち、正しいものはどれか。

ア Aが、借金の返済に充てるため自己所有の宅地を10区画に区画割りして、多数のAの友人又は知人に対して売却する場合、Aは、免許を必要とする。

イ Bが、その所有するマンションについて、宅地建物取引業者を代理人として不特定多数の者に反覆継続して分譲する場合、Bは、免許を必要としない。

ウ Cが、甲県の所有する宅地の売却の代理を甲県から依頼され、当該宅地を10区画に区画割りして、甲県に居住している者のみを対象に売却する場合、Cは、免許を必要としない。

エ Dが、反復継続して自己所有の宅地を売却する場合で、売却の相手方が国その他宅地建物取引業法の適用がない者に限られているときでも、Dは、免許を必要とする。

1 一つ
2 二つ
3 三つ
4 四つ

【問 39】 宅地建物取引業者Aが自ら売主となって、宅地建物取引業者でないBと工事完了後のマンションの売買契約を、価格8,000万円で締結した。この場合、宅地建物取引業法第41条の2に規定する手付金等の保全措置（以下この問において「保全措置」という。）に関する次の記述のうち、同法の規定によれば、誤っているものはどれか。

1 Aは、Bから手付金1,000万円を受領するに当たって、500万円については銀行と保証委託契約を締結し、残りの500万円をAの友人が連帯保証するとして、保全措置を講ずることができる。

2 Bは、手付金1,000万円をAに支払う場合、Aが保全措置を講じないときは、手付金の支払いを拒絶することができる。

3 Aは、Bから手付金800万円及び中間金2,400万円を受領することとし、マンションの引渡し及び登記の移転は中間金の支払いと同時とした場合、保全措置を講ずることなく残代金を受領することができる。

4 Aは、手付金等の保全措置を講ずる場合でも、Bから手付金2,000万円を受領することはできない。

【問 40】 宅地建物取引業者AがBの所有する建物の売却の依頼を受け、Bと媒介契約を締結した場合に関する次の記述のうち、宅地建物取引業法（以下この問において「法」という。）の規定によれば、正しいものはいくつあるか。

ア AがBに対して売却すべき建物の価額について意見を述べる場合、Aはその根拠をBに示さなければならないが、法第34条の2第1項に規定するAがBに交付すべき書面（同条第11項に規定する電磁的方法による提供を含む。）には、その根拠を記載する必要はない。

イ AがBの申出により、業務の処理状況を10日に1回、電子メールにて報告すると定めた専属専任媒介契約を締結した場合、その契約はすべて無効である。

ウ 媒介契約が専任媒介契約（専属専任媒介契約を除く。）である場合、Aは契約の相手方を探索するため、契約締結の日から7日（休業日を除く。）以内に、当該建物につき所定の事項を指定流通機構に登録しなければならない。

1 一つ
2 二つ
3 三つ
4 なし

【問　41】　法人である宅地建物取引業者A（甲県知事免許）に対する監督処分に関する次の記述のうち、宅地建物取引業法（以下この問において「法」という。）の規定によれば、正しいものの組合せはどれか。

ア　Aが引き続いて１年以上宅地建物取引業に係る事業を休止したときは、その休止の理由を問わず、甲県知事はAの免許を取り消さなければならない。

イ　Aが宅地の売買の媒介契約を締結した場合において、依頼者に法第34条の２第１項の規定に基づく書面を交付せず、かつ、同条第11項の規定に基づき書面の交付に代わる電磁的方法による提供もしなかったときは、甲県知事は、２年以内の期間を定めて、Aの業務の停止を命ずることができる。

ウ　Aが、甲県内で行う宅地の売買に関し、取引の関係者に損害を与えるおそれが大であるような行為をしたときは、甲県知事は、Aが取引の関係者に具体的な損害を与えていなくても、Aに対し必要な指示をすることができる。

エ　Aが、マンション建築のための建築基準法第６条第１項の確認を受ける前にマンションの分譲の広告をしたとき、甲県知事は、Aに対し必要な指示をすることができる。

1　ア、イ
2　イ、ウ
3　ア、イ、ウ
4　ア、ウ、エ

【問　42】　マンション（区分所有建物）の貸借の媒介をする場合に、宅地建物取引業法第35条の規定に基づき重要事項として説明しなければならない事項は、次のうちどれか。なお、説明の相手方は宅地建物取引業者ではないものとする。

1　当該マンションの建物の計画的な維持修繕のための費用の積立てを行う旨の規約の定めがあるときは、その内容

2　当該マンションの敷地に関する権利の種類及び内容

3　台所、浴室、便所その他当該区分所有建物の設備の整備状況

4　当該マンションの敷地の一部を特定の者にのみ使用を許す旨の規約の定めがあるときは、その内容

【問 43】 宅地建物取引業者Aの宅地建物取引業法第37条の規定により交付すべき書面（以下この問において「37条書面」といい、同法第37条第4項又は第5項の規定により電磁的方法により提供する場合を含む。）の記載に関する次の記述のうち、宅地建物取引業法の規定に違反しないものはどれか。

1　Aが自ら売主として宅地建物取引業者でない買主との間で中古の建物を売却した場合において、売買契約の締結時に受領する手付金に関し、宅地建物取引業法第41条の2に規定する手付金等の保全措置を講じたが、かかる保全措置の概要について、37条書面に記載しなかった。

2　Aが建物の貸借の媒介をした場合において、損害賠償額の予定に関する定めをしたが、建物の売買の媒介ではなく、建物の貸借の媒介であることから、Aは、当該内容について、37条書面に記載しなかった。

3　Aが宅地の売買の媒介を行った場合において、売買の目的物である宅地の引渡しの時期について、宅地上の廃屋の撤去工事が終わり次第と定めた。しかし、工事が終了する明確な日時は未定であったため、Aは、宅地の引渡し時期について、37条書面に記載しなかった。

4　Aが建物の貸借の媒介を行った場合において、貸主及び借主は、借賃の額やその支払時期の定めをしたが、借賃の支払方法については取決めをしなかったので、Aは、その定めがない旨を37条書面に記載しなかった。

【問　44】　宅地建物取引業保証協会A（以下この問において「保証協会」という。）及び宅地建物取引業者B（甲県知事免許）に関する次の記述のうち、正しいものはどれか。

1　Aは、国土交通大臣の指定を受けた一般社団法人として、その社員である宅地建物取引業者との契約により、当該宅地建物取引業者が受領した手付金等の保管事業を行うことが義務付けられている。

2　保証協会に加入している宅地建物取引業者Bと宅地建物取引業に関し取引をした者が、その取引により生じた債権について弁済業務保証金の還付を受けるときは、その額について、甲県知事の認証を受けなければならない。

3　150万円の弁済業務保証金分担金を納付してAの社員となったBが、Aの社員としての地位を失った場合、その地位を失った日から2週間以内に、2,500万円の営業保証金を供託しなければならない。

4　Aは、新たにBがAの社員として加入したときは、直ちにその旨を甲県知事に報告しなければならない。

【問　45】　宅地建物取引業者A（甲県知事免許）の特定住宅瑕疵担保責任の履行の確保等に関する法律（以下この問において「法」という。）に基づく住宅販売瑕疵担保保証金の供託又は住宅販売瑕疵担保責任保険の締結（以下この問において「資力確保措置」という。）に関する次の記述のうち、誤っているものはどれか。

1　Aが新築住宅の売買の媒介をするときは、資力確保措置を講ずる義務を負わない。

2　Aが自ら売主として新築住宅を宅地建物取引業者である買主に販売するときは、Aは住宅販売瑕疵担保保証金を主たる事務所の最寄りの供託所に供託しなければならない。

3　Aが自ら売主として新築の建物を宅地建物取引業者でない買主に販売する場合、当該建物の用途が店舗のみの用途に供するものであるときは、Aは資力確保措置を講ずる必要はない。

4　Aが自ら売主として新築住宅を宅地建物取引業者でない買主に引き渡した場合、Aは基準日ごとに、当該基準日にかかる資力確保措置の状況について、甲県知事に届け出なければならない。

【問 46】 独立行政法人住宅金融支援機構（以下この問において「機構」という。）に関する次の記述のうち、誤っているものはどれか。

1 機構は、住宅又は店舗の建設又は購入に必要な資金の貸付けに係る金融機関の貸付債権の譲受けを業務として行っている。

2 機構は、証券化支援事業（買取型）において、金融機関から譲り受けた住宅ローン債権を担保としてMBS（資産担保証券）を発行している。

3 機構は、一般の金融機関による住宅資金の供給を支援するため、住宅融資保険法による保険を行う。

4 機構は、経済事情の変動に伴い、貸付けを受けた者の住宅ローンの元利金の支払が著しく困難になった場合に、償還期間の延長等の貸付条件の変更を行うことができる。

【問 47】 宅地建物取引業者が行う広告に関する次の記述のうち、不当景品類及び不当表示防止法（不動産の表示に関する公正競争規約を含む。）の規定によれば、正しいものはどれか。

1 新築とは、建築工事完了後1年未満であって、居住の用に供されたことがないものをいう。

2 売約済みの物件の広告を行い、顧客に対しては別の物件を勧めたとしても、売約済みの物件が実際に存在するのであれば、不当表示となることはない。

3 一団の土地を複数の区画に区分けして、その区画ごとに売買する住宅用地を売地という。

4 宅地の販売広告における地目の表示は、登記簿に記載されている地目と現況の地目が異なる場合には、現況の地目のみを表示すればよい。

【問 48】 次の記述のうち、正しいものはどれか。

1 建築着工統計調査報告（令和5年計。令和6年1月公表）によれば、令和5年の新設住宅着工戸数は、819,623戸であり、3年ぶりの増加となった。

2 年次別法人企業統計調査（令和4年度。令和5年9月公表）によれば、令和4年度における不動産業の売上高は、対前年度比で4.8％増加した。

3 令和6年地価公示（令和6年3月公表）によれば、令和5年1月以降の1年間の地価変動は、全国平均では、住宅地については、ほぼ横ばいであった。

4 令和4年度宅地建物取引業法の施行状況調査（令和5年10月公表）によれば、令和5年3月末における宅地建物取引業者の全事業者数は129,604業者になり、9年連続で増加した。

【問 49】 土地に関する次の記述のうち、最も不適当なものはどれか。

1 扇状地については、大縮尺の地形図や空中写真によって、土石流や洪水流の危険度をある程度判別できることが多い。

2 自然堤防は、主に砂や小礫からなり、排水性がよく地盤の支持力もあるため、宅地として良好な土地であることが多い。

3 崖錐や小河川の出口で堆積物の多い所等は、土石流の危険が少ない。

4 森林は、木材資源としても重要で、水源涵養、洪水防止等の大きな役割を担っている。

【問 50】 鉄筋コンクリート構造に関する次の記述のうち、最も不適当なものはどれか。

1 鉄筋コンクリート構造は、耐火性、耐久性があり、耐震性、耐風性にも優れた構造である。

2 鉄筋コンクリート構造においては、骨組の形式はラーメン構造が一般に用いられる。

3 鉄筋コンクリート構造におけるコンクリートのひび割れは、鉄筋の腐食に関係する。

4 鉄筋コンクリート構造の中性化は、構造体の耐久性や寿命に影響しない。

各「問題冊子」の取外し方

色紙を残したまま、問題冊子・1冊分を
つかんで、手前に引っ張るようにして
取り外してください。

＊取外しの際に生じた損傷につきましては、お取替え
致しかねます。あらかじめご承知置きいただけますよ
うお願い申し上げます。

問 題

第2回

法改正編

合格目標 **35**点

制限時間 **2**時間

【問　1】　不動産に関する物権変動の対抗要件に関する次の1から4までの記述のうち、民法の規定、判例及び下記判決文によれば、誤っているものはどれか。

（判決文）

　　所有者甲から乙が不動産を買い受け、その登記が未了の間に、丙が当該不動産を甲から二重に買い受け、更に丙から転得者丁が買い受けて登記を完了した場合に、たとい丙が背信的悪意者に当たるとしても、丁は、乙に対する関係で丁自身が背信的悪意者と評価されるのでない限り、当該不動産の所有権取得をもって乙に対抗できるものと解するのが相当である。

1　丙が背信的悪意者であるがゆえに、乙が、登記なくして所有権取得を丙に対抗できたとしても、甲丙間の売買自体が無効となるものではない。

2　丙が背信的悪意者である場合、丁は、無権利者から当該不動産を買い受けたことになる。

3　丙が背信的悪意者であり、かつ、丁も乙に対する関係で背信的悪意者である場合は、乙は、登記なくして所有権取得を丁に対抗することができる。

4　背信的悪意者に当たるかどうかは、丙丁それぞれについて、乙との関係で相対的に判断される。

【問　2】　Aが自己所有の甲土地をBに売却した場合の錯誤に関する次の記述のうち、民法の規定によれば、誤っているものはどれか。

1　Aが、今なら土地を売却しても課税されないと思って、甲土地をBに売却する意思表示をしたが、実際には課税される取引であった場合、Aのそうした認識がBに示されなかったとしても、Aは、売却の意思表示を取り消すことができる。

2　AのBに対する売却の意思表示につき対応する意思を欠く錯誤があったとしても、その錯誤が法律行為の目的及び取引上の社会通念に照らして重要なものでなかったときは、Aは、売却の意思表示を取り消すことができない。

3　AB間の売買契約がAの重大な過失による錯誤に基づいて締結されたものであっても、BがAに錯誤があることを知り、又は重大な過失によって知らなかったときは、Aは、売却の意思表示を取り消すことができる。

4　AB間の契約がAの錯誤に基づくものであり、取り消すことができる場合であっても、その取消しは、善意でかつ過失がない第三者に対抗することができない。

【問　3】　代理に関する次の記述のうち、民法の規定によれば、誤っているものはいくつあるか。

ア　無権代理人と契約を締結した相手方は、無権代理人に代理権がないことを知っていたとしても、その契約を取り消すことができる。

イ　無権代理人と契約を締結した相手方が、無権代理人に代理権がないことを過失によって知らなかったとしても、無権代理人が自己に代理権がないことを知っていた場合、相手方は、無権代理人に対して契約の履行又は損害賠償の請求をすることができる。

ウ　代理人が自己又は第三者の利益を図る目的で代理権の範囲内の行為をした場合において、相手方がその目的を知り、又は知ることができたときは、その行為は無権代理行為とみなされる。

エ　代理人と本人との利益が相反する行為は、本人があらかじめ許諾したものを除き、無権代理行為とみなされる。

1　なし
2　一つ
3　二つ
4　三つ

【問　4】　Aに対して、B・C・Dが連帯して3,000万円の債務を負っている場合に関する次の記述のうち、民法の規定によれば、正しいものはどれか。

1　BがAとの間で、3,000万円の債務を消滅させる代わりに、B所有の土地をAに引き渡す債務を負う旨の契約をした場合、C・Dの連帯債務は消滅する。

2　AがBの債務を免除した場合、C・Dの連帯債務も消滅する。

3　連帯債務を負う契約において、Bに錯誤があり無効を主張できる場合、C・Dは、Bの負担部分について連帯債務を免れる。

4　B・C・Dの負担部分を変更する場合は、Aの承諾を得なければならない。

【問　5】　Aを売主、Bを買主として甲土地又は乙建物の売買契約を締結した場合に関する次の記述のうち、民法の規定によれば、誤っているものはどれか。

1　甲土地の一部が第三者Cの所有に属するものであった場合、Bは、Aに対し、相当の期間を定めて、Cから所有権を取得してBに移転するよう催告し、その期間内にC所有部分の権利移転を受けられなかったときは、Bは、Aに対して代金減額を請求することができる。

2　Bが、甲土地がDの所有物であることを知りながら本件契約を締結した場合、Aが甲土地の所有権を取得してBに移転することができないときは、Bは売買契約の解除をすることはできるが、Aに対して損害賠償の請求をすることはできない。

3　乙建物がBに引き渡された後、乙建物の壁に亀裂があり雨漏りがすることが判明した場合、Bは、Aに対して乙建物の修補を請求することができる。

4　乙建物に抵当権の登記があり、Bが当該建物の抵当権消滅請求をした場合には、Bは当該請求の手続が終わるまで、Aに対して売買代金の支払を拒むことができる。

【問　6】　共有に関する次の記述のうち、民法の規定によれば、誤っているものはどれか。

1　共有物を使用する共有者は、別段の合意がある場合を除き、他の共有者に対し、自己の持分を超える使用の対価を償還する義務を負う。

2　各共有者は、他の共有者の同意を得なければ、共有物に変更（その形状又は効用の著しい変更を伴わないものを除く。）を加えることができない。

3　共有物の管理に関する事項は、共有者の過半数で決する。

4　不動産が数人の共有に属する場合において、共有者が他の共有者を知ることができず、又はその所在を知ることができないときは、裁判所は、共有者の請求により、その共有者に、当該他の共有者の持分を取得させる旨の裁判をすることができる。

【問 7】 Aが自己所有の建物をBに売却する契約を締結した場合に関する次の記述のうち、民法の規定及び判例によれば、誤っているものはどれか。

1 当該建物が第三者の放火により全焼した場合であっても、Bは、直ちに売買契約を解除することができる。

2 AがBに対して有する売買代金債権をCに譲渡し、その旨をBに通知した後に、BがAの債務不履行を理由に売買契約を解除した場合、CはBに対し代金債権の支払いを請求することはできない。

3 Aの債務不履行を理由としてBが契約を解除した場合、Bに損害があれば、さらに損害賠償の請求をすることもできる。

4 Bが代金債務の全部の履行を拒絶する意思を明確に表示した場合であっても、Aは、Bに対して相当期間を定めた催告をしたうえでないと、売買契約を解除することはできない。

【問 8】 Aが建設業者Bに請け負わせて、住宅を建築した場合に関する次の記述のうち、民法の規定及び判例によれば、正しいものはどれか。

1 住宅が完成する前であれば、Bは、いつでも損害を賠償して、請負契約を解除することができる。

2 AがBから完成した住宅の引渡しを受けた後、Cに対して住宅を譲渡したときは、Aは、その建物の品質が契約の内容に適合しなかったことを理由として、Bに対し追完請求、報酬減額請求、損害賠償請求及び契約の解除をすることができない。

3 Bが自分の材料でAの土地上に住宅を建築したときは、AB間に別段の意思表示がない限り、住宅の所有権は、引渡しの時にAに移転する。

4 Bは、AB間に別段の意思表示がない限り、完成した住宅をAに引き渡した後でなければ、報酬を請求することができない。

【問　9】　賃貸借に関する次の記述のうち、民法の規定によれば、正しいものはどれか。

1　賃貸借契約の存続期間は最長50年であり、50年を超える存続期間を定めた場合は50年に短縮され、この期間の更新は認められない。

2　賃借物の一部が賃借人の過失によらずして滅失した場合、賃借人は、滅失した部分の割合に応じて借賃の減額を請求することができるが、契約の解除は常に認められない。

3　賃料は、支払時期について特約がないときは、宅地については、毎月末までに、翌月分を前払いしなければならない。

4　建物所有目的の土地の賃貸借契約に別段の定めがないときは、賃借人は賃貸人の承諾を得ずに、借地上にある自己所有の建物の修繕を行うことができる。

【問　10】　不法行為に関する次の記述のうち、民法の規定によれば、誤っているものはどれか。

1　損害の発生につき、被害者にも過失があった場合は、過失相殺により損害賠償額を減額しなければならない。

2　人の生命又は身体を害する不法行為による損害賠償債権は、被害者又はその法定代理人が損害及び加害者を知った時から５年間行使しないときは、時効により消滅する。

3　注文者は、請負人がその仕事について第三者に損害を加えた場合でも、賠償責任を負わなければならないことがある。

4　胎児は、不法行為の損害賠償請求権については、すでに生まれたものとみなされる。

【問 11】　AがBから賃借している建物をCに転貸した場合に関する次の記述のうち、民法及び借地借家法の規定並びに判例によれば、正しいものはどれか。

1　AB間の賃貸借が合意解除によって終了すれば、CがBの承諾を得て転借していても、特段の事由のない限り、AC間の転貸借は終了し、Cの権利は消滅する。

2　AC間の転貸借がBの承諾を得ていない場合でも、その転貸借がBに対する背信的行為と認めるに足りない特段の事情があるときは、Bの解除権は発生しない。

3　AC間の転貸借がBの承諾を得ている場合でも、BがAに対し更新拒絶の通知をするための正当の事由の有無は、A及びBについての事情によって決せられ、Cについての事情は考慮されない。

4　CがBの同意を得て建物に付加した造作は、期間の満了によって建物の賃貸借が終了するとき、CからBに対し買取りを請求することはできない。

【問 12】　Aは、令和6年5月、その所有地について、Bに対し、建物の所有を目的とし存続期間30年の約定で賃借権（その他の特約はないものとする。）を設定した。この場合、借地借家法の規定によれば、次の記述のうち正しいものはどれか。

1　当初の存続期間満了前に、Bが現存する建物を取り壊し、残存期間を超えて存続すべき建物を新たに築造した場合で、Aにその旨を事前に通知しなかったとき、Aは、無断築造を理由として、契約を解除することができる。

2　当初の存続期間満了前に、Bが鉄筋コンクリート造りの建物を無断で増築した場合、Aが遅滞なく異議を述べなければ、借地権の存続期間は、増築のときから20年となる。

3　当初の存続期間満了前に、建物が滅失し、Bが再築をしない場合、期間満了の際にBが契約の更新の請求をしても、Aが異議を述べたときは、当該契約は更新されない。

4　当初の存続期間が満了し、契約の更新がない場合で、Bの建物が存続期間満了前にAの承諾を得ないで残存期間を超えて存続すべきものとして新たに築造されたものであるとき、Bは、Aに対し当該建物を買い取るべきことを請求することはできない。

【問　13】　建物の区分所有等に関する法律に関する次の記述のうち、正しいものはどれか。

1　集会の招集の通知は、会日より少なくとも1週間前に、会議の目的たる事項を示して、各区分所有者に発しなければならない。この期間は規約で伸長することはできるが、短縮することはできない。

2　専有部分が数人の共有に属するときは、招集の通知は、共有者のうちの任意の1名に対して行えば足りる。

3　区分所有者の承諾を得て専有部分を占有する者が、会議の目的たる事項につき利害関係を有する場合には、その占有者に対しても招集通知を発しなければならない。

4　総会の議事録が書面で作成されているときは、議長及び集会に出席した区分所有者の二人がこれに署名しなければならない。

【問　14】　不動産登記に関する次の記述のうち、正しいものはどれか。

1　建物が取壊しにより滅失した場合、表題部所有者又は所有権の登記名義人は、当該建物が滅失した時から3ヵ月以内に、建物の滅失の登記の申請をしなければならない。

2　建物を新築した場合、当該建物の所有者は、新築工事が完了した時から1ヵ月以内に、建物の所有権の保存の登記の申請をしなければならない。

3　所有権の登記名義人が住所を移転した場合、所有権の登記名義人は、住所を移転した時から1ヵ月以内に、登記名義人の氏名等の変更の登記の申請をしなければならない。

4　所有権の登記名義人に相続の開始があったときは、当該相続により所有権を取得した者は、自己のために相続の開始があったことを知り、かつ、当該所有権を取得したことを知った日から3年以内に、所有権の移転の登記を申請しなければならない。

【問 15】 都市計画法に関する次の記述のうち、誤っているものはどれか。

1 準都市計画区域については、都市計画に、特別用途地区を定めることができるが、特定用途制限地域を定めることはできない。

2 都市計画施設の区域又は市街地開発事業の施行区域内において建築物の建築をしようとする者は、一定の場合を除き、都道府県知事（市の区域内にあっては、当該市の長）の許可を受けなければならない。

3 市街化区域及び区域区分が定められていない都市計画区域については、少なくとも道路、公園及び下水道を定めるものとされている。

4 都市計画事業の認可の告示があった後、当該認可に係る事業地内において、当該都市計画事業の施行の障害となるおそれがある土地の形質の変更を行おうとする者は、都道府県知事（市の区域内にあっては、当該市の長）の許可を受けなければならない。

【問 16】 都市計画法に関する次の記述のうち、正しいものはどれか。なお、この問において「都道府県知事」とは、地方自治法に基づく指定都市、中核市及び施行時特例市にあってはその長をいうものとする。

1 区域区分の定めのない都市計画区域内において、野球場の建設の用に供する目的で4,000㎡の土地の区画形質の変更を行おうとする者は、あらかじめ、都道府県知事の許可を受けなければならない。

2 市街化区域内において開発許可を受けた者が、開発区域の規模を100㎡に縮小しようとする場合においては、都道府県知事の許可を受けなければならない。

3 開発許可を受けた者は、開発行為に関する工事を廃止するときは、都道府県知事の許可を受けなければならない。

4 都市計画施設の区域又は市街地開発事業の施行区域内において建築物の建築をしようとする者であっても、当該建築行為が都市計画事業の施行として行う行為である場合には都道府県知事の許可は不要である。

【問　17】　建築基準法に関する次の記述のうち、誤っているものはどれか。

1　事務所の用途に供する建築物をホテル（その用途に供する部分の床面積の合計が500㎡）に用途変更する場合、建築確認は不要である。

2　石綿以外の物質で居室内において衛生上の支障を生ずるおそれがあるものとして政令で定める物質は、ホルムアルデヒドとクロルピリホスである。

3　防火地域内にある看板、広告塔、装飾塔その他これらに類する工作物で、建築物の屋上に設けるもの又は高さ３mを超えるものは、その主要な部分を不燃材料で造り、又はおおわなければならない。

4　建築物の２階以上の階にあるバルコニーその他これに類するものの周囲には、安全上必要な高さが1.1m以上の手すり壁、さく又は金網を設けなければならない。

【問　18】　建築基準法に関する次の記述のうち、正しいものはどれか。

1　住宅の地上階における居住のための居室に設ける、採光に有効な部分の面積は、７分の１以上としなければならないが、国土交通大臣が定める基準に従い照明設備の設置、有効な採光方法の確保その他これに準じる措置が講じられているものにあっては、床面積の７分の１以上から20分の１までの範囲内で国土交通大臣が別に定める割合とする。

2　建築物の容積率の算定の基礎となる延べ面積には、エレベーターの昇降路の部分の床面積は、一定の場合を除き、算入しない。

3　第一種低層住居専用地域内においては、建築物の高さは、一定の場合を除き、12m又は15mのうち当該地域に関する都市計画において定められた建築物の高さの限度を超えてはならない。

4　日影規制の対象となる用途地域には、第一種中高層住居専用地域は含まれるが、近隣商業地域、準工業地域は含まれない。

【問　19】　宅地造成及び特定盛土等規制法に関する次の記述のうち、正しいものはどれか。なお、この問において「都道府県知事」とは、地方自治法に基づく指定都市、中核市及び特例市にあってはその長をいうものとする。

1　宅地造成等工事規制区域内において、切土であって、当該切土をした土地の部分に高さが１ｍを超える崖を生ずることとなるものに関する工事を行う場合には、原則として、都道府県知事の許可を受けなければならない。

2　特定盛土等規制区域内において、切土であって、当該切土をした土地の部分に高さが２ｍを超える崖を生ずることとなるものに関する工事を行う場合には、原則として、都道府県知事の許可を受けなければならない。

3　特定盛土等規制区域内において、土石の堆積で、高さが２ｍを超え、かつ面積が300㎡を超えるものに関する工事を行う場合には、原則として、都道府県知事の許可を受けなければならない。

4　特定盛土等規制区域内において行われる特定盛土等又は土石の堆積に関する工事については、工事主は、当該工事に着手する日の30日前までに、主務省令で定めるところにより、当該工事の計画を都道府県知事に届け出なければならない。

【問　20】　土地区画整理法に関する次の記述のうち、誤っているものはどれか。

1　施行者は、施行地区内の宅地について換地処分を行うため、換地計画を定めなければならず、この場合において、当該施行者が土地区画整理組合であるときは、その換地計画について都道府県知事の認可を受けなければならない。

2　土地区画整理組合が施行する土地区画整理事業の換地計画においては、土地区画整理事業の施行の費用に充てるため、一定の土地を換地として定めないで、その土地を保留地として定めることができる。

3　施行者は、宅地の所有者の申出又は同意があった場合においては、その宅地を使用し、または収益することができる権利を有する者に補償をすれば、換地計画において、その宅地の全部または一部について換地を定めないことができる。

4　仮換地が指定された場合、従前の宅地を使用又は収益していた者は、仮換地指定の効力発生の日から換地処分の公告の日まで、仮換地を仮に使用又は収益することができる。

【**問　21**】　農地に関する次の記述のうち、農地法（以下この問において「法」という。）の規定によれば、正しいものはどれか。

1　市街化区域内の農地を耕作目的で取得する場合には、あらかじめ農業委員会に届け出れば、法第3条第1項の許可を受ける必要はない。

2　農業者が、市街化調整区域内の耕作しておらず遊休化している自己の農地を、自己の住宅用地に転用する場合、あらかじめ農業委員会へ届出をすれば、法第4条第1項の許可を受ける必要がない。

3　都道府県知事等は、法第5条第1項の許可を要する農地取得について、その許可を受けずに農地の転用を行った者に対して、必要な限度において原状回復を講ずべきことを命ずることができる。

4　農業者が、住宅を建設するために法第4条第1項の許可を受けた農地をその後住宅建設の工事着工前に宅地として売却する場合、改めて法第5条第1項の許可を受ける必要はない。

【**問　22**】　国土利用計画法第23条の届出（以下この問において「事後届出」という。）に関する次の記述のうち、正しいものはどれか。

1　Aが、市街化区域において、Bの所有する面積3,000㎡の土地を一定の計画に基づき1,500㎡ずつ順次購入した場合、Aは事後届出を行う必要はない。

2　Bは、市街化調整区域において、Cの所有する面積8,000㎡の土地を民事調停法に基づく調停により取得した場合、Bは調停の日から2週間以内に事後届出を行う必要がある。

3　個人Dが所有する都市計画区域外の30,000㎡の土地について、その子Eが相続した場合、Eは、相続した日から起算して2週間以内に事後届出を行う必要がある。

4　Fが行った事後届出に係る土地の利用目的について、都道府県知事が必要な変更をすべきことを勧告した場合で、Fがその勧告に従わなかったときは、その旨及びその勧告の内容を公表されることがある。

【問　23】 「直系尊属から住宅取得等資金の贈与を受けた場合の贈与税の非課税」に関する次の記述のうち、正しいものはどれか。

1　受贈者が、配偶者の両親から住宅取得資金の贈与を受けたときは、配偶者の両親と受贈者が養子縁組をしていない場合であっても、この特例の適用を受けることができる。

2　受贈者がこの特例を受けるには、贈与を受けた年の1月1日において、20歳以上でなければならない。

3　新築する住宅の床面積が50㎡以上の場合、受贈者について、住宅取得等資金の贈与を受けた年の所得税法に定める合計所得金額が2,000万円を超える場合には、この特例の適用を受けることができない。

4　贈与者が住宅取得等資金の贈与をした年の1月1日において60歳以上の場合にのみ、この特例の適用を受けることができる。

【問　24】 住宅用家屋の所有権保存登記、住宅用家屋の所有権移転登記及び住宅取得資金の貸付け等に係る抵当権設定登記に係る登録免許税の税率の軽減措置に関する次の記述のうち、誤っているものはどれか。

1　住宅用家屋の所有権保存登記の税率の軽減措置の適用を受けるには、当該住宅用家屋の新築後3ヵ月以内に保存登記を受けるものに限られる。

2　住宅用家屋の所有権移転登記の税率の軽減措置は、住宅用家屋を贈与により取得した場合には適用がない。

3　住宅用家屋の所有権移転登記の税率の軽減措置は、所有権の移転の登記に係る住宅用家屋が、一定の耐震基準に適合しているものであっても、床面積が50㎡未満の場合には適用されない。

4　個人が、資金の貸付けを受けて住宅用家屋を新築して、住宅取得資金の貸付け等に係る抵当権設定登記の税率の軽減措置を受けるには、新築後1年以内に抵当権設定登記を受ける必要がある。

【問 25】 地価公示法に関する次の記述のうち、正しいものはどれか。

1 不動産鑑定士は、土地鑑定委員会の求めに応じて標準地の鑑定評価を行うに当たっては、近傍類地の取引価格から算定される推定の価格及び近傍類地の地代等から算定される推定の価格を勘案しなければならないが、同等の効用を有する土地の造成に要する推定の費用の額を勘案する必要はない。

2 不動産鑑定士は、公示区域内の土地について鑑定評価を行う場合において、当該土地の正常な価格を求めるときは、公示価格を規準としなければならない。

3 土地鑑定委員会は、標準地の価格を公示したときは、すみやかに都道府県知事に対し、公示した事項のうち当該都道府県に存する標準地に係る部分を記載した書面を、送付しなければならない。

4 土地鑑定委員会は、標準地の単位面積当たりの正常な価格を判定したときは、すみやかに、一定の事項を官報で公示しなければならないが、標準地の前面道路の状況は公示する必要がない。

【問 26】 建物を自ら売主として売却する宅地建物取引業者Aが、買主B（宅地建物取引業者ではないものとする。）に対して宅地建物取引業法（以下この問において「法」という。）第35条の規定に基づく重要事項の説明（以下この問において「説明」という。）を行う場合に関する次の記述のうち、誤っているものはどれか。

1 Aが、法第35条第8項の規定に基づく電磁的方法による提供をするときは、当該電磁的方法は、Bが書面に出力可能なファイル形式を用いなければならない。

2 Aは、Bから法第35条第8項の規定に基づく電磁的方法による提供をすることについて承諾を得る場合、口頭での承諾ではなく、書面又は電磁的方法による承諾を得なければならない。

3 Aが説明するに際して法35条第1項の規定に基づいて交付すべき書面（35条書面）について、Bから電磁的方法による提供を希望する旨の申し出があった場合は、35条書面の交付に代えて、電磁的方法による提供をしなければならない。

4 Aは、あらかじめBの承諾を得て、法第35条第8項の規定に基づく電磁的方法による提供をすることになっていても、Bから書面等により電磁的方法による提供を受けない旨の申出があったときは、当該電磁的方法による提供をしてはならない。

【問　27】　宅地建物取引業者Ａ（甲県知事免許）の事務所に関する次の記述のうち、宅地建物取引業法の規定によれば、正しいものはどれか。

1　Ａは、その事務所ごとに帳簿を備えなければならないが、取引の関係者から請求があった場合でも、当該帳簿を閲覧させる義務はない。

2　Ａは、自ら売主となる宅地について、その事務所で宅地建物取引業者ではない者から買受けの申込みを受け、翌日、買主に売買代金の融資のあっせんを行う提携先の金融機関で売買契約を締結した。この場合、買主は、宅地建物取引業法第37条の2の規定に基づく売買契約の解除をすることができる。

3　甲県知事は、Ａの事務所の所在地を確知できないときには、甲県の公報でその事実を公告し、その公告の日から30日を経過してもＡからの申出がないときは、Ａの免許を取り消さなければならない。

4　Ａは、その事務所ごとに、その最寄りの供託所に営業保証金を供託し、甲県知事にその旨を届け出なければならない。

【問　28】　次に記述する宅地建物取引業者Ａが行う業務に関する行為のうち、宅地建物取引業法の規定に違反するものはいくつあるか。

ア　宅地建物取引業者は、個人情報の保護に関する法律第2条第5項に規定する個人情報取扱事業者に該当しなかったので、業務上取り扱った個人情報について、正当な理由なく他に漏らした。

イ　Ａは、自ら売主として、宅地の売却をするに際して、宅地建物取引業者である買主から手付金1,000万円を調達できない旨の相談をされたため、Ａの取引銀行に融資のあっせんをして契約の締結を誘引した。

ウ　宅地の売買の媒介において、当該宅地の周辺環境について買主の判断に重要な影響を及ぼす事実があったため、買主を現地に案内した際に、宅地建物取引士でないＡの従業者が当該事実について説明した。

エ　建物の貸借の媒介において、申込者が自己都合で申込みを撤回し賃貸借契約が成立しなかったことから、Ａは、申込者から受領済みの預り金10万円から媒介報酬に相当する6万6,000円を差し引いて、残りの3万4,000円を申込者に返還した。

1　一つ
2　二つ
3　三つ
4　四つ

【問　29】　宅地建物取引業の免許（以下この問において「免許」という。）に関する次の記述のうち、誤っているものはどれか。

1　A社の役員のうちに、刑法第246条の詐欺罪により罰金の刑に処せられ、その刑の執行が終わった日から5年を経過しない者がいる場合、A社は免許を受けることができない。

2　B社の役員のうちに、指定暴力団の構成員がいた場合、暴力団員による不当な行為の防止等に関する法律の規定に違反していなくても、B社は免許を受けることができない。

3　C社の役員が、刑法第204条（傷害）の罪を犯し懲役1年の刑に処せられたことにより、C社の免許が取り消された。その後、当該役員が退任すれば、C社は、当該取消しの日から5年を経過していなくても、免許を受けることができる。

4　D社の役員のうちに、刑法第204条（傷害）の罪を犯し懲役1年の刑に処せられ、その刑の執行猶予期間を経過したが、その経過した日から5年を経過しない者がいる場合においても、D社は、免許を受けることができる。

【問　30】　宅地建物取引業者A（甲県知事免許）は、甲県内に本店と支店1カ所を設置して営業をしている。この場合の営業保証金に関する次の記述のうち、宅地建物取引業法の規定によれば、正しいものはどれか。

1　Aは、免許の有効期間の満了に伴い宅地建物取引業を廃止することにした場合において、営業保証金の取戻しをするための公告をしたときは、遅滞なく、その旨を甲県知事に届け出なければならない。

2　宅地建物取引業者Bが自ら売主となる30戸の建物の分譲について、Aが販売目的でそのうち10戸の建物を購入した場合、その債権に関し、AはBが供託した営業保証金について、その債権の弁済を受ける権利を有する。

3　Aの本店の店内改装工事を請け負った工務店C社の工事代金債権について、C社は、Aが供託している営業保証金から、その弁済を受けることができる。

4　Aは、宅地建物取引業に関し不正な行為をし、情状が特に重いとして甲県知事から免許を取り消されたときは、Aが供託した営業保証金を取り戻すことができない。

【問 31】 宅地建物取引業者A（甲県知事免許）が行う広告に関する次の記述のうち、宅地建物取引業法（以下この問において「法」という。）の規定によれば、誤っているものはどれか。

1 Aは、宅地の所有者から依頼を受けて、売買の媒介に関する広告を行う場合、当該広告には売主の名称を表示しなければならない。

2 Aは、土地付建物を分譲するに当たり、その売買価格について、建物売買に係る消費税額（地方消費税額を含む。以下この問において同じ。）を含む土地付建物売買価格のみを表示し、消費税額を明示しない広告を行っても、法第32条の誇大広告の禁止規定に違反しない。

3 Aが、建物の所有者から当該建物を購入した後に自ら売主として販売するか、当該建物を購入することなく媒介依頼を受けて販売するかが未定である場合においては、Aは、取引態様の別を明示することなく、当該建物の販売広告をすることはできない。

4 Aは、甲県知事から法第65条第2項の規定によりその業務の全部停止を命じられた場合、当該処分の期間中は、処分後に分譲を予定している宅地であっても、当該分譲の広告を行うことはできない。

【問 32】 次の記述のうち、宅地建物取引業法の規定によれば、誤っているものはどれか。

1 宅地建物取引業の免許の有効期間は5年であり、免許の更新の申請は、有効期間満了の日の90日前から30日前までに行わなければならない。

2 宅地建物取引業者A社（甲県知事免許）の取締役の住所について変更があった場合、A社は、30日以内にその旨を甲県知事に届け出なければならない。

3 宅地建物取引業者個人B（乙県知事免許）が死亡した場合、Bの相続人は、Bが死亡したことを知った日から30日以内に、その旨を乙県知事に届け出なければならない。

4 宅地建物取引業者C社（丙県知事免許）の事務所の支店長Dが本籍を変更した場合、C社は、その旨を丙県知事に届け出る必要はない。

【問　33】　宅地建物取引業法第35条に規定する重要事項の説明を宅地建物取引士が行う場合における次の記述のうち、宅地建物取引業法の規定によれば、正しいものはどれか。なお、説明の相手方は宅地建物取引業者ではないものとする。

1　建物の売買の媒介を行う場合は、住宅の品質確保の促進等に関する法律第5条第1項に規定する住宅性能評価を受けた新築住宅であるときはその旨を説明しなければならないが、建物の貸借の媒介を行う場合も、これを説明しなければならない。

2　マンションの売買の媒介を行う場合は、一棟の建物及び敷地の管理が委託されているときは、その委託を受けている者の氏名及び住所（法人であるときは、その商号又は名称及び主たる事務所の所在地）を説明しなければならないが、マンションの貸借の媒介を行う場合は、これを説明する必要はない。

3　建物の売買の媒介を行う場合は、天災その他不可抗力による損害の賠償の負担に関する定めをするときのその内容は説明しなければならないが、建物の貸借の媒介を行う場合も、これを説明しなければならない。

4　建物の売買の媒介を行う場合は、当該建物が建築工事完了前の建物であれば、工事完了時における建物の形状、構造、主要構造部、内装及び外装の構造又は仕上げ並びに設備の設置及び構造を説明しなければならないが、建物の貸借の媒介を行う場合も、これを説明しなければならない。

【問 34】 宅地建物取引業者Aが受け取ることのできる報酬の上限額に関する次の記述のうち、宅地建物取引業法の規定によれば、誤っているものはどれか。なお、代金、借賃等及び依頼を受けたAが受領する報酬についての消費税等相当額は考慮しないものとする。

1 代金500万円の空家（建物）の売買について、Aが売主Bから媒介を依頼され、Bの特別の依頼により支出を要する空家の特別な調査に要する費用5万円の負担について、その旨をBに説明しその承諾がある場合、AがBから受け取ることができる報酬及び費用を合計した上限額は、26万円である。

2 1カ月の借賃17万円の店舗の貸借（権利金の定めはない。）について、Aが貸主Cから媒介を依頼され、現地調査等の費用が通常の貸借の媒介に比べ3万円多く要する場合、その旨をCに対し説明した上で、AがCから受け取ることができる報酬の上限額は17万円である。

3 代金300万円の宅地の売買について、Aが売主Eから代理を依頼され、現地調査等の費用が通常の売買の代理に比べ4万円多く要する場合、その旨をEに対し説明した上で、AがEから受け取ることができる報酬の上限額は、36万円である。

4 代金350万円の土地付中古住宅の売買について、Aが売主Dから媒介を依頼され、現地調査等の費用が通常の売買の媒介に比べ2万円多く要する場合、その旨をDに対し説明した上で、AがDから受け取ることができる報酬の上限額は18万円である。

【問 35】 宅地建物取引業者Aが自ら売主となる建物について、宅地建物取引業者でないBが買受けの申込み又は売買契約の締結を行った場合において、Bが宅地建物取引業法第37条の2の規定に基づき、いわゆるクーリング・オフによる買受けの申込みの撤回等を行う場合に関する次の記述のうち、誤っているものはどれか。

1 Bが、Aの取引先の銀行の応接室で買受けの申込みを行い売買契約を締結した場合、売買契約を締結した5日後においてBが売買代金の全部を支払っていないときは、Bが個人であるか法人であるかを問わず、Bは、当該契約を解除することができる。

2 Bが、Aの事務所の近所の喫茶店で買受けの申込みを行った場合、買受けの目的物である建物が投資用物件であり、Bが居住するための建物ではなかったときでも、買受けの申込みを行った3日後において、Bは、当該買受けの申込みを撤回することができる。

3 Bが、現地のテント張りの案内所で買受けの申込みを行い売買契約を締結した場合、AがBに対して「この売買契約は、クーリング・オフが可能であるが、クーリング・オフをするとBに違約金の支払い義務が発生する可能性がある」旨を告げる行為は、業務停止処分等の監督処分の対象になる。

4 Bが、Aが売主となる一団の分譲住宅のうち、その一戸を売買契約を締結する案内所としたところで買受けの申込みを行い売買契約を締結した場合、当該案内所に置かれた専任の宅地建物取引士が契約締結時に立ち会っていなかったときは、Bは、当該契約を解除することができる。

【問 36】 次の記述のうち、宅地建物取引業法の規定によれば、誤っているものはいくつあるか。

ア 宅地建物取引業者が自ら売主として、建築工事完了後のマンションにつき、宅地建物取引業者でない買主との間で売買契約を締結したときは、宅地建物取引業者は、原則として、手付金等の保全措置を講じた後でなければ手付金等を受領してはならないが、受領しようとする手付金等の額が売買代金の10％以下であるか、又は1,000万円以下であるときは、この限りではない。

イ 宅地建物取引業者は、たとえ相手方の厚意によって支払われる場合であっても、国土交通大臣の定める額を超えて報酬を受領してはならない。

ウ 宅地建物取引業者は、停止条件付きで売却する場合を除いて、自己の所有に属しない宅地について、自ら売主として、宅地建物取引業者でない者に売却する契約を締結することはできない。

エ 宅地建物取引業者の従業者は、正当な理由なくして宅地建物取引業の業務を補助したことによって知り得た秘密を他に漏らしてはならないが、宅地建物取引業者に勤務することを辞めた後は、この限りではない。

1 一つ
2 二つ
3 三つ
4 なし

【**問 37**】 次の記述のうち、宅地建物取引業法（以下、この間において「法」という。）の規定によれば、相手方の承諾を得ても、書面の交付等に代わって電磁的方法により提供することが認められないものはいくつあるか。

ア 法第37条の2の規定に基づき、事務所等以外の場所においてした買受けの申込の撤回等ができる旨及びその方法を宅地建物取引業者が告げる行為

イ 法第37条の2の規定に基づき、事務所等以外の場所においてした買受けの申込みの撤回等を申込者等が発する行為

ウ 法第41条の規定に基づき、宅地の造成又は建物の関する工事の完了前に買主から手付金等を受領する場合において、保険事業者との間において保証保険契約を締結し、保険証券に代わるべきものを買主に交付する行為

エ 法第42条の規定に基づき、宅地又は建物の割賦販売の契約について賦払金の支払義務の履行がなされないときに、宅地建物取引業者が30日以上の相当期間を定めてその支払いを催告する行為

1 一つ
2 二つ
3 三つ
4 なし

【問 38】 宅地建物取引業者Aが自ら売主となる売買契約に関する次の記述のうち、宅地建物取引業法（以下この問において「法」という。）の規定によれば、正しいものの組合せはどれか。

ア 宅地建物取引業者Bとの間で締結した建築工事完了前の建物の売買契約において、当事者の債務の不履行を理由とする契約の解除に伴う損害賠償の予定額を代金の額の3割と定めることができる。

イ 宅地建物取引業者でない買主Cが、法第37条の2の規定に基づくクーリング・オフについてAより書面で告げられた日から7日目にクーリング・オフによる契約の解除の書面を発送し、9日目にAに到達した場合は、クーリング・オフによる契約の解除をすることができない。

ウ 宅地建物取引業者でない買主Dとの間で土地付建物の売買契約を締結するに当たって、Dが建物を短期間使用後取り壊す予定である場合には、その建物が種類又は品質に関して契約の内容に適合しない場合におけるその不適合を担保すべき責任を負わない旨の特約を定めることができる。

エ 宅地建物取引業者でない買主Eとの間で締結した建物の売買契約において、当該建物の引渡しを当該売買契約締結の日の1週間後とし、当該建物が種類又は品質に関して契約の内容に適合しない場合に、当該不適合についてEがAに通知すべき期間について、当該売買契約を締結した日から2年間とする特約を定めることができる。

1 ア
2 ア、イ
3 イ、エ
4 イ、ウ、エ

【問 39】 宅地建物取引業者Ａ社は、自ら売主として、宅地建物取引業者でないＢと中古マンションの売買契約（代金3,000万円、手付金400万円、中間金500万円）を締結した。この場合、宅地建物取引業法（以下この問において「法」という。）の規定によれば、正しいものはいくつあるか。なお、この問において「保全措置」とは、法第41条の２第１項の規定による手付金等の保全措置をいう。

ア　契約締結の３日後にＢが中間金を支払うことになっていたので、Ａ社は、あらかじめＢの承諾を得れば、契約時に受領する手付金について、中間金受領の際にまとめて保全措置を講ずることができる。

イ　Ａ社は、Ｂから手付金を受領するに当たり、銀行と保証委託契約を締結し、その契約を証する書面をＢに交付し又はＢに法第41条の２第１項が準用する法第41条第５項第１号に規定する電磁的方法による提供をすることにより、保全措置を講ずることができる。

ウ　Ａ社がＢに対して当該マンションの引渡し及び登記を移転する前に倒産した場合、Ｂは、Ａ社の講じた保全措置により保証保険契約を締結した保険会社に対し手付金の返還に代わる保険金の支払いを求めることができるが、その取引により生じた損害があるときでも、Ａ社が供託していた営業保証金から弁済を受けることはできない。

1　一つ
2　二つ
3　三つ
4　なし

【問 40】 宅地建物取引業者Aが、Bからその所有する建物の売却の依頼を受け、Bと専任媒介契約を締結した場合における次の記述のうち、宅地建物取引業法（以下この問において「法」という。）の規定によれば、誤っているものはどれか。なお、本問においては、電磁的方法による提供は考慮する必要はない。

1 建物が既存の住宅であり、AがBに建物状況調査を実施する者のあっせんをしないときは、法第34条の2第1項の規定に基づき交付すべき書面には、あっせんをしない旨を記載する必要はない。

2 建物が既存の住宅であり、AがBに建物状況調査を実施する者のあっせんをするときは、当該建物状況調査を実施する者は建築士法第2条第1項に規定する建築士であり、かつ、国土交通大臣が定める講習を修了した者でなければならない。

3 Aは、Bが他の宅地建物取引業者の媒介によって売買契約を成立させたときの措置を法第34条の2第1項の規定に基づき交付すべき書面に記載しなければならない。

4 Aは、法第34条の2第1項の規定に基づき交付すべき書面に、記名のみならず、押印もしなければならない。

【問 41】 宅地建物取引業法が規定する既存の住宅の建物状況調査に関する次の記述のうち、正しいものはどれか。

1 既存住宅の売買の媒介を行う宅地建物取引業者が売主に対して建物状況調査を実施する者のあっせんを行った場合、宅地建物取引業者は売主から報酬とは別にあっせんに係る料金を受領することができる。

2 宅地建物取引業者は、既存住宅の売買のみならず、貸借の媒介を行う場合においても、宅地建物取引業法第37条の規定により交付すべき書面に建物の構造耐力上主要な部分等の状況について当事者の双方が確認した事項を記載しなければならない。

3 宅地建物取引業法第35条の規定により交付すべき書面に記載すべき既存住宅の建物状況調査について、実施をしている場合における結果の概要を記載できるのは、すべての既存住宅について、調査の実施から1年を経過していないものに限られる。

4 既存住宅の建物状況調査の調査箇所は、主として構造耐力上主要な部分や雨水の浸入を防止する部分に限られる。

【問 42】 宅地建物取引業者Aが行う宅地建物取引業法（以下この問において「法」という。）第35条に規定する重要事項の説明（以下この問において「説明」という。）に関する次の記述のうち、誤っているものはどれか。なお、説明の相手方は宅地建物取引業者ではないものとする。

1 Aが宅地の売買の媒介を行う場合、当該宅地の存する市町村が水害ハザードマップを作成していないことが判明した場合、水害ハザードマップに関しては、提示すべき水害ハザードマップが存在しない旨を説明しなければならない。

2 Aが宅地の売買の媒介を行う場合、当該宅地（面積200㎡）が重要施設周辺及び国境離島等における土地等の利用状況の調査及び利用の規制等に関する法律により定められた特別注視区域内にあるときは、同法第13条第1項の規定により、内閣府令で定めるところにより、あらかじめ売買の契約締結前に契約当事者が一定事項を内閣総理大臣に届け出なければならない旨を説明しなければならない。

3 Aが既存の建物の貸借の媒介を行う場合、消費生活用製品安全法に規定する特定保守製品の保守点検に関する事項を説明する必要はない。

4 Aは建物について、その売買の媒介を行う場合も貸借の媒介を行う場合も、テレビ会議等のITを活用して説明を行うこと（以下「IT重説」という。）ができるが、IT重説を実施する場合、35条書面については、法第35条第8項の規定による電磁的方法による提供をしなければならない。

【問 43】 宅地建物取引業者が、宅地の売買の媒介を行う場合において、宅地建物取引業法第37条の規定により交付すべき書面（以下この問において「37条書面」という。）に関する次の記述のうち、宅地建物取引業法の規定に違反しないものはどれか。なお、買主は宅地建物取引業者ではないものとする。

1 違約金の額を代金額の10分の2とする定めがあったが、宅地建物取引業法第35条の重要事項説明書にその旨の記載をして内容を説明していたので、37条書面にはその旨の記載をしなかった。

2 天災その他不可抗力による損害の負担に関する定めがあったが、引渡しは契約締結日の翌日だったので、37条書面にその旨を記載しなかった。

3 宅地の種類又は品質に関して契約の内容に適合しない場合におけるその不適合を担保すべき責任に関する特約があったが、当該特約の内容について37条書面に記載しなかった。

4 宅地の買主への所有権移転登記の申請時期は、37条書面に記載したが、登記されている抵当権については、37条書面に記載しなかった。

【問　44】　宅地建物取引業保証協会（以下この問において「保証協会」という。）又はその社員に関する次の記述のうち、宅地建物取引業法の規定によれば、誤っているものはいくつあるか。

ア　保証協会は、弁済業務保証金について、金銭以外に、国債証券その他一定の有価証券をもって供託所に供託することができる。

イ　保証協会は、宅地建物取引業者がその一部の事務所を廃止したため弁済業務保証金を供託所から取り戻そうとするときは、弁済業務保証金の還付請求権者に対し、一定期間内に保証協会の認証を受けるため申し出るべき旨を公告しなければならない。

ウ　保証協会は、宅地建物取引士その他宅地建物取引業の業務に従事し、又は従事しようとする者に対する研修を任意で行うことができる。

エ　保証協会は、宅地建物取引業者を直接又は間接の社員とする一般社団法人による宅地建物取引士等に対する研修費用の助成をすることができるが、かかる業務を行う場合は国土交通大臣の承認を受けなければならない。

1　一つ
2　二つ
3　三つ
4　四つ

【問 45】 宅地建物取引業者Ａ（甲県知事免許）が自ら売主として、宅地建物取引業者でない買主に新築住宅を販売する場合における次の記述のうち、特定住宅瑕疵担保責任の履行の確保等に関する法律（以下この問において「法」という。）の規定によれば、正しいものはどれか。なお、この問において、同法に基づく住宅販売瑕疵担保保証金の供託又は住宅販売瑕疵担保責任保険契約の締結を「資力確保措置」という。

1 Ａは、年２回の基準日ごとに、その基準日に係る資力確保措置の状況について、基準日から３週間以内に甲県知事に届け出なければならない。

2 Ａは、毎年、基準日までの間において、当該基準日前10年間に自ら売主となる売買契約に基づき買主に引き渡した新築住宅（Ａが住宅瑕疵担保責任保険法人と住宅販売瑕疵担保責任保険契約を締結し、当該買主に対して法の規定する手続きを講じた新築住宅を除く。）について、当該買主に対する特定住宅販売瑕疵担保責任の履行を確保するため、住宅販売瑕疵担保保証金の供託をしていなければならない。

3 Ａは、住宅販売瑕疵担保保証金の供託をする場合、買主に対し、当該新築住宅の引渡しをするまでに、供託所の所在地等について記載した書面を交付して、又は買主の承諾を得て書面に記載すべき事項を電磁的方法により提供して、説明しなければならない。

4 Ａは、金銭のみをもって住宅販売瑕疵担保保証金の供託をしている場合において、主たる事務所を移転したためその最寄りの供託所が変更したときは、法務省令・国土交通省令で定めるところにより、遅滞なく、その供託をしている供託所に対し、費用を予納して、移転後の主たる事務所の最寄りの供託所への保管替えを請求しなければならない。

【問　46】　独立行政法人住宅金融支援機構（以下この問において「機構」という。）に関する次の記述のうち、誤っているものはどれか。

1　機構は、高齢者の家庭に適した良好な居住性能及び居住環境を有する賃貸住宅の建設に必要な資金の貸付けを業務として行っている。

2　機構は、証券化支援事業（買取型）において、賃貸住宅の建設又は購入に必要な資金の貸付けに係る金融機関の貸付債権について譲受けの対象としている。

3　機構は、証券化支援事業（買取型）において、バリアフリー性、省エネルギー性、耐震性、耐久性・可変性に優れた住宅を取得する場合に、貸付金の利率を一定期間引き下げる優良住宅取得支援制度を実施している。

4　住宅金融支援機構は、空家等管理活用支援法人からの委託に基づき、空家等及び空家等の跡地の活用の促進に必要な資金の融通に関する情報の提供その他の援助を行うことができる。

【問　47】　宅地建物取引業者が行う広告に関する次の記述のうち、不当景品類及び不当表示防止法（不動産の表示に関する公正競争規約を含む。）の規定によれば、正しいものはどれか。

1　広告に記載する物件が、有名な庭園「六義園」から道路距離で300m以内に所在している場合は、この庭園の名称（六義園マンション）を用いることができる。

2　土地が擁壁によっておおわれないがけの上にある場合は、その旨を明示する必要はないが、土地が擁壁によっておおわれないがけの下にあるときは、その旨を明示しなければならない。

3　電車、バス等の交通機関の所要時間を表示する場合には、朝の通勤ラッシュ時の所要時間を明示すること。

4　朝の通勤ラッシュ時の所要時間を明示する場合、乗換えを要するときは、その旨を明示しなければならないが、所要時間には乗り換えにおおむね要する時間を含める必要はない。

【問 48】 次の記述のうち、正しいものはどれか。

1 令和6年地価公示（令和6年3月公表）によれば、令和5年の地価変動は、全国平均では、全用途平均は3年連続で上昇したが、上昇率が縮小した。

2 令和4年度宅地建物取引業法の施行状況調査（令和5年10月公表）によれば、令和4年度において、宅地建物取引業法の規定に基づき行った宅地建物取引業者に対する監督処分の件数は、対前年度比で増加した。

3 建築着工統計調査報告（令和5年計。令和6年1月公表）によれば、令和5年の持家は前年比11.4%減し、2年連続の減少となった。

4 年次別法人企業統計調査（令和4年度。令和5年9月公表）によれば、令和4年度における不動産業の経常利益は、5兆9,392億円であり、対前年度比で2.0%増加し、3年ぶりに増加した。

【問 49】 土地に関する次の記述のうち、最も不適当なものはどれか。

1 旧河道は、それを埋める堆積物の上部が厚い粘土質からなるとき、軟弱地盤となって地盤の支持力が小さく、宅地には不適当であることが多い。

2 段丘は、海岸や河岸にみられる階段状の地形で、水はけが良く、地盤が安定していることが多い。

3 地震の揺れにより生じる液状化現象は、海岸、河口付近、埋立地、河川の扇状地などの緩い砂地盤で多くみられる。

4 谷の出口に広がる扇状地は、土石流災害に対して安全であることが多い。

【問 50】 建築物の構造に関する次の記述のうち、最も不適当なものはどれか。

1 鉄骨構造は、自重が大きく、靱性が小さいことから、大空間の建築や高層建築には、ほとんど適用されない。

2 鉄骨鉄筋コンクリート構造は、鉄筋コンクリート構造にさらに強度と靱性を高めた構造である。

3 ブロック構造を耐震的な構造にするためには、鉄筋コンクリートの布基礎及び臥梁により壁体の底部と頂部を固めることが必要である。

4 組積式構造を耐震的な構造にするためには、大きな開口部を造らないようにし、壁厚を大きくする必要がある。

各「問題冊子」の取外し方

色紙を残したまま、問題冊子・1冊分を
つかんで、手前に引っ張るようにして
取り外してください。

＊取外しの際に生じた損傷につきましては、お取替え
致しかねます。あらかじめご承知置きいただけますよ
うお願い申し上げます。

問 題

第3回

ステップアップ編

合格目標 **33**点

制限時間 **2**時間

- ●問題は全部で50問です。
- ●解答用紙（マークシート）は、「住宅新報出版ウェブサイト」 からダウンロードしてください。詳しくは、読者様向け 「Webサービス」のご案内（P.35）の②をご覧ください。
- ●解答は、解答用紙の「記入上の注意」に従って記入してく ださい。正解は、各問題とも1つのみです。
- ●問題の中の法令に関する部分は、令和6年4月1日現在 施行されている規定に基づいて出題されています。

【問　1】　債権譲渡に関する次の1から4までの記述のうち、民法の規定、判例及び下記判決文によれば、正しいものはどれか。

（判決文）

　　債権が二重に譲渡された場合、譲受人相互の間の優劣は、通知又は承諾に付された確定日付の先後によって定めるべきではなく、確定日付のある通知が債務者に到達した日時又は確定日付のある債務者の承諾の日時の先後によって決すべきであり、また、確定日付は通知又は承諾そのものにつき必要であると解すべきである。

1　Aの有する債権がBとCに二重に譲渡され、B・Cいずれへの譲渡についても確定日付のある証書による通知が行われたが、その通知が同時に債務者に到達した場合、BとCの間では、互いに相手方に対して自己が優先的地位にある債権者であると主張することができない。

2　Aの有する債権がBとCに二重に譲渡され、Bへの譲渡については確定日付のある証書による通知、Cへの譲渡については確定日付のない通知が行われた場合でも、Cについての通知がBについての通知より先に債務者に到達したときは、Cが優先することになる。

3　Aの有する債権がBとCに二重に譲渡され、B・Cいずれへの譲渡についても確定日付のある証書による通知が行われ、Bについての通知が先に債務者に到達した場合でも、Cについての通知が先に発信されたことを確定日付によって証明できれば、Cが優先することになる。

4　Aの有する債権がBに譲渡された後、債権が弁済によって消滅したにもかかわらず、当該債権についてAからCへの譲渡が行われ、確定日付のある証書によってその通知がされた場合、Cは債権の取得を主張することができる。

【問 2】 詐欺又は強迫に関する次の記述のうち、民法の規定及び判例によれば、誤っているものはどれか。

1　Aは、BにだまされてA所有の土地をBに売却した後、この売買契約につき詐欺を理由として取り消したが、その後に悪意のCがBからこの土地を買い受けた場合、Aは、登記なくしてその取消しをCに対抗することができない。

2　A所有の土地にBの一番抵当権、Cの二番抵当権が設定されており、BがAにだまされてその一番抵当権を放棄した後、その放棄を詐欺を理由として取り消した場合、Bは、善意無過失のCに対してその取消しを対抗することができる。

3　AがBに強迫されてA所有の土地をBに売却し、善意無過失のCがBからこの土地を買い受けた後、AがAB間の売買契約を強迫を理由として取り消した場合、Aは、Cに対してその取消しを対抗することができる。

4　AがBにだまされてA所有の土地をBに売却した後、善意無過失のCがBからこの土地を買い受けた場合、Aは、詐欺を理由としてAB間の売買契約を取り消すことはできない。

【問 3】 Aが、Bに代理権を授与してA所有の土地を売却する場合に関する次の記述のうち、民法の規定及び判例によれば、正しいものはどれか。

1　その後Aが破産手続開始の決定を受けた場合は、Bの代理権が消滅するが、Aが成年被後見人となった場合は、Bの代理権は消滅しない。

2　その後Bが被保佐人となった場合は、Bの代理権が消滅するが、Bが被補助人となった場合は、Bの代理権は消滅しない。

3　Bは、Aにとって有利な内容の契約であれば、B自身が買主となる契約を締結することができる。

4　BがAの代理人である旨を告げずに、この土地をCに売却する契約をした場合、Cは、その契約を取り消すことができる。

【問　4】　物権変動に関する次の記述のうち、民法の規定及び判例によれば、誤っているものはどれか。

1　A所有の土地に設定された抵当権が被担保債権の弁済により消滅した後、Bがその抵当権の譲渡を受けてその旨の登記をした場合、Aからその土地を買い受けたCは、Bに対し、抵当権の消滅を主張できる。

2　Dがその所有する土地をEに仮装譲渡し、所有権移転登記をした後、FがDからその土地を買い受けた場合、Fは、所有権移転の登記がなくても、Eに対し、その土地の所有権を主張できる。

3　G所有の甲地（要役地）のためにH所有の乙地（承役地）に通行地役権が設定され、その旨の登記がされている場合、Gから甲地を買い受けたIは、その土地について所有権移転の登記をすれば、Hから乙地を買い受けたJに対し、その地役権を主張できる。

4　Kが、L所有の土地を占有し取得時効期間を経過した場合で、時効の完成後に、Lがその土地をMに譲渡して所有権移転登記をしたとき、Kは、登記なしに、Mに対し、その土地の所有権を主張できる。

【問　5】　Aは、BのCに対する金銭債務を担保するため、A所有の土地に抵当権を設定し、物上保証人となった。この場合、民法の規定及び判例によれば、次の記述のうち正しいものはどれか。

1　Bが、Cに対し、この金銭債務が存在することを時効期間の経過前に承認した場合、Aは、当該債務の消滅時効の更新の効力を否定することができない。

2　BのCに対する金銭債務が時効により消滅するか否かにかかわらず、抵当権設定時から10年が経過すれば、抵当権はBに対しては時効により消滅する。

3　Aが、Cに対し、この金銭債務が存在することを時効期間の経過前に承認した場合、当該債務の消滅時効の更新の効力が生じる。

4　Aの土地に対する所有権は、取得の時から20年間行使しなかった場合、時効により消滅する。

【問　6】　根抵当権に関する次の記述のうち、民法の規定によれば、誤っているものはどれか。

1　被担保債権の元本については、その確定期日を定めることができるが、その期日は、これを定めた日から5年以内でなければならない。

2　被担保債権の元本の確定前においては、後順位の抵当権者その他の第三者の承諾がなくても、極度額を変更することができる。

3　被担保債権の元本の確定前においては、後順位の抵当権者その他の第三者の承諾がなくても、債務者を変更することができる。

4　被担保債権の元本の確定前においては、後順位の抵当権者その他の第三者の承諾がなくても、被担保債権の範囲を変更することができる。

【問　7】　AのBからの借入金100万円の弁済に関する次の記述のうち、民法の規定によれば、誤っているものはどれか。

1　Aが債務の一部として50万円を弁済する場合、ABが合意したとしても、その50万円全額を利息を差し置いて元本に充当することはできない。

2　弁済をするについて正当な利益を有する者でない第三者Cは、原則として、A及びBの意思に反してAのBに対する債務を弁済することができない。

3　Aが、Bの代理人と称して支払いを請求してきた無権限者Dに対し債務を弁済した場合、取引上の社会通念に照らしてDに弁済受領権限があるかのような外観があり、Aがその権限がないことについて善意、かつ、無過失であるときは、その弁済は有効である。

4　Aは、弁済に当たり、Bに対して領収書を請求し、Bがこれを交付しないときは、その交付がなされるまで弁済を拒むことができる。

【問 8】 買主Aと売主Bとの間で建物の売買契約を締結し、AはBに手付を交付したが、その手付は解約手付である旨約定した。この場合、民法の規定及び判例によれば、次の記述のうち正しいものはどれか。

1 Aは、Bが履行に着手した後においては、Bの債務不履行を理由として売買契約を解除することができない。

2 Aが、履行期到来後、いつでも代金を支払えるよう準備をして、売主に対してしばしば履行を求めた場合、Bは、手付の倍額を現実に提供して、売買契約を解除することはできない。

3 Aが本件約定に基づき売買契約を解除する場合は、Aは、Bに対して、単に口頭で手付を放棄することを告げるだけでは足りない。

4 Aが故意に売買代金を期日に支払わない場合は、Bは、損害賠償として手付を没収することができる。

【問 9】 Aは、その所有する不動産について、第三者の立入り防止等の管理を、当該管理を業としないBに対して委託した。この場合、民法の規定によれば、次の記述のうち誤っているものはどれか。

1 Bは、Aの請求があるときは、いつでも委任事務処理の状況を報告しなければならない。

2 Bの受任事務の処理が終わった場合、Bは、約定の報酬の支払いの提供がなくても、委任事務を処理するにあたって受け取った物をAに引き渡さなければならない。

3 Bは、委任契約を解除することがAに不利となる時期においては、やむを得ない事由がない限り、委任契約を解除することはできない。

4 Aが死亡すると委任契約は終了するが、急迫の事情がある場合には、Bは、Aの相続人が事務を処理することができるようになるまで、必要な事務処理を行わなければならない。

【問　10】　Aは、Bから建物を買い受けて居住していたが、この建物には構造上の欠陥があり、その欠陥が原因で建物の一部が倒壊し、通行人Cが負傷した。この欠陥は、Bから建築工事を請け負ったDの手抜きによるものであったが、A、Bともにその欠陥の存在につき善意無過失であった。この場合に関する次の記述のうち、民法の規定及び判例によれば、正しいものはどれか。

1　Dは、Cに対して不法行為責任を負うが、この責任は、完成した建物をBに引き渡した日から5年の経過により、時効によって消滅する。

2　AがCに対して損害賠償金を支払った場合、AD間には契約関係がないので、Aは、Dに対してCに支払った損害賠償額を求償することはできない。

3　Aは、土地の工作物の所有者としてCに対して不法行為責任を負うが、同時に占有者でもあるから、損害の発生を防止するに必要な注意をしたことを証明することにより、その責任を免れることができる。

4　Bは、Dの手抜き工事がBの指図に基づくものであったというような事情がない限り、Cに対して不法行為責任を負うことはない。

【問　11】　借地借家法第38条に規定する定期建物賃貸借に関する次の記述のうち、誤っているものはどれか。

1　定期建物賃貸借の期間は、1年未満であっても有効である。

2　定期建物賃貸借で、期間が1年以上である場合において、期間満了の1年前から6月前までの間に、賃貸人から賃借人に対し当該契約が終了する旨の通知をしなかった場合は、当該賃貸借契約は当然に更新したものとみなされる。

3　定期建物賃貸借契約を締結しようとするときは、建物の賃貸人は、あらかじめ、賃借人に対し、当該賃貸借が更新がなく、期間の満了により終了する旨を記載した書面を交付して説明しなければならない。

4　200㎡未満の居住用建物を目的とする定期建物賃貸借の場合に、賃借人が転勤等やむを得ない事情で、当該建物を自己の生活の本拠として使用できなくなったときは、賃借人は、当該建物賃貸借の解約を申し入れることができ、解約の申入れの日から1月を経過することによって、当該賃貸借は終了する。

【問 12】 Aは、空き地となっている自己所有の宅地（以下この問において「甲地」という。）の有効活用を図り収入を確保するため、甲地に借地権を設定しようと考えている。ただし、必ず、一定年月後に借地関係を終了させたい。次の記述のうち、借地借家法の規定によれば、A（借地権設定者）のとるべき措置として、正しいものはどれか。

1 専ら事業の用に供するため、居住用の賃貸マンションの所有を目的とする借地権を設定することとし、存続期間を15年として、公正証書によって契約する。

2 存続期間が40年の更新のない定期借地契約を締結するにあたり、Aが、存続期間を40年とすることについて裁判所の許可を得ることとする。

3 借地権設定後30年以上経過した日に、借地権を消滅させるために、甲地の上の建物を、Aに対し相当の対価で譲渡する旨の特約を結ぶが、その特約について特に書面化しないこととした。

4 存続期間を60年とする借地契約を締結するが、合意事項中その旨のみ公正証書にて特約を行い、他の事項については特に書面化しないこととした。

【問 13】 建物の区分所有等に関する法律に関する次の記述のうち、誤っているものはどれか。

1 管理組合は、区分所有者及び議決権の各4分の3以上の集会の議決で、法人となることができる。

2 管理者がその職務内で第三者とした契約は、区分所有者のみならず、その特定承継人、包括承継人に対してもその効力を生ずる。

3 管理者に不正行為その他職務を行うに適しない事情がある場合、区分所有者及び議決権の各過半数による集会の決議をもってその管理者を解任できる。

4 管理組合法人の理事は、監事を兼ねることができる。

【問 14】 一棟の建物を区分した建物（以下この問において「区分建物」という。）に係る登記に関する次の記述のうち、不動産登記法の規定によれば、誤っているものはどれか。

1 区分建物の所有権の保存の登記は、表題部所有者から所有権を取得した者も、申請することができる。

2 区分建物が規約による共用部分である旨の登記は、当該区分建物の登記記録の表題部にされる。

3 区分建物が属する一棟の建物が新築された場合における当該区分建物の表題登記の申請は、その一棟の建物に属する他の区分建物の表題登記の申請とともに行わなければならない。

4 区分建物の床面積は、壁その他の区画の中心線で囲まれた部分の水平投影面積により算出される。

【問 15】 都市計画法に関する次の記述のうち、正しいものはどれか。

1 地区計画の区域のうち地区整備計画が定められている区域内において、建築物の建築等の行為を行った者は、一定の行為を除き、当該行為の完了した日から30日以内に、行為の種類、場所等を市町村長に届け出なければならない。

2 地区計画については、都市計画に、地区計画の種類、名称、位置、区域及び面積並びに建築物の建蔽率及び容積率の最高限度を定めなければならない。

3 第二種住居地域における地区計画については、一定の条件に該当する場合、開発整備促進区を都市計画に定めることができるが、準住居地域には開発整備促進区を定めることができない。

4 再開発等促進区は、地区計画について土地の合理的かつ健全な高度利用と都市機能の増進とを図るため、一体的かつ総合的な市街地の再開発又は開発整備を実施すべき区域をいう。

【問 16】 都市計画法に関する次の記述のうち、正しいものはどれか。なお、この問において「都道府県知事」とは、地方自治法に基づく指定都市、中核市及び施行時特例市にあってはその長をいうものとする。

1 開発許可を受けた開発区域内の土地であっても、当該許可に係る開発行為に同意していない土地の所有者は、その権利の行使として建築物を建築することができる。

2 用途地域等定められている土地のうち開発許可を受けた開発区域内においては、開発行為に関する工事完了の公告があった後は、都道府県知事の許可を受けなければ、当該開発許可に係る予定建築物以外の建築物を新築することができない。

3 何人も、市街化調整区域のうち開発許可を受けた開発区域以外の区域内において、仮設建築物を新築する場合、都道府県知事の許可が必要である。

4 開発行為とは、主として建築物の建築の用に供する目的で行う土地の区画形質の変更を指し、特定工作物の建設の用に供する目的で行う土地の区画形質の変更は開発行為には該当しない。

【問 17】 建築基準法に関する次の記述のうち、正しいものはどれか。

1 地方公共団体は、延べ面積が1,000㎡を超える建築物の敷地が接しなければならない道路の幅員について、条例で、避難又は通行の安全の目的を達するために必要な制限を緩和することができる。

2 建築協定の目的となっている建築物に関する基準が建築物の借主の権限に係る場合においては、その建築協定については、当該建築物の借主は、土地の所有者等とみなす。

3 建築物の高さ31m以下の部分にある全ての階には、非常用の進入口を設けなければならない。

4 建築基準法の規定が適用された際現に建築物が立ち並んでいる幅員4m未満の道で、特定行政庁が指定したものについては、同法の規定が適用された際の道路の境界線が、その道路の境界線とみなされる。

【問　18】　建築基準法に関する次の記述のうち、正しいものはどれか。

1　建築物が第二種中高層住居専用地域及び近隣商業地域にわたって存する場合で、当該建築物の過半が近隣商業地域に存する場合には、当該建築物に対して法第56条第1項第3号の規定（北側斜線制限）は適用されない。

2　建築物の敷地が工業地域と工業専用地域にわたる場合において、当該敷地の過半が工業専用地域内であるときは、共同住宅を建築することができる。

3　隣地境界線から後退して壁面線の指定がある場合において、当該壁面線を越えない建築物で、特定行政庁が安全上、防火上及び衛生上支障がないと認めて許可したものの建蔽率は、当該許可の範囲内において建蔽率による制限が緩和される。

4　一定の建築物の地階で住宅の用途に供する部分の床面積については、当該建築物の住宅の用途に供する部分の床面積の合計の4分の1を限度として、容積率に係る建築物の延べ面積に算入しない。

【問　19】　宅地造成及び特定盛土等規制法に関する次の記述のうち、誤っているものはどれか。なお、この問において「都道府県知事」とは、地方自治法に基づく指定都市、中核市及び特例市にあってはその長をいうものとする。

1　宅地造成等工事規制区域の指定の際、当該宅地造成等工事規制区域内において行われている宅地造成等に関する工事の工事主は、その指定があった日から14日以内に、主務省令で定めるところにより、当該工事について都道府県知事に届け出なければならない。

2　都道府県知事は、一定の場合には都道府県（地方自治法に基づく指定都市又は中核市の区域にあっては、それぞれ指定都市又は中核市）の規則で、宅地造成等工事規制区域内において行われる宅地造成等に関する工事の技術的基準を強化し、又は付加することができる。

3　都道府県知事は、造成宅地防災区域について、擁壁等の設置又は改造その他宅地造成等に伴う災害の防止のため必要な措置を講ずることにより当該区域の指定の事由がなくなったと認めるときは、その指定を解除するものとする。

4　都道府県知事は、基礎調査のために他人の占有する土地に立ち入って測量又は調査を行う必要があるときは、その必要の限度において、他人の占有する土地に、自ら立ち入り、又はその命じた者若しくは委任した者に立ち入らせることができる。

【問 20】 土地区画整理法に関する次の記述のうち、誤っているものはどれか。

1 土地区画整理事業の施行により公共施設が設置された場合においては、その公共施設は、換地処分があった旨の公告があった日の翌日において、原則としてその公共施設の所在する市町村の管理に属することになる。

2 土地区画整理組合の設立の認可の公告があった日以後、換地処分の公告がある日までは、施行地区内において、土地区画整理事業の施行の障害となるおそれがある建築物その他の工作物の新築を行おうとする者は、都道府県知事及び市町村長の許可を受けなければならない。

3 関係権利者は、換地処分があった旨の公告があった日後においては、施行地区内の土地及び建物に関しては、土地区画整理事業の施行による施行地区内の土地及び建物の変動に係る登記がされるまでは、他の登記をすることができない。

4 個人施行者は、規準又は規約に別段の定めがある場合においては、換地計画に係る区域の全部について土地区画整理事業の工事が完了する以前においても換地処分をすることができる。

【問 21】 農地に関する次の記述のうち、農地法（以下この問において「法」という。）の規定によれば、正しいものはどれか。

1 国又は都道府県等が市街化調整区域内の1ヘクタールの農地を取得して学校を建設する場合、都道府県知事等との協議が成立しても法第5条第1項の許可を受ける必要がある。

2 農地について法第3条第1項の許可があったときは所有権が移転する旨の停止条件付売買契約を締結し、それを登記原因とする所有権移転の仮登記を申請する場合には、その買受人は農業委員会に届出をしなければならない。

3 農地の賃貸借について法第3条第1項の許可を得て農地の引渡しを受けても、土地登記簿に登記をしなかった場合、その後、その農地について所有権を取得した第三者に対抗することができない。

4 会社の代表者が、その会社の業務に関し、法の規定に違反して転用行為をした場合は、その代表者が罰せられるのみならず、その会社も1億円以下の罰金刑が科せられる。

【問 22】 国土利用計画法第23条の届出（以下この問において「事後届出」という。）に関する次の記述のうち、正しいものはどれか。

1 都道府県知事は、法第24条第1項の規定による勧告に基づき当該土地の利用目的が変更された場合において、必要があると認めるときは、当該土地に関する権利の処分についてのあっせんその他の措置を講じなければならない。

2 事後届出においては、土地の所有権移転後における土地利用目的について届け出ることとされているが、土地の売買価額については届け出る必要はない。

3 事後届出が必要な土地売買等の契約を締結したにもかかわらず、所定の期間内にこの届出をしなかった者は、6月以下の懲役又は100万円以下の罰金に処せられる。

4 都道府県知事は、土地に関する権利の移転等の対価の額が土地に関する権利の相当な価額に照らし著しく適正を欠くときは、当該対価の額について必要な変更をすべきことを勧告することができる。

【問 23】 不動産取得税に関する次の記述のうち、正しいものはどれか。

1 床面積250㎡の新築住宅に係る不動産取得税の課税標準の算定については、当該新築住宅の評価額から1,200万円が控除される。

2 宅地建物取引業者でないAが、家屋を新築した日から10カ月経過しても、最初の使用をすることなく、譲渡も行わないときは、10カ月を経過した日に取得がなされたものとみなされ、Aを取得者とみなして、不動産取得税が課される。

3 不動産取得税の免税点は、土地の取得にあっては30万円、家屋の取得のうち建築に係るものにあっては一戸につき23万円、その他の家屋の取得にあっては一戸につき12万円である。

4 AとBが共有する400㎡の土地（ABの持分は各平等）を分割協議で、Aが親の介護をしていたことを理由に240㎡取得し、Bは160㎡を取得した場合、Aには不動産取得税が課されるが、Bには課されない。

【問 24】　個人が令和6年中に令和6月1月1日において所有期間が10年を超える居住用財産である甲住宅を譲渡した場合のその譲渡に係る譲渡所得の課税に関する次の記述のうち、誤っているものはどれか。

1　甲住宅を譲渡したことによる課税長期譲渡所得金額が6,000万円以下である場合には、10%の軽減税率が適用される。

2　甲住宅の譲渡について収用交換等の場合の譲渡所得等の5,000万円特別控除の適用を受ける場合であっても、その特別控除後の譲渡益について、居住用財産を譲渡した場合の軽減税率の特例の適用を受けることができる。

3　甲住宅を譲渡した場合の軽減税率の特例は、その個人が令和4年において既にその特例の適用を受けている場合であっても、令和6年中の譲渡による譲渡益について適用を受けることができる。

4　甲住宅の譲渡所得の3,000万円特別控除は、その個人がその個人と生計を同一にしていない孫に譲渡した場合には、適用を受けることができない。

【問 25】　不動産の鑑定評価に関する次の記述のうち、不動産鑑定評価基準によれば、誤っているものはどれか。

1　不動産の価格は、その不動産の効用が最高度に発揮される可能性に最も富む使用を前提として把握される価格を標準として形成されるが、これを最有効使用の原則という。

2　収益還元法は、対象不動産が将来生み出すであろうと期待される純収益の現在価値の総和を求めることにより対象不動産の試算価格を求める手法であるため、自用の住宅地には適用することはできない。

3　取引事例に係る取引が特殊な事情を含み、これが当該取引事例に係る価格等に影響を及ぼしているときは、適切に補正しなければならないが、当該事例の価格を価格時点の価格に修正しなければならない場合もある。

4　不動産の効用及び相対的稀少性並びに不動産に対する有効需要の三者に影響を与える要因を価格形成要因といい、一般的要因、地域要因及び個別的要因に分けられる。

【問 26】　宅地建物取引業者A（法人）が、媒介により建物の賃貸借の契約を成立させた場合に関する宅地建物取引業法第37条の規定により交付すべき書面（以下この問において「37条書面」といい、同法第37条第5項の規定により同書面に記載すべき事項を電磁的方法により提供する場合を含む。）に関する次の記述のうち、宅地建物取引業法の規定によれば、正しいものはどれか。

1　Aは、37条書面を作成したときは、Aの代表者が当該書面に記名しなければなければならない。

2　Aは、賃料の支払いについての損害賠償額の予定又は違約金の定めがないときは、37条書面に、かかる特約がない旨を記載しなければならない。

3　Aは、当該建物が既存の建物である場合でも、37条書面に、建物の構造耐力上主要な部分等の状況について当事者が確認した事項を記載する必要はない。

4　Aは、賃貸人及び賃借人が宅地建物取引業者の場合であっても、37条書面には、建物の引渡しの時期及び賃借権設定登記の申請時期を記載しなければならない。

【問 27】　宅地建物取引業者Aに関する次の記述のうち、宅地建物取引業法の規定によれば、正しいものはどれか。

1　AがBから宅地の売却の媒介依頼を受けた際、媒介契約において、一定期間内に目的物の売却ができなかったときは、Bの希望により、Aが媒介価額を下回る価額で当該宅地を買い取る旨の特約を定めた場合、当該特約は、すべて無効である。

2　同一の物件について、売主であるA及び媒介を行う宅地建物取引業者Bが同一の案内所において業務を行う場合、A又はBのいずれかが専任の宅地建物取引士を1人以上置いただけでは、宅地建物取引業法第31条の3の専任の宅地建物取引士の設置義務を満たしているとはいえない。

3　Aは、建物の売買に関する広告をするときに取引態様の別を明示していても、注文を受けたときに改めて書面で取引態様の別を明示しなければならない。

4　Aは、自らが売主となる20戸の建売住宅の販売について、期間を限定して展示会場を設けて説明会を実施し、この展示会場においては、契約の締結又は購入申込みを受け付けないものとした場合においても、当該展示会場には標識を掲示しなければならない。

【問　28】　宅地建物取引業者Ａ（甲県知事免許）が行う広告に関する次の記述のうち、宅地建物取引業法の規定によれば、誤っているものはどれか。

1　Ａは、分譲予定の建物を新築するための建築確認の申請中である場合、建築確認の申請中である旨を広告中に表示したとしても、当該建物の分譲についての広告をすることはできない。

2　Ａが、建物を分譲するに当たり宅地建物取引業法第32条の規定に違反して誇大広告をした場合、その広告についてインターネットを利用する方法で行ったときでも、甲県知事は、Ａに対して監督処分をすることができる。

3　Ａは、建物の売買の媒介に関する広告をする場合、当該建物について、依頼者が他の宅地建物取引業者に重ねて売買の媒介を依頼することの許否を明示しなければならない。

4　Ａが甲県知事からその業務の全部の停止を命ぜられた場合、当該業務停止処分の期間中は、当該業務停止処分が行われる前に印刷した広告であったとしても、その配布活動をすることはできない。

【問　29】　宅地建物取引業者Ａ（甲県知事免許）に対する監督処分等に関する次の記述のうち、宅地建物取引業法の規定によれば、正しいものはどれか。

1　Ａが、乙県にも事務所を有することとなった場合で、国土交通大臣の免許を受けていないことが判明したときは、国土交通大臣は、Ａの免許を取り消さなければならない。

2　Ａの所在が確知できない場合、甲県知事は甲県の公報でその事実を公告し、その公告の日から30日を経過してもＡからの申出がないときは、甲県知事は、Ａの免許を取り消さなければならない。

3　Ａが、宅地建物取引業法第３条の２に規定する免許に付された条件に違反した場合、甲県知事は、Ａの宅地建物取引業の免許を取り消すことができる。

4　Ａが乙県の区域内における業務に関し法第32条に規定する誇大広告等の禁止に違反している疑いがある場合、乙県知事は、２週間以内にその旨を甲県知事に通知しなければならない。

【問 30】 宅地建物取引業者Aが行う宅地建物取引業法（以下この問において「法」という。）第35条に規定する重要事項の説明及び重要事項説明書の交付（同条第4項に規定する電磁的方法による提供を含む。）に関する次の記述のうち、誤っているものはどれか。なお、説明の相手方は宅地建物取引業者ではないものとする。

1　Aが宅地の売買の媒介を行う場合、当該宅地について、私道の負担に関する定めがないときは、私道負担に関する定めがないことについて、必ずしも説明をする必要はない。

2　Aが宅地建物取引業者Bと共同で宅地の売買の媒介を行う場合、Aは、Bと協力して一の重要事項説明書を作成し、Bの業務に従事する宅地建物取引士一人に代表させて説明をさせることができる。

3　Aが建物の売買の媒介を行う場合、当該建物は、表題部の登記はされていたが、所有権の保存登記がされていないときは、建物の登記簿上の所有者に関して、表題部に記録されている所有者を説明する必要がある。

4　Aが建物の売買の媒介を行う場合、天災その他不可抗力による損害の負担に関する定めをする予定があったが、その内容について、必ずしも説明をする必要はない。

【問 31】 宅地建物取引業法の宅地又は建物に関する次の記述のうち、正しいものはいくつあるか。

ア　都市計画法に規定する用途地域外の土地であって、ソーラーパネルのみが設置されている土地は宅地ではない。

イ　都市計画法に規定する都市計画区域及び準都市計画区域外の土地で、建物を建築する目的で取引されておらず、現在、青空駐車場として利用されている土地は、宅地ではない。

ウ　学校、病院、官公庁施設等の公共的な施設は、建物ではない。

エ　都市計画法に規定する用途地域内の採草放牧地は、宅地ではない。

1　一つ
2　二つ
3　三つ
4　四つ

【問 32】 宅地建物取引業の免許（以下この問において「免許」という。）に関する次の記述のうち、宅地建物取引業法の規定によれば、誤っているものはいくつあるか。

ア 宅地建物取引業者A（個人）について、破産手続開始の決定があったとき、Aは、破産手続開始の決定があった日から30日以内に、その旨を免許を受けた国土交通大臣又は都道府県知事に届け出なければならない。

イ B社の役員Cは、宅地建物取引業者D社の役員として在籍していたが、その当時、D社の役員Eがかつて禁錮の刑に処せられ、その刑の執行が終わった日から5年を経過していないとしてD社は免許を取り消されていた。この場合、B社は、D社が免許を取り消された日から5年を経過していなくても、免許を受けることができる。

ウ 宅地建物取引業者E社が業務の全部停止を命じられた期間中でも、E社は免許の更新の申請を行い、免許の更新を受けることができる。

1 一つ
2 二つ
3 三つ
4 なし

【問 33】 次の記述のうち、宅地建物取引業法（以下この問において「法」という。）の規定に違反しないものはいくつあるか。

ア　宅地建物取引業者Aが、宅地建物取引業者でないBから建物の売却の依頼を受け、AとBとの間で専属専任媒介契約を締結した場合、Aが探索した相手方以外の者とBとの間で売買契約を締結したときの措置について、AとBとの間で取り決めをしていなかったので、Aは法第34条の2第1項の規定に基づき交付すべき書面に記載しなかった。

イ　宅地建物取引業者Cが建物の貸借の媒介を行う場合において、借賃以外に金銭の授受があるときに、その額及び授受の目的について、法第35条に規定する重要事項を記載した書面に記載したので、法第37条の規定により交付すべき書面（以下この問において「37条書面」という。）には、その額及び授受の目的は記載せず、授受の時期のみを記載した。

ウ　宅地建物取引業者Dは、自ら売主としてEに土地付建物を売却したが、その代金については、Dは融資のあっせんはせず、Eが自分で探した金融機関から融資を受けることになった。売買契約を締結した際、Eが金融機関から融資を受けられなかったときは、DはEとの売買契約の無条件解除を認める旨の特約をした。DはEに融資のあっせんはしないので、かかる無条件解除を認める旨の特約の内容について、37条書面に記載しなかった。

1　一つ
2　二つ
3　三つ
4　なし

【問 34】 宅地建物取引業者Aが、自ら売主となり、宅地建物取引業者ではない買主Bとの間で締結した宅地の売買契約について、Bが宅地建物取引業法（以下この問において「法」という。）第37条の2の規定に基づき、いわゆるクーリング・オフによる契約の解除（以下この問において「解除」という。）をする場合に関する次の記述のうち、正しいものの組合せはどれか。

ア　Aは、事務所において、Bから当該宅地の買受けの申込みを受け、翌日にBの事務所の最寄りの喫茶店で売買契約を締結した場合、Bは、クーリング・オフによる売買契約の解除をすることはできない。

イ　Aは、現地のテント張りの案内所において、Bから当該宅地の買受けの申込みを受けて売買契約を締結した場合、AがBに対してクーリング・オフができる旨及びその方法を告げなかったときは、Aは、監督処分として指示処分を受けることがある。

ウ　Bが、Aとの当該宅地の売買契約について、クーリング・オフによる解除をするときは、Bは国土交通大臣が定める書式の書面をもってその意思表示を行わなければならない。

エ　Bは、レストランにおいて当該宅地の買受けの申込みをして、売買契約を締結し、その際にAからクーリング・オフできる旨及びその方法について、法が定める方法によって告げられた。Bは、売買契約を締結した5日後に、宅地の引渡しを受け、かつ、代金の一部を支払っていたが、当該法が定める方法により告げられた日から8日を経過していないときは、Bはクーリング・オフにより売買契約を解除することができる。

1　ア、イ
2　イ、ウ
3　ウ、エ
4　ア、エ

【問 35】 宅地建物取引業者Aが、BからB所有の宅地の売却の依頼を受け、Bと媒介契約を締結した場合に関する次の記述のうち、宅地建物取引業法の規定に違反するものはどれか。なお、この問において、「媒介契約書面」とは、宅地建物取引業法第34条の2の規定により依頼者に交付すべき書面をいい、同条第11項の規定により書面の交付に代えて電磁的方法による提供をする場合を含まないものとする。

1 媒介契約が専任媒介契約である場合、当該宅地の売買契約が成約に至ったので、指定流通機構に対し、その登録番号、取引価格、売買契約が成立した年月日は通知したが、宅地の所在地は通知しなかった。

2 媒介契約が専属専任媒介契約である場合、Aは業務の処理状況を、7日（休業日を除く。）に1回、Bに報告する旨を定めた。

3 Aは、宅地建物取引士でない従業員をして、Aの名で媒介契約書面に記名押印させた。

4 AB間の媒介契約が専任媒介契約である場合、当該宅地に抵当権の登記があったが、Aは、その登記内容を指定流通機構に登録しなかった。

【問 36】 宅地建物取引業者Aの宅地建物取引業法第37条の規定により交付すべき書面（以下この問において「37条書面」といい、同法第37条第4項又は第5項の規定により電磁的方法により提供する場合を含む。）の記載に関する次の記述のうち、宅地建物取引業法の規定に違反しないものはどれか。

1 Aが自ら売主として宅地建物取引業者でない買主との間で中古の建物を売却した場合において、売買契約の締結時に受領する手付金に関し、宅地建物取引業法第41条の2に規定する手付金等の保全措置を講じたが、かかる保全措置の概要について、37条書面に記載しなかった。

2 Aが建物の貸借の媒介をした場合において、損害賠償額の予定に関する定めをしたが、建物の売買の媒介ではなく、建物の貸借の媒介であることから、Aは、当該内容について、37条書面に記載しなかった。

3 Aが宅地（廃屋あり）の売買の媒介を行った場合において、売主及び買主は、売買の目的物である宅地の引渡しについては、「売主が2か月以内に宅地上の廃屋の取壊しが終了次第、遅滞なく引き渡す」旨を定めたが、その具体的な日時は定めなかったので、Aは、37条書面に引渡しの時期についての記載をしなかった。

4 Aが建物の貸借の媒介を行った場合において、貸主及び借主は、借賃の額やその支払時期の定めをしたが、借賃の支払方法については取決めをしなかったので、Aは、その定めがない旨を37条書面に記載しなかった。

【問　37】　宅地建物取引業者Ａ（甲県内に本店と、甲県内に支店１ヵ所を設置して宅地建物取引業を営んでいる。）の営業保証金に関する次の記述のうち、宅地建物取引業法の規定によれば、誤っているものはどれか。

1　Ａは、金銭のみをもって営業保証金を供託している場合に、その本店を移転したためその最寄りの供託所が変更したときは、２週間以内に、供託している供託所に対して、移転後の本店の最寄りの供託所への営業保証金の保管替えを請求しなければならない。

2　Ａと宅地建物取引業に関して取引した債権を有する者（宅地建物取引業者ではないものとする。）は、当該取引が本店における取引でも、支店における取引でも、営業保証金から還付を受けることができる金額に変わりはない。

3　Ａは営業保証金の還付がなされ、甲県知事から政令で定める額に不足が生じた旨の通知を受け、その額を供託したときは、２週間以内に、その旨を甲県知事に届け出なければならない。

4　Ａが営業保証金を有価証券をもって供託している場合に、当該有価証券の償還期の到来により、従前の営業保証金に代わる新たな有価証券を供託したときは、遅滞なく、その旨を甲県知事に届け出なければならず、当該届出をしたときは、公告をすることなく従前の有価証券を取り戻すことができる。

【問 38】 宅地建物取引業の免許（以下この問において「免許」という。）に関する次の記述のうち、正しいものはいくつあるか。

ア　宅地建物取引業者Aが、不正の手段によって免許を取得したことを理由に、その免許を取り消された場合、Aが、その免許を取り消される前に締結した宅地の売買契約に基づく債務の履行を行うことは、宅地建物取引業法第12条が規定する無免許営業の禁止規定に違反しない。

イ　免許の更新を受けようとする宅地建物取引業者B（甲県知事免許）は、免許の有効期間満了の日の2週間前までに、免許申請書を甲県知事に提出しなければならない。

ウ　個人である宅地建物取引業者C（乙県知事免許）が、宅地建物取引業を廃業した場合、Cは、その旨を遅滞なく乙県知事に届け出なければならない。

エ　宅地建物取引業者D（丙県知事免許）が、乙県内で一団の宅地の分譲を行うため売買契約を行う案内所を設置する場合でも、Dは、あらかじめ国土交通大臣へ免許換えの申請をする必要はない。

1　一つ
2　二つ
3　三つ
4　なし

【問　39】　宅地建物取引業者Ａ（消費税課税事業者）が、宅地建物取引業に関して報酬を受領した場合に関する次の記述のうち、宅地建物取引業法の規定によれば、正しいものはいくつあるか。

ア　Ａは、Ｂ及びＣからそれぞれが所有する宅地の交換の媒介依頼を受け、Ｂ所有の価額3,800万円の宅地とＣ所有の価額4,000万円の宅地の交換契約をＢＣ間で成立させた場合、Ｂ及びＣからそれぞれ報酬として138万6,000円を受領することができる。

イ　Ａは、Ｄ及びＥからＤ所有の店舗用建物の賃貸借の媒介依頼を受け、賃料月額22万円（消費税込み）、権利金（権利設定の対価として支払われる金銭で返還されないもの）330万円（消費税込み）で賃貸借契約をＤＥ間で成立させた場合、Ｄ及びＥから報酬として合計で30万8,000円を受領することができる。

ウ　Ａは、ＦからＦ所有の土地付建物の売却の媒介依頼を受け、宅地の代金5,000万円及び建物の代金3,300万円（消費税額及び地方消費税額300万円を含む。）で売買契約を成立させた場合、Ｆから報酬として270万6,000円を受領することができる。

エ　Ａは、Ｇ及びＨからＧ所有の宅地の賃貸借の媒介依頼を受け、借賃月額50万円、権利金（権利設定の対価として支払われる金銭で返還されないもの）1,000万円で賃貸借契約をＧＨ間で成立させた場合、Ｇから報酬として55万円を受領することができる。

1　一つ
2　二つ
3　三つ
4　四つ

【問　40】　宅地建物取引士又は宅地建物取引士資格者に関する次の記述のうち、宅地建物取引業法の規定によれば、正しいものはどれか。

1　甲県知事が行う宅地建物取引士資格試験（以下この問において「試験」という。）に合格し、同知事の登録を受けて宅地建物取引士証の交付を受けたAが、乙県知事への登録の移転を受けた後、乙県知事から登録消除処分を受けた場合、再度登録を受けようとするときは、Aは、登録消除処分を行った乙県知事に登録の申請をしなければならない。

2　2年前に試験に合格し、宅地建物取引士の資格登録を行ったBが、登録を受けている都道府県知事に宅地建物取引士証の交付を申請する場合、宅地建物の取引に関する実務経験が2年以上あっても、当該都道府県知事の指定する講習を受講する必要がある。

3　宅地建物取引士Cは、宅地建物取引士として行う事務に関し不正な行為をし、令和6年4月1日から6カ月間の事務禁止処分を受け、Bが同年5月1日に登録の消除の申請をしてその登録が消除された場合、Bは、同年11月1日以降でなければ登録を受けることができない。

4　都道府県知事は、宅地建物取引士Dが試験に不正な手段で合格したことが判明した場合、Dの合格の決定を取り消すとともに、試験の受験を最長で2年間禁止することができる。

【問　41】　宅地建物取引業者Aは、土地付建物（価格1億円）を、建築工事の完了前に自ら売主として宅地建物取引業者でない買主Bに販売し、申込証拠金20万円を受領した後、売買契約を締結し、その際手付金として申込証拠金を充当するほか別に550万円を受領した。契約によれば、中間金430万円を1カ月後に、残代金9,000万円を引渡し及び所有権移転登記完了後、遅滞なく支払うこととされている。この場合、宅地建物取引業法の規定によれば、次の記述のうち正しいものはどれか。

1　Aは、手付金の受領後、遅滞なく、宅地建物取引業法に定める手付金等保全措置（以下この問において「手付金等保全措置」という。）を講じなければならない。

2　Aが契約締結時に手付金等保全措置を講じなければならない金額は、550万円である。

3　Bは、Aが手付金等保全措置を講じた後は、手付金を放棄して契約を解除することができない。

4　Aが中間金を受領する前に建築工事が完了していた場合でも、Aは、手付金等保全措置を講ずることなく中間金を受領することはできない。

【問　42】　宅地建物取引業者がマンション（区分所有建物）の貸借の媒介をする場合に、宅地建物取引業法第35条の規定に基づき重要事項として必ず説明しなければならない事項は、いくつあるか。なお、説明の相手方は宅地建物取引業者ではないものとする。

ア　敷金その他契約終了時に精算することとされている金銭の精算に関する事項

イ　マンションの敷地の一部を特定の者にのみ使用を許す旨の規約の定めの内容

ウ　用途地域内における建築物の用途制限に関する事項の概要

エ　私道に関する負担に関する事項

1　一つ
2　二つ
3　三つ
4　四つ

【問　43】　宅地建物取引業保証協会（以下この問において「保証協会」という。）又はその社員に関する次の記述のうち、宅地建物取引業法の規定によれば、正しいものはどれか。

1　保証協会は、弁済業務保証金を金銭のみで供託所に供託しなければならず、国債証券その他一定の有価証券をもって供託することはできない。

2　保証協会は、宅地建物取引業者がその一部の事務所を廃止したため弁済業務保証金分担金を宅地建物取引業者に返還しようとするときは、弁済業務保証金の還付請求権者に対し、一定期間内に保証協会の認証を受けるため申し出るべき旨を公告しなければならない。

3　研修は、保証協会が必ず実施しなければならない業務の一つであるが、この研修は、現に宅地建物取引業の業務に従事している者のほか、従事しようとする者に対しても行うことができる。

4　保証協会の社員は、保証協会から特別弁済業務保証金分担金を納付すべき旨の通知を受けた場合で、その通知を受けた日から2週間以内にその通知された額の特別弁済業務保証金分担金を保証協会に納付しないときは、当該保証協会の社員の地位を失う。

【問 44】 宅地建物取引士又は宅地建物取引士資格登録（以下この問において「登録」という。）に関する次の記述のうち、宅地建物取引業法の規定によれば、正しいものはいくつあるか。

ア　宅地建物取引士Bは、破産手続開始の決定を受けて、その登録が消除されたが、復権を得てから5年を経過していない場合でも、新たに登録を受けることができる。

イ　宅地建物取引士Cは、刑法第204条の傷害罪により罰金の刑に処せられ、登録が消除された場合、当該登録が消除された日から5年を経過するまでは、新たな登録を受けることができない。

ウ　宅地建物取引士Dが刑法第209条（過失傷害）の罪により罰金の刑に処せられた場合、Dは、その旨を登録をしている都道府県知事に届け出る必要はない。

エ　宅地建物取引士Aは、事務禁止処分を受け、その禁止の期間が満了していなかったが、登録を受けている都道府県知事の管轄する都道府県以外の都道府県に所在する宅地建物取引業者の事務所で業務に従事することになった場合、宅地建物取引士としての事務を行うことはできないが、登録の移転の申請を行うことはできる。

1　一つ
2　二つ
3　三つ
4　四つ

【問 45】 宅地建物取引業者A（甲県知事免許）が自ら売主として、宅地建物取引業者ではない買主Bに新築住宅を販売する場合における次の記述のうち、特定住宅瑕疵担保責任の履行の確保等に関する法律によれば、正しいものはどれか。

1 Aが金銭のみをもって住宅販売瑕疵担保保証金の供託をしている場合、主たる事務所を移転したためその最寄りの供託所が変更したときは、法務省令・国土交通省令で定めるところにより、2週間以内に、その供託をしている供託所に対し、費用を予納して、移転後の主たる事務所の最寄りの供託所への保管替えを請求しなければならない。

2 Aが住宅瑕疵担保責任保険法人と住宅販売瑕疵担保責任保険契約の締結をした場合、Bが住宅の引渡しを受けた時から10年以内に当該住宅を転売したときは、当該住宅瑕疵担保責任保険法人にその旨を申し出て、当該保険契約の解除をしなければならない。

3 Aが住宅販売瑕疵担保保証金の供託をし、その額が基準日において販売新築住宅の合計個数を基礎として算定する基準額を超えることとなった場合、Aは、甲県知事の承認を受けて当該超過額を取り戻すことができる。

4 Aが住宅販売瑕疵担保責任保険契約を締結している場合、当該保険に係る新築住宅に構造耐力上主要な部分又は雨水の浸入を防止する部分の瑕疵（構造耐力又は雨水の浸入に影響のないものを除く。）があるときは、Aは、特定住宅販売瑕疵担保責任の履行によって生じた損害について保険金を請求できず、Bが保険金を請求する。

【問　46】　独立行政法人住宅金融支援機構（以下この問において「機構」という。）に関する次の記述のうち、誤っているものはどれか。

1　証券化支援業務（買取型）において、機構による譲受けの対象となる住宅の購入に必要な資金の貸付けに係る金融機関の貸付債権には、当該住宅の購入に付随する住宅の改良に必要な資金も含まれる。

2　機構は、団体信用生命保険業務として、貸付けを受けた者が重度障害となった場合において、支払われる生命保険の保険金を当該貸付けに係る債務の弁済に充当することができる。

3　機構は、直接融資業務のうち、高齢者が自ら居住する住宅に対して行うバリアフリー工事において、高齢者の死亡時に一括償還をする方法により貸付金の償還を受けるときは、当該貸付金の貸付けのために設定された抵当権の効力の及ぶ範囲を超えて、弁済の請求をしないことができる。

4　証券化支援業務（買取型）における買取りの対象となる貸付金の利率は、貸付けに必要な資金の調達に係る金利その他の事情を勘案して機構が定めるため、どの金融機関においても同一の利率が適用される。

【問　47】　宅地建物取引業者が行う広告に関する次の記述のうち、不当景品類及び不当表示防止法（不動産の表示に関する公正競争規約を含む。）の規定によれば、正しいものはどれか。

1　ガスは、都市ガス、ＬＰガス集中方式又はＬＰガス個別方式等の別を明示して表示しなければならない。

2　団地と駅との間の道路距離又は所要時間は、取引する区画のうち駅から最も近い区画（マンションにあっては、その駅から最も近いマンションの出入口）を起点として算出した数値とともに、駅から最も遠い区画（マンションにあっては、その駅から最も遠いマンションの出入口）を起点として算出した数値も表示することが必要である。

3　現に利用することができる学校、病院、官公署又は公園を表示する場合、物件からの道路距離及び徒歩所要時間を明示しなければならない。

4　建物を増築、改築、改装又は改修したことを表示する場合は、その内容又は時期を明示しなければならない。

【問　48】　次の記述のうち正しいものはどれか。

1　令和6年地価公示（令和6年3月公表）によれば、令和5年の地価変動は、三大都市圏平均では、全用途平均は3年連続で上昇したが、商業地については、ほぼ横ばいであった。

2　建築着工統計調査報告（令和5年計。令和6年1月公表）によれば、令和5年の新設住宅着工床面積は64,178千㎡で，2年連続の増加となった。

3　建築着工統計調査報告（令和5年計。令和6年1月公表）によれば、令和5年の建築工法別の戸数において、プレハブもツーバイフォーも，前年より減少した。

4　年次別法人企業統計調査（令和4年度。令和5年9月公表）によれば、令和4年度における不動産業の売上高経常利益率は、前年度と比べて減少した。

【問　49】　土地の災害に関する次の記述のうち、最も不適当なものはどれか。

1　豪雨による土砂災害には、がけ崩れ、土石流、地すべりの3種類があるといわれている。

2　土石流とは、山の斜面や谷に堆積した石や土砂が、豪雨等によって大量に流れ出る現象をいう。

3　深層崩壊は、すべり面が表層崩壊よりも深部で発生し、表土層だけでなく深層の地盤までもが崩壊土塊となる比較的規模の大きな崩壊現象をいい、崩壊土塊（土砂）は低速で移動する。

4　土砂災害の前兆現象として、豪雨や長雨が続いている、地面に亀裂や段差が生じる、木が傾いたり、地面が揺れたりする等がある。

【問　50】　耐震構造に関する次の記述のうち、最も不適当なものはどれか。

1　建物の耐震性を確保するための構造には、耐震構造、制震構造又は免震構造がある。

2　耐震構造とは、地震による揺れを防ぐために、柱、梁、壁及び床のような建物を支えるための部分の強度を高めて地震の振動に対抗する構造である。

3　制震構造は、建物の内部にダンパー（振動軽減装置）を設置し、地震エネルギーをダンパー等に吸収させて、建物に粘りを持たせる構造であるが、既存建物の耐震補強としては利用できない。

4　免震装置は、建物と基礎の間に設けるだけでなく、建物の中間層にも設けることができる。

解答・解説

「解答・解説」の利用法

問題の各回の「レベル設定」

第 **1** 回　ベーシック編……………　得点目標　**36**点

第 **2** 回　法改正編………………　得点目標　**35**点

第 **3** 回　ステップアップ編……　得点目標　**33**点

各問題の「難易度」

・**(A)**…絶対に誤ってはならない「頻出かつ基本的」な問題

・**(B)**…"合否のわかれ目"となる問題。ぜひ正解してほしい!!

・**(C)**…難問や奇問である。間違っても気にしないこと!

解き終えたら、まずは自己採点してみましょう。ご自分の今の実力が"合格ライン"にどのくらい近づいているか、「得点目標」と比較してみましょう。

正解できなかった問題については、「間違えた理由」をきちんと把握しましょう。そして、間違えた問題は、スムーズに解答できるまで、繰り返し解きましょう。

各肢の末尾にはミニコラムとして、補足説明や引っかかりやすいポイント等を「 ☆ ココに着目! 」、解き方のコツや間違いやすいポイント等を「 ✏ 解法のポイント 」、プラスαとなる知識や出題頻度等を「 👍 さらに理解! 」と載せています。余力があるときにしっかり確認しておきましょう。

出題一覧の得点目標で、これから強化したい科目が可視化されたら、巻末の「苦手科目をちょっと復習 解いて覚える一問一答」(P.111) へ。気分をリフレッシュしつつ、正確に解答するクセをつけるようにしましょう。

復習が大切です。ここでのチャレンジを活かして、
合格を確実にしましょう!!

解答・解説

第 **1** 回

ベーシック編

合格目標 **36** 点

・第1回の出題一覧
・正解と成績

●正解した問題には「チェック」を付けて、チェックを全ての問題につけられるまで復習するようにしましょう。

●登録講習修了者は、「問45〜50」の5問が免除されます。

第1回の出題一覧・正解と成績

科目	問題	出題項目	正解	難易度	チェック	科目	問題	出題項目	正解	難易度	チェック
権利関係	1	民法（賃貸借）	3	B	☐☐	宅建業法	26	宅建業法（35条書面・37条書面）	3	A	☐☐
	2	民法（意思表示・制限行為能力者）	4	A	☐☐		27	宅建業法（免許複合）	3	A	☐☐
	3	民法（共有）	1	A	☐☐		28	宅建業法（業務上の規制）	4	A	☐☐
	4	民法（物権変動）	3	B	☐☐		29	宅建業法（免許基準）	4	A	☐☐
	5	民法（抵当権）	2	A	☐☐		30	宅建業法（営業保証金）	4	B	☐☐
	6	民法（保証）	4	A	☐☐		31	宅建業法（広告）	4	A	☐☐
	7	民法（不法行為）	4	B	☐☐		32	宅建業法（8種制限）	2	A	☐☐
	8	民法（相殺）	1	B	☐☐		33	宅建業法（重要事項の説明）	2	B	☐☐
	9	民法（時効）	2	B	☐☐		34	宅建業法（報酬計算）	3	A	☐☐
	10	借地借家法（借地）	1	B	☐☐		35	宅建業法（クーリング・オフ）	2	A	☐☐
	11	借地借家法（借家）	2	B	☐☐		36	宅建業法（ITと業務上の規制）	1	B	☐☐
	12	民法（相続）	2	B	☐☐		37	宅建業法（従業者名簿・帳簿）	3	A	☐☐
	13	区分所有法	2	A	☐☐		38	宅建業法（免許の要否）	2	A	☐☐
	14	不動産登記法	1	A	☐☐		39	宅建業法（手付金等の保全措置）	1	A	☐☐
法令上の制限	15	都市計画法	4	A	☐☐		40	宅建業法（媒介契約）	2	B	☐☐
	16	都市計画法（開発許可）	4	A	☐☐		41	宅建業法（監督処分）	4	A	☐☐
	17	建築基準法	2	B	☐☐		42	宅建業法（重要事項の説明）	3	B	☐☐
	18	建築基準法	3	A	☐☐		43	宅建業法（37条書面）	1	A	☐☐
	19	宅地造成及び特定盛土等規制法	1	B	☐☐		44	宅建業法（保証協会）	4	B	☐☐
	20	土地区画整理法	2	B	☐☐		45	宅建業法（住宅瑕疵担保履行法）	2	A	☐☐
	21	農地法	3	A	☐☐	5問免除科目※	46	住宅金融支援機構	1	A	☐☐
	22	国土利用計画法（事後届出）	2	A	☐☐		47	景表法（公正競争規約）	1	A	☐☐
税・価格の評定	23	印紙税	1	A	☐☐		48	統計	4	A	☐☐
	24	固定資産税	4	A	☐☐		49	土地	3	A	☐☐
	25	地価公示法	4	A	☐☐		50	建物	4	A	☐☐

※ 登録講習修了者は、問「46〜50」の5問について「免除」となります

●得点目標

権利関係	法令上の制限	宅建業法	税・価格の評定 5問免除科目	得点の合計
14問中	8問中	20問中	8問中	50点中
点	点	点	点	点
目標**7**点	目標**6**点	目標**17**点	目標**6**点	目標**36**点

▶肢に惑わされず、正確に解答するクセをつけるようにしましょう。お試しに巻末の「苦手科目をちょっと復習 解いて覚える一問一答」（P.111）をチェック！

問1 難易度 B 民法（賃貸借） 正解 3

🔍 基本書 ➡ 第1編 権利関係 第3章 債権 **11** 賃貸借

最判平9.2.25を題材にした問題である。

1 正しい 賃貸人と賃借人（転貸人）との間の賃貸借契約が、転貸人の債務不履行を理由に解除されており、常識的に考えて、**転貸人と賃貸人との間で再び賃貸借契約を締結することは期待できない**といえる。それゆえ、設問の判例においても、問題文に示した判決文の前に、同様のことが述べられている。

2 正しい 賃貸借契約が解除され、**賃貸人が転借人に建物の返還を請求した以上**、もはや転貸人が転借人に対して建物を使用させるという債務を履行することはできなくなったと考えられる。

3 誤り 設問の判決文は、転貸借は「**終了する**」と述べている。したがって、「転貸借契約は終了せず」とする本肢の記述は誤りである。

4 正しい 転貸借契約は終了するのであるから、それ以降、**転借人は建物を占有する権限を喪失する**ことになる。したがって、転借人の建物に対する占有は不法行為となり、建物の使用収益は不当利得となる。

✏ **解法のポイント**

> 判例は、転貸借が終了する時点を、**賃貸人が転借人に対して目的物の返還を請求した時**としており、貸借契約が解除された時点とはしていないことに注意。

問2 難易度 A 民法（意思表示・制限行為能力者） 正解 4

🔍 基本書 ➡ 第1編 権利関係 第1章 民法総則 **3** 法律行為・意思表示

1 正しい 詐欺による意思表示の取消しは、**善意無過失の第三者**には対抗できないが、悪意（ある事実を知っていること）の第三者には対抗できる（民法96条3項）。Cは、悪意であるから、Aは取消しの効果をCに対し主張できる。

2 正しい 虚偽表示の無効は、**善意の第三者**には対抗できない（同法94条2項）。

3 正しい 制限能力を理由とする取消しは、たとえ**第三者が善意**であろうと、その者に対し、取消しの効果を主張（対抗）できる。判断能力が弱い者は厚く保護する必要があるからである。

4 誤り **意思能力を欠く行為は無効**である（同法3条の2）。成年被後見人が、意思能力を欠いていた場合は、意思能力を欠いたことを理由として無効の主張をしてもよいし、制限能力を理由とする取消しを主張してもよいと考えられている。

詐欺の場合、第三者は善意かつ無過失でないと保護されないが、**虚偽表示の場合、第三者は**
有過失であったとしても善意であれば保護される。

民法（共有）

正解 **1**

🔍 基本書 ➡ 第1編　権利関係　第2章　物権　**3**　所有権・共有，地役権等

1　**正しい**　　民法255条のとおりである。放棄により宙に浮いた持分の行き先は、**共有者とする**
のが適切である。

2　**誤り**　　　損害賠償債権は、分割債権となり（民法427条）、各共有者は**自己の持分に関して**
のみ損害賠償の請求をすることができる（最判昭51.9.7）。

3　**誤り**　　　少数持分権者は、**多数持分権者から共有物を占有使用することを承認された第三**
者に対し、自己の持分権に基づき、当然には共有物の明渡しを請求することはできないとする
判例がある（最判昭57.6.17）。その第三者は、共有物の占有使用を承認した共有者の持分の範
囲内で、共有物を使用占有する権限を有するからである。

4　**誤り**　　　妨害排除請求も明渡請求も、どちらも共有物についての「**保存行為**」だから（同
法252条5項）、**各共有者が単独で行うことができる**。

⭐ ココに着目！

　　共有者の一人が、**死亡して相続人がないとき**も、肢**1**と同じく、その持分は他の共有者に帰
属する。ただし、相続人がいない場合でも、特別縁故者がいて、その特別縁故者に相続財産が
与えられるときは、他の共有者への帰属は行われないことに注意。

民法（物権変動）

正解 **3**

🔍 基本書 ➡ 第1編　権利関係　第2章　物権　**2**　不動産物権変動

1　**正しい**　　**契約自体は、どちらも有効**である。両方有効だからこそ、登記で決着をつけるこ
とになるのである。

2　**正しい**　　これが不可能なら、Cが先に登記を得て、Bに勝つということもあり得なくなる。

3　**誤り**　　　二重売買の買受人になったからといって、**必ずしも、第一買受人に対し、違法な**
行為をしたことにはならない。自由競争の範囲内である。

4　**正しい**　　Cが登記を得た場合、Bは、Aに対し、**履行不能による損害賠償請求及び契約解**
除ができる。これはAB間の契約が有効だからこそできることである。

さらに理解！

二重譲渡に関する法律関係を理解してもらうための問題である。「登記を先に得た方が勝つ」という結論は知っているだろうが、その背後にある法律的な考え方も理解しておこう。

問 5 難易度 **B**

民法（抵当権）

正解 **2**

🔍 基本書 ➡ 第1編　権利関係　第2章　物権　**5**　抵当権・根抵当権

ア　誤り　**転抵当**とよばれるものであり（民法376条1項）、これにより、債権者は、融資を受けることができる。

イ　正しい　通常の場合は、登記は単に「対抗要件」に過ぎないが、この場合には、「**効力の発生要件**」なのである（同法374条）。

ウ　正しい　抵当権では、設定者に使用収益権限があるため、抵当不動産から生ずる**果実には抵当権の効力が及ばない**のが原則である。

エ　誤り　抵当権が設定された土地に、その後建物が建築された場合は、抵当権設定時には建物は存在しなかったわけであるから、「**法定地上権**」は成立しない（同法388条）。この場合には、「**一括競売**」の問題となる（同法389条）。

以上より、正しいものは**イ**と**ウ**の2つであり、正解は肢**2**となる。

⭐ ココに着目！

肢**ウ**については、**被担保債権が債務不履行となったとき**は、果実にも抵当権の効力が及ぶようになる（同法371条）こともあわせて押さえておこう。

問 6 難易度 **A**

民法（保証）

正解 **4**

🔍 基本書 ➡ 第1編　権利関係　第3章　債権　**2**　保証債務

1　誤り　**連帯保証人には催告・検索の抗弁権がない**（民法454条）。したがって、連帯保証人は、債権者から請求を受けた場合に、まず主たる債務者に請求せよと主張することはできない。

2　誤り　債権者が主たる債務者に期限を猶予すると、**付従性**（同法457条）により連帯保証人にも期限猶予の効果が及ぶ。しかし、付従性はいわば**一方通行の関係**で、債権者が連帯保証人に期限を猶予しても、その効果は主たる債務者には及ばない。

3　誤り　主たる債務者が、**連帯保証人の債権を使って**主たる債務と相殺することはできない。これも付従性から導かれる結論である。

4　正しい　主たる債務者が債権者に対して相殺権、取消権または解除権を有するときは、こ

れらの権利の行使によって主たる債務者がその債務を免れるべき限度において、**保証人は、債権者に対して債務の履行を拒むことができる**（同法457条3項）。これも付従性から導かれる結論である。

 ココに着目！

連帯保証と普通の保証の違いとしては、肢**1**で述べた連帯保証人には催告・検索の抗弁権がないという点のほかに、**分別の利益がない**という点もあわせて押さえておいてほしい。

問 7　**難易度 B**　## 民法（不法行為）　**正解 4**

🔍 **基本書** ➡ 第1編 権利関係 第3章 債権 ⓭ 不法行為

1　誤り　本問では、A社の使用者責任が問題となるが、使用者責任が成立するには、その前提として**被用者自身に不法行為が成立していることが必要**である（大判大4.1.30）。したがって、被用者に故意または過失がないときは、使用者責任も成立しない。

2　誤り　**Bは不法行為をした張本人**であり、被害者Cに対し賠償をしたからといって、使用者A社に対し求償することはできない。

3　誤り　不法行為の損害賠償債務については、被害者保護の見地から、債権者の請求を待つまでもなく**損害の発生と同時に履行遅滞となり**、遅延損害金が発生するとされている（最判昭37.9.4）。

4　正しい　被用者の損害賠償債務と使用者の損害賠償債務は、被害者との関係で連帯債務となる。しかし、連帯債務といっても通常の連帯債務とは、異なる面がある（不真正連帯債務）。普通の連帯債務と違って債務者間にともに債務を負担しようという主観的な共同関係がないので、**更改、免除、時効などの事実が一人に生じたとしても、他の債務者に効力を及ぼさない**とされている（大判昭12.6.30）。

 ココに着目！

肢**4**は、やや細かい知識であるが、肢**1**～**3**をすべて誤りと判断できれば、**消去法で解答**できたであろう。

問 8　**難易度 B**　## 民法（相殺）　**正解 1**

🔍 **基本書** ➡ 第1編 権利関係 第3章 債権 ⓾ 相殺

1　相殺できない　相殺をする方の債権（自働債権）が時効消滅しても相殺できるのは、**時効完成前に相殺適状が生じていた場合**である（民法508条）。つまり、時効完成前から当該債権を有していなければならず、消滅時効にかかった他人の債権を譲り受け、これを自働債権として相殺することはできないのである（最判昭36.4.14）。

2　相殺できる　相殺をされる方の債権（受働債権）が差押えを禁じられたものである場合に限り相殺が禁じられる。たとえば年金請求権などは、本人の生活を維持するため、債権者に対する現実の履行が確保される必要がある。それゆえ、差押えによって履行をストップさせるわけにはいかないので、差押えが禁止される。このような理屈からすると、差押禁止債権を受働債権とする相殺は、一方的に債権者が現実の履行を受ける権利を奪うことになるので、許されない（同法510条）。しかし、**自働債権であれば問題はない**。

3　相殺できる　人の生命または身体の侵害による損害賠償債権に基づく相殺が禁じられるのは、あくまでその債権を**受働債権とする相殺（加害者からの相殺）**に関してである（同法509条）。

4　相殺できる　相殺は、互いの債務の履行地が異なっても、することができる（同法507条）。

　ココに着目！

　　肢**1**と**2**は、かなり難しい内容になっている。本問を正解できなくても、ショックを受ける必要はない。しかし、肢**3**と**4**は過去問レベルの学習をきちんとこなしていれば、十分判断できる内容であるから、少なくとも肢**3**と**4**は切れなければならない。
　　肢**3**については、「加害者からの相殺はできないが、被害者からは相殺できる」と覚えよう。なお、生命・身体を侵害しない場合でも、**悪意による不法行為に基づく損害賠償債権**も、同じく加害者からの相殺はできないが、被害者からは相殺できる。

問 9　**難易度 B**　　　　　**民法（時効）**　　　**正解 2**

基本書 ➡ 第1編　権利関係　第1章　民法総則　5　時効

1　正しい　物上保証人は、被担保債権の消滅時効を援用することにより、抵当権の実行により自己の物件が競売に付される危険を防ぐことができる。その意味で、**時効援用の当事者**といえる（民法145条）。

2　誤り　判例は、建物賃借人は、土地を賃借しているわけではなく、「**土地**」の取得時効の**完成により直接利益を受ける者ではない**から、時効を援用できないとする（最判昭44.7.11）。

3　正しい　抵当不動産の第三取得者は、抵当権の実行により自己の物件が競売に付されるという点で、**物上保証人と同様の利害状況**にあるので、時効を援用できる（同法145条）。

4　正しい　本肢は時効に関する基礎知識であり、正確に押さえておくように（同法144条、145条）。

　ココに着目！

　　本問の中では、まず、肢**1**の物上保証人も被担保債権の消滅時効を援用できるという知識を覚えておこう。物上保証人が援用できるなら、肢**3**もほぼ同様の利害関係だから、たぶん援用できると判断できるはずである。

借地借家法（借地）　

基本書 ➡ 第1編　権利関係　第5章　特別法　**1**　借地借家法－①（借地関係）

1　正しい　借地契約の更新後に建物が滅失し、残存期間を超えて存続すべき建物を借地権者が無断で築造した場合、借地権設定者は賃貸借の解約を申し入れることができる（借地借家法8条2項）。

2　誤り　存続期間が満了し、契約が更新されなかった場合、借地権者は**建物の買取りを請求することができる**。これは、承諾なしで再築した場合でも同じである。承諾なしで再築した場合は、買取代金の支払いについて裁判所から相当の期限の猶予が与えられることがあるだけであり、買取請求自体は認められる（同法13条1項・2項）。

3　誤り　借地上の建物が滅失したとして、借地権者の側から賃貸借の解約等を申し入れることができるのは、借地契約が1回以上更新された後の存続期間中の場合だけである（同法8条1項）。**当初の存続期間中には、認められない**。

4　誤り　借地権の登記（賃借権または地上権の登記）がなくても、**借地上の建物について借地権者名義の登記が行われているときは**、それだけで第三者に借地権を対抗することができる（同法10条1項）。建物を自ら使用している必要はない。

ココに着目！

　肢**1**は、**更新後の再築**の問題であることに注意。当初の存続期間の再築であれば、肢**1**のような場合でも解約を申し入れることはできない。借地借家法においては、当初の存続期間と更新後の存続期間での扱いの違いを正確に押さえておく必要がある。

問 **11**　難易度 **B**　借地借家法（借家）　正解 **2**

基本書 ➡ 第1編　権利関係　第5章　特別法　**2**　借地借家法－②（借家関係）

1　正しい　一般的ではない**特殊目的の設備**は、造作に含まれない（最判昭29.3.11）。このようなものまで、賃貸人が買い取らねばならないというのは、あまりにも賃貸人に酷である。

2　誤り　賃借人の有する「造作買取請求権」は、賃借人の投下資金の回収の道を図るためのもので、賃借人保護のための方途であり、それゆえ、賃借人の一方的な意思表示、すなわち、賃貸人に対する買取りの請求だけで**売買契約と同一の法律関係が生じる**のである。

3　正しい　契約を守らないような賃借人は**法の保護に値せず**、「造作買取請求権」も有しない（最判昭31.4.6）。

4　正しい　造作買取請求権は、**賃貸人の同意を得て**付加した造作または賃貸人から買い受けた造作についてしか認められない（借地借家法33条1項）。

解法のポイント

合法的に転貸借が行われている場合は、**転借人にも**賃貸人に対して造作買取請求権を行使できることもあわせて押さえておこう（借地借家法33条2項）。

問 12　難易度 B　民法（相続）　正解 2

🔍 **基本書** ➡ 第1編　権利関係　第4章　相続

1　誤り　**賃借権も相続される**（民法896条）。その賃借権の目的物が、居住用建物であるかどうかは関係ない。借地借家法における内縁の夫・妻等が借家権を承継する場合の話と混同しないように注意してほしい。

2　正しい　相続分について法律で定められた割合とは異なる割合とするには、**遺言で行う方法しか認められていない**（同法902条1項）。すなわち、遺言の中で具体的に相続分を決めておくか、遺言で第三者に相続分を定めることを委託する方法である。

3　誤り　**子を代襲相続する孫**についても、遺留分が認められる。遺留分が認められないのは、兄弟姉妹および兄弟姉妹を代襲するおい・めいだけである（同法1042条1項）。

4　誤り　いったん相続の承認または放棄をすると、考慮期間である3カ月以内でも**撤回することはできなくなる**（同法919条1項）。

ココに着目！

被相続人が生前に相続分を指定すると家族関係に悪い影響を与えることが多く、また相続分の指定が効力を生じるのは被相続人の死後であることから、**相続分の指定は遺言という厳格な方式のみで行える**ことにしたのである。肢**2**については、この点を理解した上で覚えておくとよい。

問 13　難易度 A　区分所有法　正解 2

🔍 **基本書** ➡ 第1編　権利関係　第5章　特別法　**3**　建物の区分所有等に関する法律

1　正しい　専有部分がすべて賃貸されていても、**一棟の建物を区分所有していれば**、区分所有法が適用される（区分所有法1条）。

2　誤り　管理者の選任は、**規約に別段の定めがない限り**、集会の決議によって行う（同法25条1項）。つまり、規約に別段の定めをすることができるわけで、その定め方としては、他の選任方法を規定するほか、規約に直接特定人を管理者とする定めを置くこともできる。

3　正しい　**区分所有者全員の承諾**がある場合は、集会を開催して議論をするプロセスを省略して、書面または電磁的方法により決議をすることができる（同法45条1項）。

4　正しい　議題の内容に**区分所有者全員が書面または電磁的方法により賛意を表明している

場合（区分所有者全員の書面または電磁的方法による合意があった場合）、書面または電磁的方法による決議があったものとみなされ、集会の決議と同一の効力を有する（同法45条2項・3項）。全員が賛成しているので、集会を開いても反対意見を述べる者がなく、決議というプロセスは必要ないと考えられるからである。

✎ **解法のポイント**

肢**3**の区分所有者の「**承諾**」は、**集会の開催を省略すること**に対して行われるものであり、議題そのものに対する賛意ではない。これに対し肢**4**の「**合意**」は、**議題そのものに全員が賛成していること**を意味する。まぎらわしいので、しっかりと区別しておこう。

問 **14** 難易度 **A** # 不動産登記法 正解 **1**

🔍 **基本書** ➡ 第1編 権利関係 第5章 特別法 **4** 不動産登記法

1 誤り 仮登記に基づく本登記も、**権利に関する登記**の一種である。権利に関する登記は、登記権利者と登記義務者の**共同申請によるのが原則**である（不動産登記法60条）。

2 正しい 仮登記に基づく本登記が、仮登記と同一の順位番号であることをわかりやすくするため、仮登記をした時点で、将来の**本登記を記録するための余白**が設けられる（不動産登記規則179条1項）。

3 正しい 地上権は、所有権以外の権利であるから、その仮登記も、当然ながら、**権利部の乙区**に記録される（同規則4条4項）。

4 正しい 登記の抹消も共同申請で行うのが原則だが、**仮登記の抹消**は、仮登記名義人が単独で申請することができる（不動産登記法110条）。

👍 **さらに理解！**

仮登記に関する基本的な問題である。このレベルの問題は、確実に正解できるようにならなければならない。4肢すべてをしっかりと押さえておいてほしい。

問 **15** 難易度 **A** # 都市計画法 正解 **4**

🔍 **基本書** ➡ 第3編 法令上の制限 第1章 都市計画法 **3** 都市計画の内容

1 誤り 都市計画基準として、**市街化区域**については、少なくとも**用途地域を定める**ものとし、**市街化調整区域**については、原則として用途地域を「**定めない**」ものとされている（都市計画法13条）。市街化調整区域について、用途地域を「定めてはならない」のではない。

2 誤り 高度利用地区は、用途地域内の市街地における土地の合理的かつ健全な高度利用と都市機能の更新とを図るため、建築物の**容積率の最高限度**及び**最低限度**、建築物の**建蔽率の最高限度**、建築物の**建築面積の最低限度**並びに**壁面の位置の制限**を定める地区とされている。

問題文は、高度地区に関する記述である（同法9条）。

3　誤り　　都市計画区域について無秩序な市街化を防止し、計画的な市街化を図るため必要があるときは、原則として、都市計画に、市街化区域と市街化調整区域との区分（**区域区分**）を**定めることができる**（同法7条）。定めなければならないというわけではない。

4　正しい　　都市計画は、原則として都市計画区域内において定められるが、**都市施設**については、特に必要があるときは、当該**都市計画区域**「**外**」においても、これらの施設を定めることができる（同法11条）。

 解法のポイント

　　都市計画法等の法令制限では、「定めなければならない（**義務**）」、「定めることができる（**任意**）」、「努めなければならない（**努力義務**）」の規定が存在する。肢**3**のように、義務と任意の規定を入れ替えるというひっかけ問題が出題されることがあるので注意しよう。

問 16　難易度 **A**　　# 都市計画法（開発許可）　　正解 **4**

🔍 **基本書** ➡ 第3編　法令上の制限　第1章　都市計画法　**6** 開発許可制度

1　正しい　　都市計画区域及び準都市計画区域「**外**」の区域内において開発行為をしようとする場合には、**10,000㎡未満**の場合には、開発許可は不要である（都市計画法29条、施行令22条の2）。

2　正しい　　市街化調整区域、区域区分が定められていない都市計画区域又は準都市計画区域内において、**農業を営む者の居住の用に供する建築物**の建築の用に供する目的で行う開発行為については、開発許可は不要であるが、本肢は**市街化区域内**である。また、市街化区域内で、その規模が、**1,000㎡以上**の開発行為なので、本肢の開発行為は、許可不要とならない（同法29条、施行令19条1項）。

3　正しい　　駅舎その他の鉄道の施設、**図書館**、公民館、変電所その他これらに類する公益上必要な建築物の建築の用に供する目的で行う開発行為については、**開発許可は不要**である（同法29条）。

4　誤り　　**準都市計画区域内**において行う開発行為で、その規模が、**3,000㎡未満**であるものは、開発許可は不要である（同法29条、施行令19条1項）。

 ココに着目!

　　開発許可は、**毎年1問**出題されている。肢**3**についての補足だが、**病院**や**学校**の建築の用に供する目的で行われる開発行為は、以前は開発許可が不要な公益的建築物だったが、自動車が普及し、人々の活動範囲が広がったことで、市街化調整区域に大規模な病院等が建設されたり、無秩序な開発が行われたため、**開発許可が必要**とされた点にも注意しよう。

基本書 ➡ 第3編　法令上の制限　第2章　建築基準法

1　誤り　防火地域又は準防火地域内にある建築物で、外壁が**耐火構造**のものについては、その外壁を**隣地境界線に接して設ける**ことができる（建築基準法63条）。

2　正しい　耐火建築物又は準耐火建築物「以外」の建築物で、延べ面積が**1,000㎡を超える**建築物は、防火上有効な構造の防火壁又は防火床によって有効に区画し、かつ、各区画の床面積の合計をそれぞれ1,000㎡以内としなければならない（同法26条）。本肢は延べ面積が1,000㎡を超えていないので防火区画は不要である。

3　誤り　建築物が防火地域及び準防火地域にわたる場合においては、原則として、その全部について防火地域内の建築物に関する規定が適用されるが、建築物が防火地域外において防火壁で区画されている場合においては、その**防火壁「外」**の部分については、**準防火地域内**の建築物に関する規定が適用される（同法65条）。

4　誤り　防火地域及び準防火地域「外」において建築物を増築し、改築し、または移転しようとする場合で、その増築、改築または移転に係る部分の床面積の合計が**10㎡以内**であるときについては、建築確認は不要である（同法6条）。本肢の建築物は、防火地域内にあるので、改築に係る部分の床面積にかかわらず建築確認が必要である。

解法のポイント
防火地域・準防火地域の内外で適用される規定が異なる点に注意しよう。また、耐火構造や準耐火構造とそれ以外の構造でも適用される規定が異なることがあるので、確認しておこう。

基本書 ➡ 第3編　法令上の制限　第2章　建築基準法

1　誤り　建蔽率の限度が**10分の8**とされている地域内で、かつ、**防火地域内**にある**耐火建築物**については、建蔽率の制限は適用されない（建築基準法53条）。準防火地域では、この規定は適用されない。

2　誤り　建築基準法が適用されるに至った際現に建築物が立ち並んでいる**幅員4m未満の道**は、**特定行政庁が指定**したときは、道路とみなされる（同法42条）。

3　正しい　**第一種住居地域**において、カラオケボックスは**建築することができない**（同法48条）。したがって、カラオケボックスの用途に供する部分の床面積の合計が500㎡であっても建築することはできない。

4　誤り　建築物の前面道路の幅員により制限される容積率について、**12m未満**の前面道路が2以上あるときは、その幅員の**最大のもの**を用いて算出する（同法52条）。

ココに着目！

肢**4**は、敷地の前面道路の幅員が**12m未満**の場合は、①都市計画で定められる容積率の最高限度（指定容積率）と②前面道路の幅員によって定まる容積率の最高限度（道路幅員制限）のうち、いずれか**小さい方**の値によって制限されることも押さえておこう。

問19 難易度B 宅地造成及び特定盛土等規制法 正解1

🔍 **基本書** ➡ 第3編　法令上の制限　第3章　宅地造成及び特定盛土等規制法

1　誤り　　　土石の堆積とは、宅地又は農地等において行う土石の堆積（一定期間の経過後に当該土石を除却するものに限る）で、高さが**2m**を超えるもの、又は高さが**2m**を超えない場合で、土石の堆積を行う土地の面積が**500㎡**を超えるものをいう（特定盛土法2条、施行令4条）。

2　正しい　　**特定盛土等**とは、**宅地**又は**農地等**において行う盛土その他の土地の形質の変更で、当該宅地又は農地等に隣接し、又は近接する宅地において**災害**を発生させるおそれが大きいものとして政令で定めるものをいう（同法2条）。

3　正しい　　**宅地造成**とは、**宅地以外の土地を宅地**にするために行う盛土その他の土地の形質の変更で政令で定めるものをいう（同法2条）。

4　正しい　　宅地造成等工事規制区域内において、過去に宅地造成等に関する工事が行われ現在は工事主とは異なる者がその工事が行われた土地を所有している場合、当該**土地の所有者**は、宅地造成等に伴う災害が生じないよう、その土地を常時安全な状態に維持するように**努めなければならない**（同法22条）。

さらに理解！

宅地造成等規制法が、令和5年5月に**宅地造成及び特定盛土等規制法**へ大幅改正された。肢**1**の土石の堆積や肢**2**の特定盛土等のように、改正により新たに規定された定義が存在するので、確認しておこう。

問20 難易度B 土地区画整理法 正解2

🔍 **基本書** ➡ 第3編　法令上の制限　第4章　土地区画整理法

1　正しい　　仮換地の指定を受けた場合、その処分により使用し、又は収益することができる者のなくなった**従前の宅地**は、当該処分により当該宅地を使用し、又は収益することができる者のなくなった時から、換地処分の公告がある日までは、**施行者が管理する**ものとされている（土地区画整理法100条の2）。

2　誤り　　　土地区画整理事業の施行者は、仮換地を指定した場合において、その仮換地に使用または収益の障害となる物件が存するときその他特別の事情があるときは、その仮換地につ

いて**使用または収益を開始することができる日**を仮換地の指定の効力発生の日と「**別に**」定めることができる（同法99条）。

3　正しい　換地計画において定められた**保留地**は、換地処分があった旨の公告があった日の翌日において、**施行者が取得する**（同法104条）。

4　正しい　仮換地の指定は、その仮換地となるべき**土地の所有者**及び**従前の宅地の所有者**に対し、仮換地の位置及び地積並びに仮換地の指定の効力発生の日を**通知**してするものとする（同法98条）。

ココに着目！

　肢**2**は、仮換地の上にある建物等がまだ**取り壊し工事中**の場合をイメージしよう。また肢**3**は、施行者が保留地を取得しないと、保留地を売却して、土地区画整理事業の費用に充てるのが難しくなるためである。例えば、施行者ではなく、土地区画整理組合の組合員が取得してしまうと、売却したい組合員と売却したくない組合員とで意見が割れたりして、保留地の売却に支障が生じるおそれがあるからである。

問 21　**難易度 A**　**農地法**　**正解 3**

🔍 **基本書** ➡ 第3編　法令上の制限　第5章　農地法

1　誤り　土地区画整理法に基づく**土地区画整理事業**により道路、公園等公共施設を建設するため、またはその建設に伴い転用される宅地の代地として農地を農地以外のものにする場合には、農地法4条の許可は**不要**である（農地法4条、施行規則29条5号）。

2　誤り　「**相続人**」に対する特定遺贈により農地を取得する場合は3条許可を要しないが、「**相続人に該当しない者**」に対する**特定遺贈**により農地を取得する場合は**3条許可が必要**である（同法3条1項16号、施行規則15条5号）。

3　正しい　**市街化区域内**にある農地または採草放牧地につき、あらかじめ農業委員会に届け出て、農地及び採草放牧地以外のものにするためこれらの権利を取得する場合には、**5条許可**は**不要**である（同法5条1項6号）。

4　誤り　**抵当権**の設定については、**3条許可は不要**である（同法3条）。

ココに着目！

　農地法では、3条許可・4条許可・5条許可の違いを問うものが多く出題される。それぞれの違いを簡単に覚えておこう。肢**4**の抵当権は、抵当権者は農地を所有・使用するわけではなく、**農地の所有者等に変更がないので3条許可は不要**となるのである。

問22 難易度 A 国土利用計画法（事後届出）

正解 **2**

🔍 基本書 ➡ 第3編　法令上の制限　第6章　国土利用計画法　**2**　事後届出制

1　誤り　　土地売買等の契約を締結した場合には、当事者のうち権利取得者は、その**契約を締結した日から起算して2週間以内**に、一定の事項を都道府県知事に届け出なければならない（国土利用計画法23条）。登記の日から2週間の起算をするわけではない。

2　正しい　　本肢のように、一団の土地を分割して土地売買等の契約を締結した場合、**個々の取引**が届出対象面積かどうかを判断する。そして、本肢は市街化区域内であるから、**2,000㎡以上**の取引について届出義務がある。ＣＤ間の売買契約は1,500㎡であり、事後届出は不要だが、ＣＥ間の売買契約は3,500㎡であり、事後届出が必要である（同法23条）。

3　誤り　　**市街化調整区域内**に所在する土地について、土地売買等の契約を締結した場合、**5,000㎡以上**の土地について事後届出が必要となる。本肢は、4,000㎡なので事後届出は不要である（同法23条）。

4　誤り　　**準都市計画区域**においては、**10,000㎡以上**の土地取引について届出が必要となる。本肢は、準都市計画区域において7,000㎡の土地について売買契約を締結しているので届出は不要である（同法23条）。

👍 **さらに理解！**

> 国土利用計画法では、ほとんどが**事後届出**から出題されている。事後届出では、権利取得者を基準に、**届出対象面積**になるか否か判断をすることになる点に注意しよう。また、**権利取得者**が届け出る点も忘れないようにしよう。

問23 難易度 A 印紙税

正解 **1**

🔍 基本書 ➡ 第4編　税・その他　第1章　土地・建物に関する税　**4**　印紙税

1　誤り　　土地の**売買契約書**には、印紙税が課税される。また、土地の**交換契約書**にも印紙税が課税される。交換金額（評価額）や交換差金額の記載のない交換契約書は、200円の印紙税が課税される。

2　正しい　　土地の賃貸借契約書や地上権設定契約書には、印紙税が課税されるが、**建物の賃貸借契約書**には、印紙税は課税されない。

3　正しい　　印紙税が課税される文書は、課税物件表に記載された文書のみであり、記載されていない文書には課税されず、この文書を不課税文書という。**委任状（委任契約書）は不課税文書**である。

4　正しい　　土地の**贈与契約書**は、記載金額のない不動産の譲渡契約書として一律200円の印紙税が課税される。

解法のポイント

　　　土地の賃貸借契約書や地上権設定契約書は、課税文書であり**記載金額は権利金の額**となるが、建物の賃貸借契約は課税文書ではない。交換契約書は、一番大きい金額が記載金額となり、記載金額のない交換契約書は、200円の印紙税が課税される。

問 24　難易度 A

固定資産税

正解 4

基本書 ➡ 第4編　税・その他　第1章　土地・建物に関する税　**3**　固定資産税

1　誤り　　固定資産税の標準税率は、**100分の1.4**である（地方税法350条1項）。

2　誤り　　住宅用地のうち**200㎡以下の部分**（**小規模住宅用地**）に課す固定資産税の課税標準は、課税標準となるべき評価額の**6分の1**である（同法349条の3の2第2項）。

3　誤り　　固定資産税の納税義務者は、1月1日現在において、固定資産課税台帳に所有者として登録されている者に課税されるので、年度の途中において土地の売買があった場合でも**日割り計算しない**（同法343条1項、359条）。

4　正しい　　固定資産税は、1月1日現在の固定資産の所有者に課するが、質権又は**100年より永い存続期間の定めのある地上権**の目的である土地については、その質権者又は地上権者に課する（同法343条1項）。

ココに着目！

　　　肢**3**について。令和6年1月1日所有者Aとして登録されている甲建物が、1月10日焼失した場合でも、1年分の固定資産税がAに課税される。また、**令和6年1月20日に建物を新築した場合、1月1日には存在しないので、令和6年の固定資産税は課税されない**。

問 25　難易度 A

地価公示法

正解 4

基本書 ➡ 第4編　税・その他　第2章　地価公示法と土地・建物の鑑定評価

1　誤り　　**標準地**は、都市計画区域内だけでなく、**その他の土地取引が相当程度見込まれる区域からも選定される**ので、**都市計画区域外からも選定できる**。ただし、国土利用計画法の規制区域からは選定されない（地価公示法2条1項）。

2　誤り　　土地鑑定委員会は、標準地について、**毎年1回**、2人以上の不動産鑑定士の鑑定評価を求め、その結果を審査し、必要な調整を行って、一定の基準日における当該標準地の単位面積当たりの**正常な価格**を判定し、これを**公示する**ものとする（同法2条1項）。

3　誤り　　地上権が設定されている土地であっても、標準地として選定することができる。この場合、地上権その他土地の使用若しくは収益を制限する権利が存する場合には、これらの**権利が存しないものとして正常な価格を判定**する（同法2条2項）。

4　正しい　土地鑑定委員会は、標準地の単位面積当たりの正常な価格を判定したときは、すみやかに、**標準地の地積及び形状も官報で公示**しなければならない（同法6条3号）。

✏️ **解法のポイント**

　まとめて4つ覚えよう。①標準地を**選定**し、②標準地の**正常な価格を判定**し、③正常な価格を**公示**し、④すみやかに書類や図面を**関係市町村長に送付**をするのは、すべて土地鑑定委員会である。

問 **26** 難易度 **A** 宅建業法（35条書面・37条書面）　正解 **3**

🔍 基本書 ➡️ 第2編　宅建業法　第2章　業務上の規制　**1**　一般的規制

1　正しい　宅建業者は、**買主が宅建業者であったとしても、宅建士の記名のある35条書面を交付しなければならない**。買主が宅建業者である場合に省略できるのは、宅建士による「説明」である（同法35条6項・7項）。なお、35条書面の交付に代わり、電磁的方法により提供する場合は、買主が宅建業者である場合でも、提供する電磁的方法に宅建士が明示される必要がある。

2　正しい　**重要事項の説明**は、買主等がその物件について十分に理解し、よく考えて契約を結ぶことができるように、その売買、交換又は貸借の**契約が成立するまでの間に**、書面を交付して（又は電磁的方法により提供して）説明をしなければならない。したがって、**契約締結後遅滞なく交付すべきとされている37条書面と同時に交付することはできない**（同法35条1項、37条1項）。

3　誤り　**35条書面の記名と37条書面の記名は、ともに宅建士でありさえすればよく、同一の宅建士である必要はない**（宅建業法35条5項・7項・8項、37条3～5項）。なお、35条書面の交付及び37条書面の交付は、相手方の承諾を得て、電磁的方法により提供することも認められる。

4　正しい　35条書面及び37条書面の**交付場所**は、特に**制限はない**ので、喫茶店でもよい（同法35条、37条参照）。

✏️ **解法のポイント**

　35条書面に記名する宅建士と、**37条書面に記名する宅建士**は、同一人である必要はない。重要事項の説明の趣旨（売買等の契約を締結するか否かの判断材料を買主等に提供すること）と、37条書面の交付の趣旨（紛争が生じやすい事項について、契約内容を明確に書面等に残すことで、紛争を未然に防止する）は異なるので、同じ宅建士に担当させる必要はないからである。

問 27 難易度 Ⓐ 宅建業法（免許複合） 正解 3

🔍 基本書 ➡ 第2編 宅建業法 第1章 総則 ❹ 免許の基準と登録の基準

1　誤り　法人である宅建業者が、**合併、破産以外の理由で解散**した場合、その法人の**清算人**は、解散した日から30日以内に、**免許権者**にその旨を**届け出**なければならない。この場合、その宅建業者の**免許が失効する時期**は、**届出時**である（宅建業法11条）。解散の日ではない。

2　誤り　宅建業者について**破産手続開始の決定**があった場合、**破産管財人**が、その日から30日以内に、**届け出**なければならない。この場合、届出の時点で、**免許は失効する**（同法11条）。破産手続開始の決定のときではない。

3　正しい　宅建業者が**死亡**した場合、その相続人（一般承継人）は、宅建業者が締結した契約に基づく**取引を結了する目的の範囲内**においては、なお**宅建業者とみなされる**（同法76条、11条）。すなわち、相続人は免許を受けることなく、死亡した宅建業者が宅地を売却済みの場合などに、宅地の引渡しをすることができる。

4　誤り　法人である宅建業者が合併により消滅した場合、**消滅会社の代表役員**であった者は、**消滅会社の免許権者**（本肢では甲県知事）に、合併消滅した日から30日以内に、合併消滅した旨を届け出なければならない（同法11条）。

👍 さらに理解！

　宅建業者の廃業等については、①届出義務はどんな場合に**発生**するか、②誰が届出義務を負うか、③**届出先**は誰か、④**免許**が失効するのはいつか、の４点に注意して、確実に覚えよう。

問 28 難易度 Ⓐ 宅建業法（業務上の規制） 正解 4

🔍 基本書 ➡ 第2編 宅建業法 第2章 業務上の規制 ❸ 報酬・その他の制限

1　正しい　宅建業者は、事務所ごとに従業者名簿を備え付けなければならないし、**従業者には従業者証明書を携帯させなければ**、その者を**業務に従事させることはできない**（宅建業法48条）。かかる従業者証明書を携帯すべき従業者の範囲は、事務所における専任の宅建士の設置基準となる「業務に従事する者」（同法31条の3）よりも広く、**代表者**（いわゆる社長）や**非常勤の役員、単に一時的に事務を補助する者**も含まれる（国交省「考え方」）。

2　正しい　国土交通大臣の免許を受けている宅建業者が、**契約行為等を予定した案内所**（同法50条2項の規定に基づき業務を行う場所）の**届出を国土交通大臣に行う場合、その届出に係る業務を行う場所の所在地を管轄する都道府県知事を経由**しなければならない（同法50条、78条の3）。

3　正しい　宅建業者が宅建業の取引に関する**広告**をするときは、**取引態様の別**（自己が契約の当事者となって当該売買若しくは交換を成立させるか、代理人として当該売買、交換若しくは貸借を成立させるか、又は媒介して当該売買、交換若しくは貸借を成立させるかの別）を**明示**しなければならない（同法34条）。本肢のように、宅建業者が自ら売主のときは、広告には「**売主**」と表示する。

4　誤り　　営業保証金を供託して宅建業を営もうとする者は、宅建業の**免許を受けた後**、営業保証金を主たる事務所の最寄りの供託所に**供託**し、免許権者に営業保証金を供託した旨の届出を行って、事業を開始する（同法25条1項・4項・5項）。つまり**免許を受けるのが先**で、その後に営業保証金の手続きを行うことになる。**保証協会の社員となって宅建業を営もうとする者**は、宅建業の**免許を受けた後に保証協会に加入**することが認められる。なぜなら、保証協会は、**宅建業者のみを社員とする一般社団法人であり**（同法64条の2第1項）、宅建業者とは免許を受けて宅建業を営む者をいうからである（同法2条）。

 さらに理解！

　　宅建業を営むためには、免許を受けるだけではなく、営業保証金を供託するか、保証協会の社員となる必要がある。この点、**免許取得の手続きと、営業保証金の供託や保証協会の社員となる手続きの前後関係**について混乱している受験生がいるので、注意しよう。なお、実務では、**免許を受けた後**に、「営業保証金の供託の届出」や「社員加入報告及び弁済業務保証金供託届出書」の提出がなされると、免許権者から免許証が交付され、その**免許証の交付後**に宅建業を開始できる。

問 29　難易度 A　宅建業法（免許基準）　正解 4

🔍 **基本書** ➡ 第2編　宅建業法　第1章　総則　**4**　免許の基準と登録の基準

1　正しい　　道路交通法に違反し罰金の刑に処せられても、取締役（役員）が**免許欠格者**となることはない。よって、A社の免許が取り消されることもない（宅建業法66条1項、5条1項参照）。

2　正しい　　宅建業法に違反し**罰金**の刑に処せられた場合、取締役（役員）は**免許欠格者**となり、B社は、当該取締役を退任させるか、当該取締役の罰金の刑の執行が終わった日から5年の経過を待って取締役が免許欠格者でなくなるまでは、免許を受けることはできない（同法5条1項）。

3　正しい　　法人でその**役員**又は政令で定める使用人が**免許欠格者**である場合、その法人は免許を受けることができない。そして、**傷害罪**（刑法204条）により、**罰金**の刑に処せられた者は、その**刑の執行を終わり**、又は刑の執行を受けることがなくなった日から**5年**を経過するまでは、**免許欠格者**である（同法5条1項）。本肢の取締役（役員）は、免許欠格者であり、C社は、当該取締役を退任させるか、当該取締役の罰金の刑の執行が終わった日から5年の経過を待って取締役が免許欠格者でなくなるまでは、免許を受けることはできない。

4　誤り　　懲役の刑に処せられた役員は、**免許欠格者**になる。免許欠格者を取締役（役員）とするD社は、その**免許を取り消される**（同法66条1項、5条1項）。免許基準は免許を受けられない基準であるが、免許を受けた者が免許取得後に免許基準に該当するときは、免許権者はその免許を取り消さなければならないのである。

さらに理解！

　禁錮以上の刑（懲役刑と禁錮刑。死刑も禁錮以上の刑ではあるが、死刑に処されたのに復活はあり得ない）に処せられた場合、犯罪の種類を問わず、その執行が終わった日（又は執行を受けることがなくなった日）から５年を経過しないと免許を受けることができない（免許欠格者）。また、一定の犯罪に限っては、罰金の刑に処せられただけで、５年間免許欠格者となる。試験対策上は、罰金の刑を受けただけで免許欠格者となる犯罪の種類は覚えなければならない。

＜罰金刑に処せられただけで免許欠格者となる一定の犯罪＞
① 宅建業法違反
② 傷害罪、現場助勢罪、暴行罪、凶器準備集合罪、脅迫罪、背任罪
③ 暴力行為等処罰に関する法律の罪
④ 暴力団員による不当な行為の防止等に関する法律の罪

宅建業法（営業保証金）

🔍 基本書 ➡ 第２編　宅建業法　第１章　総則　**5**　営業保証金と保証協会

1　正しい　宅建業者は、本店（主たる事務所）を移転したために、その最寄りの供託所が変更した場合において、**金銭のみ**をもって営業保証金を供託しているときは、遅滞なく、営業保証金を供託している供託所に対し、移転後の主たる事務所の最寄りの供託所への営業保証金の**保管替えを請求**しなければならず、**その他のとき**（有価証券のみ、又は金銭と有価証券をもって供託している場合）は、遅滞なく営業保証金を移転後の主たる事務所の最寄りの供託所に、**新たに供託**しなければならない。金銭と有価証券で供託している場合は「その他のとき」に該当し、金銭で供託している部分についての保管替え請求は認められない（宅建業法29条１項）。

2　正しい　Aが供託すべき額は、本店1,000万円＋支店500万円＝1,500万円である。地方債証券は**額面金額の90％**で評価されるから、地方債証券の額面金額が1,000万円（評価額は900万円）である場合、**金銭の額は600万円**でなければ、合計で1,500万円と評価されない（同法25条２項、施行令２条の４、施行規則15条１項）。

3　正しい　免許をした日から**３か月以内**に営業保証金を供託した旨の届出がない場合、**免許権者**は、免許をした宅建業者（A）に対して、その届出をするよう**催告をしなければならない**（同法25条６項）。

4　誤り　免許権者（甲県知事）は、その免許をした宅建業者が３か月以内に営業保証金を供託した旨の届出をしないときには、その者に届出をなすべき旨を催告しなければならず（義務的な催告）、その催告の到達した日から**１か月以内に届出をしない者**に対しては、**免許を取り消すことができる**。取り消さなければならないわけではない（同法25条６項・７項）。

問31 難易度 A 宅建業法（広告）

正解 **4**

基本書 ➡ 第2編　宅建業法　第2章　業務上の規制　**1**　一般的規制

1 **誤り**　　宅建業者が、**実在しない物件**の広告をしたり、実在しても**取引する意思のない物件**の広告をすることは、いわゆる**おとり広告**として、**誇大広告の禁止規定**に**違反**するので、そのような広告はできない（宅建業法32条）。

2 **誤り**　　宅建業者が建物の分譲（**売買**）を行う場合、**未完成物件**については、契約の締結も広告も、**建築確認を受けた後**でなければ**してはならない**（同法33条）。

3 **誤り**　　宅建業者が**未完成物件**を販売（**売買**）する場合、**建築確認を受ける前**は、たとえ広告中に建築確認申請中である旨を表示しても、**広告をすることは宅建業法の規定に違反**するし、販売に関する**契約**（**予約を含む**）を締結することも宅建業法の規定に違反する（同法33条、36条）。

4 **正しい**　　実際にその誇大広告によって、人が著しく優良又は有利であると誤認する必要はなく、通常、人を**誤認させるような表示**をすれば、宅建業法32条が規定する**誇大広告の禁止規定**に**違反**する（同法32条）。

ココに着目！

　　誇大広告の禁止とは、「取引物件である宅地建物の所在等、現在及び将来の環境等及び代金等の対価の額」等について、著しく事実に相違するか実際のものよりも著しく優良・有利と人を誤認させるような表示を行うことを禁止するものである。**誤認させるような表示**を行えば、取引成立の有無や実害発生の有無を問わず、誇大広告の禁止規定の違反となる。

問32 難易度A 宅建業法（8種制限）

正解 2

🔍 **基本書** ➡ 第2編 宅建業法 第2章 業務上の規制 ❷ 自ら売主制限（8種制限）

1 誤り 損害賠償額の予定をした場合は、原則として、実損額にかかわらず、予定された賠償額しか請求できない（民法420条）。よって、実損額を立証しても、損害賠償額の予定が1,000万円であれば、その**予定額を超えて請求できない**。これは、損害賠償を請求した額が代金の額の20％以内であっても、結論は変わらない。

2 正しい 宅建業者が自ら売主となり、宅建業者ではない者を買主として宅地建物を販売する場合（「8種制限の適用場面」という。以下同じ）、**損害賠償の予定額と違約金の額を合算した額が代金額の20％**（本問では1,600万円）を超えることはできない。代金額の20％を超える定めをした場合は、**超えた部分が無効になる**（宅建業法38条）。よって、本肢の特約については、損害賠償の額と違約金の合計額が1,600万円となる。

3 誤り 8種制限の適用場面では、**手付金の額の上限は代金額の20％**（本問では1,600万円）であり、これを超えた部分は無効となる（同法39条）。よって、買主Bは、手付放棄による解除にあたり、代金額の20％（1,600万円）を放棄すればよく、これを超える額（400万円）については、AはBに**返還しなければならない**。

4 誤り 8種制限の適用場面では、**割賦販売契約**を締結した場合、売主である宅建業者は、**代金額の30％を超える金銭**（本問では2,400万円）を受領するまでに、**登記その他の売主の義務を履行しなければならない**（同法43条）。本肢では、Aが受領したのは代金額の20％にあたる1,600万円であり、30％に達していないので、登記その他引渡し以外の売主の義務を履行する必要はない。

⭐ ココに着目！

8種制限における数字（割合と日数）は、混同しないように整理しよう。
1．**割合（5％、10％、20％、30％）**
  ① 手付金等の保全措置…未完成物件は、代金額の**5％**または1,000万円
  　　　　　　　　　　　　完成物件は、代金額の**10％**または1,000万円
  ② 損害賠償額の予定及び違約金…合算して代金額の**20％**まで
  ③ 手付金の額…代金額の**20％**まで
  ④ 割賦販売における所有権留保等の禁止…代金額の**30％**以下の受領額までは許される
2．**日数（8日、30日、1年、2年）**
  ① クーリング・オフ…書面で告げられた日から起算して**8日**以内
  ② 種類または品質に関する契約不適合責任の特約の制限
  　　　　　　　…知った時から**1年**以内に通知（民法）
  　　　　　　　引渡しの日から**2年**以上とする特約可（宅建業法）
  ③ 割賦販売契約の解除等の制限
  　　　　　　　…目的物の引渡し後**1年**以上の期間にわたり、2回以上に分割
  　　　　　　　30日以上の相当期間を定めた書面での催告

24

問 33 難易度 B 宅建業法（重要事項の説明） 正解 2

🔍 基本書 ➡ 第2編 宅建業法 第2章 業務上の規制 **1** 一般的規制

ア 違反する 取引の対象となる宅地又は建物が「津波防災地域づくりに関する法律により指定された津波災害警戒区域内にあるときは、その旨」については、重要事項として説明しなければならない。買主がそのことを承知していても、説明は省略できない（宅建業法35条1項、施行規則16条の4の3）。

イ 違反する 売買における**代金の額**は、**重要事項の説明対象ではない**。したがって、説明をしなくても宅建業法35条の規定に違反しない。これに対して、代金以外に授受される金銭の額及び当該金銭の授受の目的は、重要事項の説明対象である（同法35条1項参照）。

ウ 違反しない 所有権の**移転登記の申請時期**は、**重要事項の説明対象ではない**。したがって、説明をしなくても宅建業法35条の規定に違反しない（同法35条1項参照）。

エ 違反しない **物件の引渡し時期**は、**重要事項の説明対象ではない**。したがって、説明をしなくても宅建業法35条の規定に違反しない（同法35条1項参照）。

以上より、宅建業法の規定に違反するものは、**ア**、**イ**の2つであり、正解は肢**2**となる。

⭐ ココに着目！

　重要事項の説明（売買）において、①代金の額・支払時期・支払方法、②移転登記申請時期、③物件引渡時期は、説明対象ではない。重要事項の説明を行う時期は、契約を締結する前であるが、これらは契約締結段階で契約当事者が煮詰めていくべきものと考え、あえて説明対象から除外した。重要事項の説明の趣旨（買主等に契約を締結するか否かの判断材料を提供すること）に照らせば、これらは説明対象であると誤解しがちであることから、特に注意しなければならない。

問 34 難易度 A 宅建業法（報酬計算） 正解 3

🔍 基本書 ➡ 第2編 宅建業法 第2章 業務上の規制 **3** 報酬・その他の制限

　土地付建物の売買代金5,200万円には、200万円の消費税相当額が含まれているので、その200万円を除いた**本体価額5,000万円**に**速算法**を当てはめて、報酬上限額を計算する。

　課税事業者である宅建業者Aが単独で、甲から土地付建物の売買契約の媒介を依頼され、売買契約を成立させた場合、Aが依頼者甲から受領できる**報酬の限度額**は、以下の計算式により、消費税相当額を含んだ**1,716,000円**がその報酬上限となる（宅建業法46条1項・2項、報酬告示2）。

{（5,200万円－200万円）×3％＋6万円}×1.1＝1,716,000円

解法のポイント

報酬計算では、①消費税分を抜く作業と、②加える作業がある。

① **本体価額の算出**…売買や貸借等における報酬上限額を算出する際に、問題文に消費税込みの代金・賃料等が記述されている場合は、そこから消費税分を抜いて**本体価額**を算出する。

② **報酬上限の算出**…宅建業者が課税事業者の場合、算出した報酬に消費税分を加える。

問 35 難易度 A 宅建業法（クーリング・オフ） 正解 2

🔍 **基本書** ➡ 第2編 宅建業法 第2章 業務上の規制 ② 自ら売主制限（8種制限）

1 誤り 売主である宅建業者から**媒介の依頼を受けた他の宅建業者の事務所**は、クーリング・オフが**適用されない**場所であり、買主はその契約を**解除できない**（宅建業法37条の2第1項、施行規則16条の5）。

2 正しい 買主が宅地又は建物の**引渡し**を受け、**かつ**、その**代金全部**を**支払った**ときは、クーリング・オフによる契約の**解除**は**できない**（同法37条の2第1項）。

3 誤り クーリング・オフによる申込みの撤回又は契約の**解除**の意思表示は**書面**で行わなければならない（同法37条の2第1項）。

4 誤り 買主がクーリング・オフによる契約の解除を行った場合でも、宅建業者は、契約の解除に伴う損害賠償又は**違約金の支払いは請求できない**（同法37条の2第1項）。

ココに着目！

クーリング・オフが可能な要件を満たしているとしても、買主が「**引渡し**を受け、**かつ**、**代金全部を支払った**」場合は、クーリング・オフは認められない。「引渡し、**又は**、代金全部支払い」のどちらか一方だけである場合や、「代金の**一部支払い**」に過ぎない場合は、この要件は満たさないことに注意しよう。

問 36 難易度 B 宅建業法（ITと業務上の規制） 正解 1

🔍 **基本書** ➡ 第2編 宅建業法 第2章 業務上の規制 ① 一般的規制

1 正しい 8種制限における**手付金等の保全措置**について、保険事業者による保証保険によるときは、原則として、**保険証券又はこれに代わる書面**を買主に交付することが必要であるが、かかる書面の交付に代えて、**買主の承諾**を得て、一定の**電磁的方法**によることも**認められている**（宅建業法41条、施行規則16条の7）。

2 誤り 宅建業者は、**相手方等の承諾**を得れば、35条書面の交付に代えて、これを**電磁的方法**により**提供**することもできる（同法35条、施行規則16条の4の8）。相手方等の承諾がないのに、電磁的方法による提供をすることはできない。なお、相手方の承諾は、書面や電子メール、SNS、Webサイト上の回答フォーム、USBメモリ等の電磁的記録媒体のいずれかの方

式で得なければならず、口頭のみによる承諾は、認められない（施行規則16条の4の11、施行令3条の3）。

3　誤り　宅建業者は、事務所ごとに業務に関する**帳簿**を備え、取引のあった都度、法定事項を当該帳簿に記載しなければならないが（同法49条）、当該帳簿への記載は、紙への記載以外に、**法定記載事項をパソコンのハードディスク等に記録し、必要に応じ当該事務所において**パソコンやプリンターを用いて明確に紙面に表示（印刷等）をすることが可能な環境を整えれば、**パソコンのハードディスク等への記録を帳簿への記載に代える**ことができる（施行規則18条）。したがって、パソコンの画面に表示する環境を整えただけでは、帳簿への記載に代えることはできない。

4　誤り　宅建業者は、**事務所ごとに従業者名簿**を備えて、**取引の関係者から請求があった**場合は従業者名簿を**閲覧に供する義務がある**（同法48条4項）。この閲覧は、**事務所のパソコンのハードディスクに記録した**ものを**紙面又はパソコンの画面に表示する方法**で行ってもよい（施行規則17条の2）。

ココに着目！

　　従業者名簿は、取引の関係者に「閲覧」させることが規制の中心であり、パソコン画面に情報を表示できればよい。これに対して、帳簿は、法定事項を「記載」させることが規制の中心であるから、事務所において、情報をプリンターで印刷できる環境を備える必要がある。

問37　**難易度 Ⓐ**　**宅建業法（従業者名簿・帳簿）**　**正解 3**

基本書 ➡ 第2編　宅建業法　第2章　業務上の規制　**3**　報酬・その他の制限

1　正しい　従業者名簿に記載すべき「従業者」には、**業務に従事するアルバイトも含まれる**（宅建業法48条）。例外として、宅地建物の取引に直接的な関係が乏しい業務に臨時的に従事する者は含まれない（国交省「考え方」）。本肢のアルバイトは、業務に従事する者であり、従業者名簿に記載すべき「従業者」に含まれる。

2　正しい　宅建業者が**帳簿の備付義務**（同法49条）に違反した場合、罰則として、**50万円以下の罰金刑**に処せられることがある（同法83条）。

3　誤り　帳簿及び従業者名簿は各事務所ごとに備える必要はあるが（同法49条、48条）、主たる事務所に各事務所分の帳簿や従業者名簿を一括して備える義務はない。

4　正しい　業務に関する**帳簿**は、**各事業年度の末日をもって閉鎖し、閉鎖後5年間**（宅建業者が自ら売主となる新築住宅に係るものは、**10年間**）**保存**しなければならない（同法49条、施行規則18条）。

さらに理解！

　　帳簿と従業者名簿は、比較して出題されることが多い。よって、その共通点と相違点はしっかりと把握する必要がある。
　　共通点の主なものは、①各事務所ごとに設置する義務があること、②違反した場合に50万円以下の罰金刑に処されることがあること。相違点の主なものは、①取引の関係者への閲覧義務の有無（帳簿は閲覧させる義務はない）、②保存期間（帳簿は閉鎖後5年ないし10年、従業者名簿は最終の記載から10年）である。

問 38 難易度 Ⓐ 宅建業法（免許の要否） 正解 2

基本書 ➡ 第2編　宅建業法　第1章　総則　❷　宅建業の免許

ア　正しい　Aが、宅地を多数の「**友人又は知人**」に対して売却しても、特定の人とはいえず、「**業**」に該当するので、Aの行為は、宅建業に該当し、**Aは免許を必要とする**（宅建業法3条、2条）。借金の返済に充てるためという目的があっても、免許不要の理由にはならない。

イ　誤り　Bが宅建業者を代理人として**マンションを売却**しても、Bはマンションの売主であることに変わりはない。よって、Bが自ら売主として業としてマンションを分譲するものとして、**Bは免許を必要とする**（同法3条、2条）。

ウ　誤り　自ら売主である**甲県**には宅建業法は適用されず、免許も不要となるが（同法78条）、甲県の代理人Cには、宅建業法が適用され、**免許を必要とする**（同法3条、2条）。なお、「甲県に居住している者のみを対象」に宅地を販売しても、特定の多数人とはいえないので、「業」に該当する。

エ　正しい　売却の相手方が国その他宅建業法の適用がない者であっても、**売却を行うDには宅建業法が適用**される。そして、国その他宅建業法の適用がない者を相手としても、特定または少数とはいえず、「業」に該当するので、**Dは免許を必要とする**（同法3条、2条）。

以上より、正しいものは**ア、エ**の2つであり、正解は肢**2**となる。

> **ココに着目！**
>
> **国や地方公共団体等の宅建業法の適用のない者**については、以下の2つの場面に注意しよう。
> ①　国や地方公共団体等には宅建業法は適用されないが、国や地方公共団体等から宅地建物の取引についての媒介や代理の依頼を受けた者には、宅建業法が適用され、原則として、免許が必要となる。
> ②　国や地方公共団体等の宅建業法の適用のない者に限定して、反復継続して宅地建物の取引をしても、**不特定かつ多数を相手にしているものとして**（「業」に該当）、原則として、免許が必要となる。

問 39 難易度 Ⓐ 宅建業法（手付金等の保全措置） 正解 1

基本書 ➡ 第2編　宅建業法　第2章　業務上の規制　❷　自ら売主制限（8種制限）

1　誤り　手付金等の保全措置の方法の1つである**保証委託契約による保全措置**は、**銀行等**（銀行その他政令で定める金融機関または国土交通大臣が指定するもの）が宅建業者の手付金等の返還債務について**連帯保証**をするものである（宅建業法41条の2、41条1項）。よって、Aの友人がかかる返還債務について**連帯保証**をすることによる保全措置を講ずることはできない。

2　正しい　**工事完了後の物件**（完成物件）については、手付金等の額が代金額の**10%**を超えるか、または**1,000万円**を超えるときは、**保全措置を講じなければならない**。本肢では、A

は、代金額の10％（800万円）を超える1,000万円の手付金をBから受領しようとするのであるから、Aは受領前に法定の保全措置を講じる必要があり、もしAが保全措置を講じないときは、Bは**手付金の支払いを拒絶できる**（同法41条の2第1項・5項）。

3　正しい　「手付金等」とは、手付金、中間金などの名称を問わず、**契約締結日以後**、「引渡し前まで」に授受される金銭で、**代金に充当されるもの**をいう。したがって、「引渡し以後」に授受される残代金は「手付金等」には該当しないので、Aは、保全措置を講ずることなく残代金を受領できる（同法41条の2第1項、41条1項かっこ書）。

4　正しい　**手付金の額は代金額の20％**までに制限されるので、手付金等の保全措置を講ずるとしても、代金額（8,000万円）の20％（1,600万円）を超える額の手付金を受領することはできない（同法39条1項）。

解法のポイント

手付金等の保全措置の方法である、①銀行等への保証委託契約、②保険事業者による保証保険契約、③指定保管機関による手付金等寄託契約について、③の指定保管機関による手付金等寄託契約だけは、**未完成物件の売買については認められない**ことは、基本知識である。

宅建業法（媒介契約）

正解 2

基本書 ➡ 第2編　宅建業法　第2章　業務上の規制　**1**　一般的規制

ア　正しい　媒介契約により売買すべき物件の**価額**について**依頼者に意見を述べるとき**、宅建業者はその**根拠**を**明示**しなければならない。もっとも、**明示方法**は、口頭でもよく、また**媒介契約書面**（電磁的方法を含む）**に記載する必要はない**（宅建業法34条の2第1項・2項）。

イ　誤り　**専属専任媒介契約**を締結した場合、依頼を受けた宅建業者は、依頼者に対し、**1週間に1回以上**、**業務処理状況を報告**しなければならない。この業務処理状況は、特約により電子メールにて報告すると定めても構わないが、これを10日に1回と定めることは宅建業法の規定に反し、**依頼者に不利な特約**となる。ただし、この場合でも、媒介契約全体が無効となるわけではなく、**違反した特約のみが無効**になる（同法34条の2第9項・10項）。

ウ　正しい　**専任媒介契約**（専属専任媒介契約を除く）を締結した宅建業者は、**媒介契約締結の日から7日**（休業日を除く）**以内**に所定の事項を指定流通機構に登録しなければならない（同法34条の2第5項、施行規則15条の10）。

以上より、正しいものは**ア**、**ウ**の2つであり、正解は肢**2**となる。

ココに着目！

売却の媒介依頼の際、依頼者の希望売却価額に対し、宅建業者が「その希望価額では高すぎる」等の意見を述べることがある。これを宅建業者が勘のみに頼って意見を述べると、宅建業者ごとに異なる意見となりかねず、宅建業界全体の信頼が失墜するおそれがある。そこで、宅建業法は、宅建業者が売買すべき価額について依頼者に意見を述べるときは、必ず「類似の取引事例」等の**根拠**を**示さなければならない**としたわけであるが、その根拠を媒介契約書面の記載事項であると誤解する受験生がいるので注意すること。

宅建業法（監督処分）

問 41 難易度 A　正解 4

🔍 **基本書** ➡ 第2編　宅建業法　第3章　監督・罰則　**1**　監督処分等

ア　正しい　　免許を受けたにもかかわらず、引き続いて**1年以上事業を休止**したとき、免許権者はその休止の理由にかかわらず、その宅建業者の**免許を取り消さなければならない**（宅建業法66条）。

イ　誤り　　宅建業者が売買の媒介契約を締結したにもかかわらず、**媒介契約書面**（同法34条の2第1項の規定に基づく書面）を依頼者に**交付しない**場合、**業務停止処分の対象となること**は正しい（同法65条2項、34条の2）。しかし、業務停止処分の**最長期間は1年**と規定されているので（同法65条2項）、1年を超えた「**2年以内の期間**」を定めることはできない。

ウ　正しい　　宅建業者が、業務に関し「取引の関係者に**損害を与えるおそれが大であるとき**」は、実際に「取引の関係者に損害を与え」なくても、**指示処分**（必要な指示をすること）の対象となる（同法65条1項）。

エ　正しい　　宅建業者は、宅地の造成または**建築に関する工事の完了前**においては、工事に必要な許可や建築確認などの**法令に基づく処分後**でなければ、業務に関する**広告をしてはならない**（同法33条）。**宅建業法の規定に違反する行為**をした宅建業者は、**指示処分**の対象になる（同法65条1項）。

以上より、正しいものは**ア**、**ウ**、**エ**の3つであり、正解は肢**4**となる。

✏️ **解法のポイント**

　　宅建業者が免許を受けてから1年以内に事業を開始せず、または引き続いて**1年以上事業を休止**したときは、その事業を開始しなかった理由や休止の**理由を問わず**、免許権者は、**免許を必ず取り消さなければならない**ことになっている。宅建業を営まないのに免許をそのままにすると、名義貸しの温床となるおそれがあるからである。この点、休止等の理由を問わない点で、宅建業者に厳しいとも思えるが、不正手段による免許取得を理由とする免許取消処分などとは異なり、取消し日から5年間、**免許欠格者となることはない**。したがって、宅建業を再開できるようになったときに、免許を申請すれば、免許はすぐにでも再取得できるのである。

宅建業法（重要事項の説明）

問 42 難易度 B　正解 3

🔍 **基本書** ➡ 第2編　宅建業法　第2章　業務上の規制　**1**　一般的規制

1　説明する必要はない　　マンションの建物の**計画的な維持修繕のための費用の積立て**を行う旨の規約の定めがあるときの**その内容**は、マンションの売買・交換を行う場合には重要事項として説明する必要があるが、**貸借**においては、重要事項として**説明する必要はない**（宅建業法35条1項、施行規則16条の2）。

2　説明する必要はない　　マンションの**敷地に関する権利の種類及び内容**は、マンションの売買・交換を行う場合には重要事項として説明する義務があるが、**貸借**においては、重要事項として**説明する必要はない**（同法35条1項、施行規則16条の2）。

3　説明しなければならない　建物の貸借の媒介においては、台所、浴室及び便所等の当該建物の設備に関する整備状況について、重要事項として**説明しなければならない**（同法35条１項、施行規則16条の４の３）。

4　説明する必要はない　　マンションの敷地の一部を特定の者のみに使用を許す等のいわゆる**専用使用権についての規約の定め**があるときのその内容は、マンションの売買・交換を行う場合には重要事項として説明する必要があるが、**貸借においては、重要事項として説明する必要はない**（同法35条１項、施行規則16条の２）。

 ココに着目！

　建物の貸借の媒介・代理において、重要事項として説明すべき台所、浴室及び便所等の当該建物の設備に関する整備状況については、その用途が住宅である場合に限定されない。例えば、倉庫の貸借であれば、倉庫には台所や浴室がないのが**通常であるが**、それでも重要事項として、台所や浴室等は「なし」と説明しなければならない。

問 43　難易度 **A**　# 宅建業法（37条書面）　正解 **1**

🔍 **基本書** ➡ 第２編　宅建業法　第２章　業務上の規制　**1**　一般的規制

1　違反しない　８種制限である**手付金等の保全措置**を講じた場合のその内容は、**37条書面**（電磁的方法を含む）の記載事項ではない（宅建業法37条１項・４項参照）。これは、35条書面の記載事項である（同法35条１項）。

2　違反する　建物の**貸借**の媒介でも、売買と同様に、**損害賠償額の予定**に関する定めがある場合は、その**内容を37条書面**（電磁的方法を含む）に**記載**しなければならない（同法37条２項・１項・５項）。

3　違反する　売買の目的物である宅地の**引渡しの時期**については、その**定めの有無を問わず**、必ず**37条書面**（電磁的方法を含む）に**記載しなければならない**（同法37条１項・４項）。よって、Ａは、引渡しの時期について定めがない旨を37条書面に記載しなければならない。

4　違反する　宅建業者の媒介により建物の**貸借の契約**が成立した場合、貸借の媒介を行った宅建業者は、契約の各当事者に借賃の額や支払時期のみならず、**支払方法**についても、その**定めの有無を問わず**、**37条書面**（電磁的方法を含む）に**記載しなければならない**（同法37条２項・５項）。

✏ **解法のポイント**

　37条書面（電磁的方法を含む）の記載事項は、売買や貸借等において、当事者間で約定する**契約上の重要な項目**について、書面や電磁的方法によって記録を残し、契約締結後の当事者間の契約上のトラブルを防止することにある。この点、宅建業者が自ら売主となる場合の**手付金等の保全措置**は、８種制限により、宅建業法が売主である宅建業者に課している義務であり、契約上の重要な項目とは異なるので、37条書面の記載事項ではない。

問 44 難易度 B 宅建業法（保証協会） 正解 4

🔍 基本書 ➡ 第2編 宅建業法 第1章 総則 5 営業保証金と保証協会

1 誤り 保証協会が、その業務として行う**手付金等の保管事業**は、国土交通大臣の承認を受けて**行うことができる業務**であり（**任意的業務**）、行うことが義務付けられている業務（必要的業務）ではないので、本肢は誤りである。なお、保証協会は、国土交通大臣の指定を受けた**一般社団法人**であることは、正しい（宅建業法64条の2、64条の3）。

2 誤り 保証協会に加入している宅建業者と宅建業に関して取引した者が、その取引により生じた債権について弁済業務保証金の**還付**を受けようとするときは、その額について「**保証協会**」の**認証**を受けなければならない（同法64条の8第2項）。免許権者（甲県知事）の認証ではない。

3 誤り 150万円の分担金を納付して保証協会の社員となった宅建業者は、主たる事務所と従たる事務所2カ所を設置して宅建業を営んでいることになる（60万円＋30万円×3＝150万円）。そして、その宅建業者が保証協会の社員としての地位を失った場合、**地位を失った日から**「**1週間以内**」に**営業保証金2,500万円**（1,000万円＋500万円×3＝2,500万円）を供託しなければならない。本肢は、営業保証金2,500万円については正しいが、供託すべき期間を「2週間以内」とする点が誤り（同法64条の15、25条2項、施行令2条の4）。

4 正しい 保証協会は、新たに宅建業者が**社員**として加入したときは、**直ちに**その旨を社員となった宅建業者の**免許権者**（本肢では甲県知事）に**報告**しなければならない（同法64条の4第2項）。

ココに着目！

　営業保証金や弁済業務保証金（以下「保証金」とする）については、「いつまでに」という期間について、「**2週間以内**」とする規制が多い。したがって、「保証金」を勉強する際は、肢**3**の「**1週間以内**」や、肢**4**の「**直ちに**」と規定されている箇所、その他「**6カ月**」「**3カ月**」「**1カ月**」と規定されている箇所は、注意して覚えなければならない。

問 45 難易度 A 宅建業法（住宅瑕疵担保履行法） 正解 2

🔍 基本書 ➡ 第2編 宅建業法 第4章 住宅瑕疵担保履行法

1 正しい **自ら売主**として買主に新築住宅を引き渡す宅建業者に資力確保義務があり、新築住宅の**売買の媒介**をする場合には、**資力確保措置を講ずる義務はない**（住宅瑕疵担保履行法2条4項、11条1項）。

2 誤り 宅建業者が、**住宅販売瑕疵担保保証金の供託**をするときは、**主たる事務所の最寄りの供託所に供託**しなければならないが（同法11条6項）、本肢のケースでは、**買主が宅建業者**であるから、宅建業者間の取引として、新築住宅の自ら売主である宅建業者は、住宅販売瑕疵担保保証金の供託等の**資力確保措置を講じる必要はない**（同法2条7項）。宅建業者間の取引であることを見落とさないようにしよう。

3 **正しい** 売買の対象となる建物が「新築住宅」であれば、戸建住宅、分譲住宅のみならず、賃貸用の住宅を売買の対象とするときも、「住宅」として、資力確保措置の対象となる。しかし、**事務所**や**倉庫**、**車庫**は「住宅」には**含まれない**ので、「店舗のみ」の用途に供する建物については、資力確保措置を講じる必要はない（同法2条1項、住宅の品質確保の促進等に関する法律2条1項）。なお、例えば、店舗併用住宅の場合は、住宅瑕疵担保履行法が適用され、資力確保措置を講じなければならない場合もある。

4 **正しい** 自ら売主として新築住宅を宅建業者ではない買主に引き渡した宅建業者は、**基準日ごと**に、当該基準日に係る**資力確保措置の状況**について、免許を受けた国土交通大臣または都道府県知事に届け出なければならない（住宅瑕疵担保履行法12条1項）。なお、その**届出を行わなければならない時期**は、**基準日から3週間以内**である（施行規則16条）。届出の要否と（基準日ごとに届け出なければならない）、届出を行わなければならない時期（基準日から3週間以内に届け出なければならない）を混同しないようにしよう。

解法のポイント

　　住宅瑕疵担保履行法では、①**自ら売主である宅建業者**が新築住宅を宅建業者でない者を買主として販売する場合、②**資力確保措置**（保証金の供託、または保険加入）が必要となるという基本をしっかり押さえた上で、その基本に細かな知識を肉付けして仕上げていくとよい。

問 46 **難易度 A** **住宅金融支援機構** **正解 1**

🔍 **基本書** ➡ 第4編　税・その他　第3章　住宅金融支援機構

1 **誤り** 機構は、**住宅の建設又は購入に必要な資金**の貸付けに係る金融機関の貸付債権の譲受けを業務として行っているが、**店舗の建設又は購入に必要な資金**の貸付債権の譲受けの業務は行っていない（住宅金融支援機構法13条1項1号）。

2 **正しい** 機構は、**証券化支援事業（買取型）**において、**MBS（資産担保証券）を発行**することにより、債券市場（投資家）から資金を調達している。

3 **正しい** 機構は、一般の金融機関による住宅資金の供給を支援するため、金融機関が貸し付けた住宅ローンについて、**住宅融資保険法による住宅融資保険を引き受けている**（同法13条1項3号）。

4 **正しい** 機構は、経済事情の変動に伴い、貸付けを受けた者の住宅ローンの元利金の支払が著しく困難になった場合には、償還期間の延長など、**貸付条件の変更を行うことができる**（住宅金融支援機構業務方法書26条）。

⭐ **ココに着目！**

　　肢**1**について。買受の対象となる債権には、**住宅の建設又は購入に必要な資金**の貸付債権、**住宅の建設に付随する土地又は借地権の取得資金**の貸付債権、住宅の購入に付随する住宅の改良に必要な資金の貸付債権などがある。

問 **47** 難易度 **Ⓐ** 景表法（公正競争規約） 正解 **1**

🔍 基本書 ➡ 第4編 税・その他 第4章 取引の実務 **1** 景表法

1 正しい 新築とは、建築**工事完了後1年未満**であって、**居住の用に供されたことがないも**のをいう（不動産の表示に関する公正競争規約18条1項(1)）。

2 誤り 「物件は存在するが、実際には取引の対象となり得ない物件に関する表示」は、**おとり広告**として禁止されている（規約21条(2)）。

3 誤り 一団の土地を複数の区画に区分けして、その区画ごとに売買する住宅用地を**分譲宅地**という（施行規則3条(1)）。

4 誤り 地目は、登記簿に記載されているものを表示しなければならないが、登記簿上の地目が、現況の地目と異なるときは、現況の地目を**併記**しなければならない（施行規則9条(19)）。

⭐ **ココに着目！**

肢**3**について。売地とは、区分けしないで売買される住宅用地等をいう（施行規則3条(3)）。住宅用地等とは、用途を宅地としない山林、原野等の現況有姿分譲地の単発売りを含んでいる。すなわち、売地は住宅用地だけではなく、それ以外の土地も含んでいる意味で使用される。

問 **48** 難易度 **Ⓐ** 統計 正解 **4**

🔍 基本書 ➡ 第4編 税・その他 第6章 統計

1 誤り 建築着工統計調査報告（令和5年計。令和6年1月公表）によれば、令和5年の新設住宅着工戸数は819,623戸（**3年ぶりの減少**）であり、持家、貸家及び分譲住宅が減少したため、全体で減少となった。

2 誤り 年次別法人企業統計調査（令和4年度。令和5年9月公表）によれば、令和4年度における**不動産業の売上高**は約46兆2,682億円（対前年度比で4.8％減少）であり、**前年度より減少**した。

3 誤り 令和6年地価公示（令和6年3月公表）によれば、全国平均では、**住宅地は3年連続で上昇**し、上昇率が拡大した。

4 正しい 令和4年度宅地建物取引業法の施行状況調査（令和5年10月公表）によれば、令和5年3月末における**宅地建物取引業者の全事業者数**は129,604業者（大臣免許が2,922業者、知事免許が126,682業者）になり、**9年連続で増加**した。

 土地 正解 **3**

🔍 **基本書** ➡ 第4編　税・その他　第5章　土地・建物　**1**　土地

1　適当　　**扇状地**は、谷の出口付近から傾斜の緩い扇子のような扇型の地形を形成しているので、地図上では、谷の出口を頂点とする同心円状の等高線で表される。このような特長を有するので**地形図や空中写真によって土石流や洪水流の危険度を判別できる**ことが多い。

2　適当　　**自然堤防**とは、河川から供給された砂や小礫によって形成された地形であり、排水性がよく地盤の支持力もあるため、宅地として良好な土地であることが多い。

3　最も不適当　**崖錐**は、崖や急斜面の下に風化して崩れた岩屑が堆積して形成された円錐状の地形をいう。小河川の出口も、堆積物が多く共通する。このような堆積物に、集中豪雨があれば、それらの堆積物が押し流されて**土石流**が発生する危険性がある。

4　適当　　森林は、スギやヒノキ等の木材資源として重要なだけでなく、**水源涵養機能がある**。森林の水源涵養機能には、洪水緩和機能・水資源貯留（水量調節）機能・水質浄化機能等がある。

⭐ **ココに着目！**

　　肢**2**について。**自然堤防**は、河川の両側に自然にできた堤防状の地形で、洪水により土砂があふれて、その土砂が堆積したものをいう。自然堤防は、宅地として良好であるが、自然堤防の後ろ側の**後背低地**は宅地には適していない。

 建物 正解 **4**

🔍 **基本書** ➡ 第4編　税・その他　第5章　土地・建物　**2**　建物

1　適当　　鉄筋コンクリート構造（ＲＣ構造）は、**耐火性、耐久性、耐震性、耐風性に優れた構造**であるが、自重が大きい点が難点である。

2　適当　　鉄筋コンクリート構造の骨組の形式は**ラーメン構造**が一般に用いられる。ラーメン構造とは、柱と梁（はり）を剛接合して直方体を作り、その直方体を骨組みとする構造である。

3　適当　　コンクリートのひび割れ部分に雨水・空気（酸素）が入り込み、鉄筋を腐食させる。鉄筋は腐食すると膨張するため、コンクリートにひび割れを生じさせる。以上のよう

に、コンクリートの**ひび割れ**と**鉄筋の腐食**は、密接な関係にある。

4　最も不適当　コンクリートはアルカリ性であり、アルカリ性のコンクリートに入っている鉄筋は腐食しないが、コンクリートがアルカリ性を失っていくと、すなわち中性化していくと鉄筋は腐食し膨張し、コンクリートにひび割れを発生させる。そのため、**中性化は、構造体の耐久性や寿命に大いに影響する**。

> **☆ ココに着目！**
>
> 　肢**2**について。**剛接合**とは、柱と梁の接合部分が、頑丈に接合された形式をいう。**ラーメン構造**は、鉄筋コンクリート構造だけでなく、鉄骨構造、鉄骨鉄筋コンクリート構造にも用いられる。

解答・解説

第2回

法改正編

合格目標 **35**点

・第2回の出題一覧

・正解と成績

●正解した問題には「チェック」を付けて、チェックを全ての問題につけられるまで復習するようにしましょう。

●登録講習修了者は、「問45〜50」の5問が免除されます。

第2回の出題一覧・正解と成績

難易度 **A**：頻出かつ基本　**B**：合否のわかれ目　**C**：難問

科目	問題	出題項目	正解	難易度	チェック	科目	問題	出題項目	正解	難易度	チェック
権利関係	1	民法（物権変動）	2	B	☐☐	宅建業法	26	宅建業法（重要事項の説明 - 電磁的方法）	3	B	☐☐
	2	民法（意思表示）	1	A	☐☐		27	宅建業法（事務所複合）	1	A	☐☐
	3	民法（代理）	2	B	☐☐		28	宅建業法（業務上の規制）	2	B	☐☐
	4	民法（連帯債務）	1	B	☐☐		29	宅建業法（免許基準）	1	A	☐☐
	5	民法（売主の担保責任）	2	A	☐☐		30	宅建業法（営業保証金）	1	A	☐☐
	6	民法（共有）	3	A	☐☐		31	宅建業法（広告）	1	B	☐☐
	7	民法（契約の解除）	4	B	☐☐		32	宅建業法（宅建業者の届出等）	2	A	☐☐
	8	民法（請負）	3	B	☐☐		33	宅建業法（重要事項の説明）	4	B	☐☐
	9	民法（賃貸借）	4	B	☐☐		34	宅建業法（報酬計算）	3	C	☐☐
	10	民法（不法行為）	1	B	☐☐		35	宅建業法（クーリング・オフ）	4	A	☐☐
	11	民法(賃貸借)・借地借家法(借家)	2	B	☐☐		36	宅建業法（業務上の規制）	3	B	☐☐
	12	借地借家法（借地）	3	C	☐☐		37	宅建業法（電磁的方法による提供）	3	C	☐☐
	13	区分所有法	4	A	☐☐		38	宅建業法（8種制限）	1	A	☐☐
	14	不動産登記法	4	B	☐☐		39	宅建業法(手付金等の保全措置)	1	B	☐☐
法令上の制限	15	都市計画法	1	B	☐☐		40	宅建業法（専任媒介契約）	1	B	☐☐
	16	都市計画法（開発許可）	4	A	☐☐		41	宅建業法（建物状況調査）	4	B	☐☐
	17	建築基準法	1	B	☐☐		42	宅建業法（重要事項の説明）	4	C	☐☐
	18	建築基準法	2	B	☐☐		43	宅建業法（37条書面）	4	A	☐☐
	19	宅地造成及び特定盛土等規制法	4	B	☐☐		44	宅建業法（保証協会）	3	B	☐☐
	20	土地区画整理法	3	C	☐☐		45	宅建業法（住宅瑕疵担保履行法）	4	B	☐☐
	21	農地法	3	A	☐☐	5問免除科目※	46	住宅金融支援機構	2	A	☐☐
	22	国土利用計画法（事後届出）	4	A	☐☐		47	景表法（公正競争規約）	3	B	☐☐
税・価格の評定	23	贈与税	3	B	☐☐		48	統計	3	B	☐☐
	24	登録免許税	1	B	☐☐		49	土地	4	B	☐☐
	25	地価公示法	2	A	☐☐		50	建物	1	A	☐☐

※ 登録講習修了者は、問「46～50」の5問について「免除」となります

●得点目標

権利関係	法令上の制限	宅建業法	税・価格の評定 5問免除科目	得点の合計
14問中	8問中	20問中	8問中	50点中
点	点	点	点	点
目標7点	目標5点	目標18点	目標5点	目標35点

▶肢に惑わされず、正確に解答するクセをつけるようにしましょう。お試しに巻末の「苦手科目をちょっと復習 解いて覚える一問一答」（P.111）をチェック！

問 1 難易度 B 民法（物権変動）

正解 **2**

第2回 解答・解説

🔍 **基本書** ➡ 第1編 権利関係 第2章 物権 **2** 不動産物権変動

最判平8.10.29を題材にした問題である。

1 正しい 乙は、背信的悪意者に対しては登記なくして権利を対抗できるが、これはあくまで**乙丙間での権利主張に関すること**であり、甲丙間の売買の効力まで否定するものではない。甲丙間の売買が無効になると、甲→丙→丁という権利の流れ自体が否定され、丁は、まったく権利を取得できなくなってしまう。

2 誤り 肢**1**で述べたとおり、丙が背信的悪意者であるからといって、**甲丙間の売買の効力まで否定されるわけではない**。したがって、丁は、無権利者から当該不動産を買い受けたことにはならない。実際の判決文においても、上記の判決文の少し後に「丁は無権利者から当該不動産を買い受けたことにはならないのであって」という記述がある。

3 正しい 判決文には、「丁は、乙に対する関係で丁自身が背信的悪意者と評価されるのでない限り」とある。これは、**丁自身が乙に対する関係で背信的悪意者と評価される場合**は、所有権取得を対抗できないことを意味する文章であるといえる。

4 正しい 「乙に対する関係で丁自身が背信的悪意者と評価される」とあるとおり、背信的悪意者に当たるかどうかは、**乙との関係で相対的に判断される**。

✏ 解法のポイント

　物権変動における登記の持つ意味に対する理解が問われている。登記は「対抗要件」であり、「効力要件」ではない。

問 2 難易度 A 民法（意思表示）

正解 **1**

🔍 **基本書** ➡ 第1編 権利関係 第1章 民法総則 **3** 法律行為・意思表示

1 誤り 表意者が法律行為の基礎とした事情についてのその認識が真実に反する錯誤（行為基礎事情の錯誤）は、錯誤の有無が外部からは分かりにくいので、**その事情が法律行為の基礎とされていることが表示されているときに限り**、取り消すことができる（民法95条1項2号・2項）。

2 正しい 意思表示に対応する意思を欠く錯誤であっても、その錯誤が**法律行為の目的及び取引上の社会通念に照らして重要なものでないとき**は、錯誤を理由として意思表示を取り消すことができない（同法95条1項1号）。

3 正しい 錯誤が表意者の重大な過失によるものである場合は、意思表示の取消しをすることができないのが原則であるが、**相手方が表意者に錯誤があることを知り、又は重大な過失によって知らなかったとき**は、例外的に意思表示を取り消すことができる（同法95条3項1号）。

4 正しい 錯誤を理由とする意思表示の取消しは、**善意無過失の第三者**には対抗することができない（同法95条4項）。

解法のポイント

　表意者に重大な過失があっても意思表示を取り消すことができる例外は、肢**3**のほか「**相手方が表意者と同一の錯誤に陥っていたとき**」にも認められることも、あわせて押さえておいてほしい。

問 **3**　難易度 **B**　　　　　　　民法（代理）　　　　正解 **2**

🔍 **基本書** ➡ 第1編　権利関係　第1章　民法総則　**4**　代理

ア　誤り　　無権代理人がした契約は、本人が追認しない間は、相手方が取り消すことができるのが原則であるが、契約の時において**代理権がないことを相手方が知っていたとき**は、取り消すことができないとされている（民法115条）。

イ　正しい　　無権代理であることを過失によって知らなかった相手方は、無権代理人の責任（履行又は損害賠償責任）を追及できないのが原則であるが、**無権代理人が無権代理であることについて悪意である場合**は、例外的に責任追及が認められている（同法117条2項2号）。

ウ　正しい　　本肢のように代理人が代理権を濫用した場合、**代理人の目的を相手方が知り又は知ることができたとき**（悪意または善意有過失のとき）は、その行為は無権代理行為とみなされ、代理行為の効果が本人に帰属しない（同法107条）。

エ　正しい　　自己契約・双方代理と同様に、本人と代理人の利益が相反する行為について、そのまま代理権を認めると本人の利益が害されるおそれがあるので、**あらかじめ本人が許諾した場合**を除き、無権代理行為とみなされる（同法108条2項）。

以上より、誤っているものは**ア**の1つであり、正解は肢**2**となる。

ココに着目！

　肢**イ**は、相手方が善意有過失であったときの規定であることに注意。相手方が悪意であったときは、無権代理人が悪意であったとしても、無権代理人への責任追及は認められていない（民法117条2項1号）。

問 **4**　難易度 **B**　　　　　　　民法（連帯債務）　　　　正解 **1**

🔍 **基本書** ➡ 第1編　権利関係　第3章　債権　**1**　連帯債務

1　正しい　　3,000万円の債務を消滅させる代わりに、土地を引き渡す債務を負う契約は、**更改契約**に該当する。連帯債務者の1人について、このような更改契約が行われた場合は、他の債務者にも全面的に効力が及び、他の債務者の連帯債務も消滅する（民法438条）。

2　誤り　　AがBの**債務を免除**すると、Bの債務は消滅するが、その効果は相対的であり、C・Dの債務まで消滅するわけではない。

3 誤り　　B・C・Dは、それぞれ**別個独立の存在**なので、連帯債務契約がBとの関係で錯誤を原因として無効とされたとしても、他の債務者の連帯債務契約まで無効となることはない（同法437条）。したがって、C・Dは、2人で3,000万円の連帯債務を負うことになる。

4 誤り　　負担部分は、連帯債務者間の内部関係を規律するものである。**連帯債務者は、債権者との関係では**、**債務全額の支払義務を負う**ので、負担部分が変更されても、債権者に不利益はない。それゆえ、負担部分の変更に債権者の承諾は不要である。

 さらに理解！

　　連帯債務者の一人について生じた事由が他の債務者に影響するのは、①弁済、②更改、③混同、④相殺、の4種類である。それ以外の事由は、他の連帯債務者に影響しない。

 のラベル

問 **5**　難易度 **A**　　　　民法（売主の担保責任）　　正解 **2**

📖 基本書 ➡ 第1編　権利関係　第3章　債権　**8**　売主の契約不適合責任

1 正しい　　目的物の一部が他人の所有に属する場合、買主は、売主に対し、相当の期間を定めて**履行の追完**（他人所有部分の権利を取得して買主に移転すること）を請求することができ、その期間内に追完がないときは、**代金減額**を請求することができる（民法565条、562条、563条）。

2 誤り　　他人の権利を売買の目的としたときは、売主は、**その権利を取得して買主に移転する義務を負う**（同法561条）。したがって、甲土地がDの所有物であることをBが知っていたとしても、Aは権利移転義務に違反したことになるので、Bは、Aの債務不履行を理由として契約の解除および損害賠償を請求することができる（同法541条、415条）。

3 正しい　　売買の目的物の種類・品質が契約内容に適合しない場合（目的物に瑕疵がある場合）、買主は、売主に対し、**追完請求**（目的物の修補、代替物の引渡し、不足分の引渡しなど）、**代金減額請求**、**損害賠償請求**、**契約の解除**をすることができる（同法562条、563条、564条、415条、541条、542条）。

4 正しい　　買い受けた不動産について契約の内容に適合しない抵当権の登記があるときは、買主は、**抵当権消滅請求の手続が終わるまで**、その代金の支払を拒むことができる（同法577条）。

👍 さらに理解！

　　担保責任に関する規定は、直近の民法改正によって大きく変更されたところである。本問の知識は、しっかり押さえておいてほしい。

民法（共有）

正解 **3**

基本書 ➡ 第1編 権利関係 第2章 物権 **3** 所有権・共有，地役権等

1 正しい 自己の持分を超えて共有物を使用している共有者は、**権限を超えた利益を得ている**といえるので、本肢の通り、他の共有者に償還する義務を負う（民法249条2項）。

2 正しい 「形状又は効用の著しい変更を伴わないものを除く」ということは、**形状又は効用の著しい変更を伴う行為であることを意味する**。そのように重大な変更をする場合は、共有者全員の同意が必要とされる（同法251条1項）。

3 誤り 共有物の管理に関する事項は、共有者の過半数（つまり頭数の過半数）ではなく、**持分の価格の過半数**によって決しなければならない（同法252条1項）。

4 正しい **所在等不明共有者**がいる場合、その共有者の同意を得ることができず、共有物の管理・処分に困ることになる。その対策として、本肢の通りの規定が定められている（同法262条の2第1項）。

> ★ **ココに着目！**
>
> 肢**2**の規定の結果、形状又は効用の著しい変更を伴わない行為、すなわち軽微な変更行為については、共有者全員の同意を得る必要はなく、**持分の価格の過半数**によって決することができる。

民法（契約の解除）

正解 **4**

基本書 ➡ 第1編 権利関係 第3章 債権 **6** 債務不履行，損害賠償，解除

1 正しい 建物は第三者の放火によって全焼したのであり、履行不能になったことについて債務者の責めに帰すべき事由がない場合でも、債権者は、**直ちに契約を解除することができる**（民法542条1項1号）。債務者の責めに帰すべき事由がなかったとしても、履行の可能性がない契約に債権者が拘束され続けるのはかわいそうだからである。

2 正しい 実質的に考えてみよう。一方的に債権譲渡された結果、相手方の債務不履行で契約を解除しても、代金の支払いをしなければならないというのでは、明らかに買主Bがかわいそうである。**契約解除によって代金債権が消滅した**以上、Cは、Bに対してその支払いを請求することはできない（大判大14.12.1）。

3 正しい 契約を解除したからといって、損害がなくなるわけではない。たとえば、期日に建物の引渡しを受けられなかったため、やむなくホテルに宿泊したというような損害は、解除によって消えない。したがって、**契約解除とは別に、損害賠償の請求も可能である**（民法545条3項）。

4 誤り **債務者が明確に履行拒絶の意思を示している場合**は、催告をしても債務者が履行する見込みがなく、催告をすることは意味がないため、債権者は、催告をすることなく、直ちに契約を解除することが認められている（同法542条1項2号）。

解法のポイント

催告は、**債務者に債務の履行の機会を与えるために行うもの**である。だとすれば、催告をしても履行が行われる可能性がない場合は、催告なしに契約を解除してもよいという結論が見えてくるであろう。

| 問 **8** | 難易度 **B** | 民法（請負） | 正解 **3** |

基本書 ➡ 第1編　権利関係　第3章　債権　⑫　請負・委任・寄託・贈与・使用貸借・消費貸借

1　誤り　　仕事が完成する前に、損害を賠償することによって一方的に請負契約を解除できるのは、「**注文者**」である（民法641条）。請負人Bの側から、一方的に解除することはできない。

2　誤り　　請負の目的物を第三者に売却して所有権を失ったとしても、**請負契約の注文者であったという事実が消えるわけではない**。それゆえ、請負契約に基づく担保責任を追及できる権利は、失われない。

3　正しい　　請負の目的物が完成した瞬間の所有者はだれかという問題について、判例は原則として**主要な材料を提供した者が所有者となる**としている（大判昭7.5.9）。したがって、Bの材料で建築した場合は、住宅完成と同時にBが所有者となり、引渡しによってAに移転することになる。

4　誤り　　請負人は、仕事を完成させないと報酬を請求できないのが原則だが、完成した目的物の引渡しと報酬の支払いは、**同時履行の関係になる**とされている（民法633条）。

 解法のポイント

請負の目的物の所有権の帰属は、目的物が完成した時点で、**だれが完成のための経済的負担を主にしているか**がポイントとなる。

 | 問 **9** | 難易度 **B** | 民法（賃貸借） | 正解 **4** |

基本書 ➡ 第1編　権利関係　第3章　債権　⑪　賃貸借

1　誤り　　賃貸借契約の最長期間は**50年**とされ、これを超える期間を定めた場合は50年に短縮される（民法604条1項）。しかし、この期間の更新は可能である（同法604条2項）。

2　誤り　　賃借物の一部が賃借人の過失によらないで滅失した場合には、賃借人は、その滅失した部分の割合に応じて**賃料の減額を請求することができる**（同法611条1項）。そして、賃借人は、残存する部分だけでは**賃借した目的を達成することができないとき**は、契約を解除することができる（同法611条2項）。

3　誤り　　賃料の支払時期は、**後払いが原則**となっている（同法614条）。すなわち、支払時

期について特約がないときは、宅地については、毎月末までに、その月の分を後払いすればよいのである。

4 正しい 賃貸人は、特約のない限り、賃貸借契約期間中は、賃貸借の目的物の使用収益に必要な修繕をする義務を負う（同法606条1項）。しかし、本肢における**賃貸借の目的物は土地であり、建物ではない**。借地上の建物は賃借人の所有物であるから、賃貸人は修繕義務を負わず、賃借人自身が建物を修繕することができる。

 解法のポイント

賃貸借の目的物は、**土地なのか建物なのか**という点に注意をすれば、本問の解答ミスを防ぐことができる。

問 **10** 難易度 **B**　　　民法（不法行為）　　正解 **1**

🔍 **基本書** ➡ 第1編　権利関係　第3章　債権　⑬　不法行為

1 誤り 損害の発生につき、被害者にも過失があるときは、その過失の割合に応じて過失相殺をして損害賠償額を減額することができる（民法722条2項）。「‥‥できる」という表現から分かるとおり、過失相殺をするかどうかは**裁判所の裁量に任されており**、必ず過失相殺しなければならないわけではない。

2 正しい 不法行為による損害賠償債権は、①被害者又はその法定代理人が損害及び加害者を知った時から3年、または②不法行為の時から20年経過すると、時効消滅するのが原則であるが、**人の生命又は身体を害する不法行為**については、被害者保護の見地から、①の時効期間が**5年に延長**されている（同法724条、724条の2）。

3 正しい 請負人がその仕事をするについて、第三者に不法行為を行っても、注文者は責任を負わないのが原則だが、**注文者の行った注文または指図に過失があることが原因であるとき**は、責任を負う（同法716条）。

4 正しい 通常、人が権利を得ることができるのは、出生をしたときからであり、胎児の段階で権利を得ることはできない。しかし、**不法行為の損害賠償請求権**については、例外的に胎児にもその権利を認めている（同法721条）。

✦ **ココに着目！**

不法行為の場合、肢**1**の解説で述べたとおり、過失相殺は任意的であるが、**債務不履行の場合、債権者に過失があれば、必ず過失相殺しなければならない**とされていることもあわせて押さえておいてほしい。

44

問11 難易度 B 民法（賃貸借）・借地借家法（借家） 正解 2

基本書 ➡ 第1編 権利関係 第3章 債権 ⑫ 賃貸借、第5章 特別法 ② 借地借家法－②（借家関係）

1 誤り 転貸借関係は賃貸借関係を前提とするから、賃貸借関係が終了すれば転貸借関係も終了するのが原則である。しかし、賃貸借の終了がＡＢ間の**合意解除によるとき**は、転借人Ｃの権利は消滅しないとされている（民法613条3項、最判昭37.2.1）。合意解除によって転借人の権利が消滅することを認めると、賃貸人と賃借人（転貸人）が合意さえすれば、いつでも転借人を追い出せることになってしまうからである。

2 正しい 無断転貸が行われた場合、賃貸人は、賃貸借契約を解除できるのが原則である（民法612条2項）。賃貸人に無断で転貸するのは、賃貸人の信頼を裏切るものだからである。しかし、信頼を裏切ったから解除を認めるのだとすれば、信頼を裏切ったといえないような特別の事情（**背信的行為と認めるに足りない特段の事情**）があるときは、解除を認めるべきではないことになる（最判昭36.4.28）。

3 誤り 更新拒絶の通知をするための正当事由の有無については、賃貸人および賃借人の事情を考慮するが、賃借人には**転借人も含まれる**（借地借家法28条）。借主保護という法律の目的からして、転借人の事情を無視するのは適当でないからである。

4 誤り 造作買取請求権は、**建物の転借人と賃貸人との間**について認められる（同法33条2項）。したがって、転借人は賃貸人に対して直接、造作の買取請求ができる。

👍 さらに理解！

賃貸借および借地借家法の問題においては、**借主保護という視点**が重要になる。借主保護の観点からすると、無断転貸があったからといって、むやみに契約解除を認めるべきではない。

問12 難易度 C 借地借家法（借地） 正解 3

基本書 ➡ 第1編 権利関係 第5章 特別法 ① 借地借家法－①（借地関係）

1 誤り 当初の存続期間中に建物が滅失し、建物を無断で再築しても、それだけでは**解約申入れや解除の理由には該当しない**。ただし、承諾なく再築した場合は、20年間の期間延長は受けられないことに注意。

2 誤り 借地期間の延長は、肢**1**のように**建物を再築した場合**に起きる問題である（借地借家法7条）。単に増築したにすぎない場合は、借地期間の延長は生じない。

3 正しい 再築しなかったのであるから、期間満了の時点で建物は存在しない。借地権者の請求による法定更新や土地使用継続による法定更新は、いずれも**建物が存在する場合に限って**認められるものである（同法5条）。したがって、本肢の場合、請求による法定更新は生じない。なお、建物が存在しなくても合意による更新は成立可能だが、設問では借地権設定者であるＢがこれに異議を述べたのであるから、これも成立しない。

4 誤り 存続期間が満了し、契約が更新されなかった場合、借地権者は建物の買取りを請

求できる（同法13条）。これは、**承諾なしで再築した場合でも同じ**である。

✏️ **解法のポイント**

　承諾を得て再築した場合の期間延長のことばかりに気をとられないように。**承諾なしで再築したらどうなるか**ということもしっかり押さえておいてほしい。

問 **13** 難易度 **A**　　区分所有法　　正解 **4**

🔍 基本書 ➡ 第1編　権利関係　第5章　特別法　**3**　建物の区分所有等に関する法律

1 **誤り**　　集会の招集通知は、会日の**1週間前**までに発するのが原則であるが、この期間は規約で「**伸縮**」できる（区分所有法35条1項）。つまり、短縮することもできる。

2 **誤り**　　専有部分が共有に属する場合、**共有者の中から議決権を行使すべき者を定めなければならない**ことになっている（同法40条）。その関係で、招集通知も任意の1名ではなく、その定められた者に行えば足りるとされている（同法35条2項）。

3 **誤り**　　専有部分の占有者が会議の目的たる事項に利害関係を有する場合には、その占有者に対して直接通知を発するのではなく、集会の日時等を**建物内の見やすい場所に掲示して**知らせることになっている（同法44条2項）。

4 **正しい**　　本肢のとおりである（同法42条3項）。議事録には、**議長、区分所有者2名の合計3名が署名する**ことになる。

⭐ **ココに着目！**

　肢**4**の議事録への書面の際、**押印までは必要とされていないこと**に注意。また、議事録は電磁的方法により作成することもでき、その場合は電子署名という方法がとられる（同法42条4項）。

問 **14** 難易度 **B**　　不動産登記法　　正解 **4**

🔍 基本書 ➡ 第1編　権利関係　第5章　特別法　**4**　不動産登記法

1 **誤り**　　登記された建物が滅失したときは、表題部所有者又は所有権の登記名義人は、その滅失の日から「**1カ月以内**」に当該建物の滅失の登記を申請しなければならない（不動産登記法57条）。「**3カ月以内**」とする点が誤り。建物の滅失の登記は、表題部の表示をすべて抹消してしまうもので、**表示の登記**である。したがって、1カ月以内に滅失登記の申請をしなければならないのである。

2 **誤り**　　表題登記は、登記記録の表題部に行う登記で、不動産の**最初の所有者**に申請が義務づけられている。建物であれば、新築工事完了時から1カ月以内に建物所有者が申請しなければならない（同法47条1項）。しかし、設問で問題としている「**所有権保存登記**」は、表題

登記をした後に、権利部の甲区にはじめてする所有権の**権利の登記**のことである。権利の登記は、権利取得者に対抗力を得させることに目的があり、権利取得者に申請義務は課されていない。申請しないと自分が不利益を被るだけなので、申請を義務づける必要がないからである。

3　誤り　所有名義人の氏名等に変更があった場合に行う「登記名義人の氏名等の変更の登記」は、**権利の登記**である。したがって、申請は義務づけられていない。表題部に登記した事項（地目、面積等）に変更があった場合に行う「表題部の変更の登記」と勘違いしないように気をつけてほしい（これは、１カ月以内の申請が義務づけられている）。

4　正しい　権利に関する登記は、原則として登記申請義務がないのだが、**相続による権利移転については**、本肢のとおり**登記申請義務が課されている**（同法76条の２第１項）。

> 肢**4**の相続登記申請義務は、法改正により令和６年４月から施行された規定である。「３年」という期間制限は、しっかりと覚えておこう。

問 15　**難易度 B**　**都市計画法**　**正解 1**

基本書 ➡ 第３編　法令上の制限　第１章　都市計画法　**３**　都市計画の内容

1　誤り　準都市計画区域には、以下の地域等を定めることができる（都市計画法８条）。
①用途地域、②**特別用途地区**、③**特定用途制限地域**、④高度地区、⑤景観地区、⑥風致地区、⑦緑地保全地域、⑧伝統的建造物群保存地区

2　正しい　都市計画施設の区域又は市街地開発事業の**施行区域内**において**建築物の建築**をしようとする者は、一定の場合を除き、都道府県知事（市の区域内にあっては、当該市の長）の許可を受けなければならない（同法53条）。

3　正しい　市街化区域及び区域区分が定められていない都市計画区域については、少なくとも**道路、公園**及び**下水道**を定めるものとされている（同法13条）。

4　正しい　都市計画事業の認可の告示があった後においては、当該**事業地内**において、都市計画事業の施行の障害となるおそれがある**土地の形質の変更**等を行おうとする者は、都道府県知事等の許可を受けなければならない（同法65条）。

> 肢**2**と肢**4**は、**施行区域と事業地**の違いに注意しよう。施行区域は、都市計画の告示が行われ、市街地開発事業等が正式に効力を生じた段階をいう。この時点では、まだ工事に入らないため、施行区域では**建築物の建築**のみ許可が必要となる。これに対して、肢**2**の事業地は、都市計画が認可・告示され、これから工事に入る段階である。そのため、建築物の建築だけでなく、施行の障害となるおそれのある**土地の区画形質の変更**や、**工作物の建設**、重量が**5tを超える物件の設置**等も許可が必要となる。

問 16 難易度 A 都市計画法（開発許可） 正解 4

🔍 基本書 ➡ 第3編　法令上の制限　第1章　都市計画法　⑥　開発許可制度

1　誤り　**野球場**でその規模が**1ha**（10,000㎡）以上のものは、**第二種特定工作物**に該当するが、本肢は、4,000㎡なので第二種特定工作物に該当せず、開発許可は不要である（都市計画法4条、施行令1条）。

2　誤り　開発許可を受けた者が、開発許可の申請書の記載事項を**変更**しようとする場合は、改めて**開発許可**を受けなければならないが、開発許可が必要とされる**規模未満**（本肢では100㎡）の開発行為に変更しようとするときは、**開発許可を受ける必要はない**（同法35条の2）。

3　誤り　開発許可を受けた者は、開発行為に関する工事を廃止したときは、遅滞なく、その旨を都道府県知事に「**届け出**」なければならない（同法38条）。「**許可**」を受けるのではない。

4　正しい　都市計画施設の区域または市街地開発事業の施行区域内において建築物の建築をしようとする者は、原則として都道府県知事（市の区域内にあっては、当該市の長）の許可を受けなければならないが、**都市計画事業の施行**として行う行為については、**開発許可は不要**である（同法53条）。

> ⭐ **ココに着目！**
>
> 　肢**1**は、**第二種特定工作物**に該当するか否かを注意しよう。一見すると、区域区分の定めのない都市計画区域内で3,000㎡以上（問題は4,000㎡）なので、開発許可が必要な面積に該当すると思ってしまうが、**野球場は10,000㎡以上**でないと第二種特定工作物に該当せず、開発行為にならないので注意しよう。

問 17 難易度 B 建築基準法 正解 1

🔍 基本書 ➡ 第3編　法令上の制限　第2章　建築基準法

1　誤り　特殊建築物以外の用途（事務所）をホテル等の**特殊建築物**で、その用途に供する部分の床面積の合計が**200㎡を超える**ものに**用途変更**をする場合、**建築確認が必要**となる（建築基準法6条）。

2　正しい　石綿等以外の物質でその居室内において衛生上の支障を生ずるおそれがあるものとして政令で定める物質は、**クロルピリホス及びホルムアルデヒド**とされている（同法28条の2、施行令20条の5）。

3　正しい　**防火地域内**にある看板、広告塔、装飾塔その他これらに類する工作物で、建築物の屋上に設けるものまたは高さ**3m**を超えるものは、その主要な部分を不燃材料で造り、または覆わなければならない（同法64条）。

4　正しい　屋上広場または**2階以上の階**にあるバルコニーその他これに類するものの周囲には、安全上必要な高さが**1.1m**以上の手すり壁、さくまたは金網を設けなければならない（施行令126条1項）。

ココに着目！

肢**2**の**クロルピリホス**は、シロアリ駆除の農薬等に含まれていた。発がん性物質であり、現在は**使用禁止**である。**ホルムアルデヒド**は、建築用の接着剤や塗料に含まれており、現在は**使用制限**が課せられている。

問 **18** 難易度 **B**

建築基準法

正解 **2**

🔍 **基本書** ➡ 第3編 法令上の制限 第2章 建築基準法

1 誤り 住宅の地上階における居住のための居室に設ける、**採光に有効な部分**の面積は、7分の1以上としなければならないが、国土交通大臣が定める基準に従い照明設備の設置、有効な採光方法の確保その他これに準じる措置が講じられているものにあっては、床面積の**7分の1以上から10分の1まで**の範囲内で国土交通大臣が別に定める割合とする（建築基準法28条、施行令19条）。

2 正しい 建築物の容積率の算定の基礎となる延べ面積には、政令で定める**昇降機の昇降路の部分**または共同住宅若しくは老人ホーム等の**共用の廊下**若しくは**階段**の用に供する部分の床面積は、**算入しないもの**とする（同法52条6項）。

3 誤り 第一種低層住居専用地域、第二種低層住居専用地域または田園住居地域内においては、建築物の高さは、**10mまたは12m**のうち当該地域に関する都市計画において定められた建築物の高さの限度を超えてはならない（同法55条1項）。

4 誤り 日影規制の対象となる用途地域には、①第一種低層住居専用地域、②第二種低層住居専用地域、③田園住居地域、④**第一種中高層住居専用地域**、⑤第二種中高層住居専用地域、⑥第一種住居地域、⑦第二種住居地域、⑧準住居地域、⑨**近隣商業地域**、⑩**準工業地域**が該当する（別表第4（い））。

さらに理解！

肢**1**は昨年度の法改正点である。いままで自然光しか認められていなかった採光規制が、**照明装置等の設置により緩和**されることになった。未出題の改正論点なので注意しておこう。

問 **19** 難易度 **B**

宅地造成及び特定盛土等規制法

正解 **4**

🔍 **基本書** ➡ 第3編 法令上の制限 第3章 宅地造成及び特定盛土等規制法

1 誤り **宅地造成等工事規制区域内**において、**切土**であって、当該切土をした土地の部分に高さが**2m**を超える崖を生ずることとなるものに関する工事を行う場合には、原則として、都道府県知事の許可を受けなければならない（特定盛土法2条、施行令3条）。

2 誤り **特定盛土等規制区域内**において、**切土**であって、当該切土をした土地の部分に高さが**5m**を超える崖を生ずることとなるものに関する工事を行う場合には、原則として、都道

府県知事の許可を受けなければならない（同法30条、施行令28条、23条）。

3　誤り　　**特定盛土等規制区域内**において、**土石の堆積**で、高さが**5ｍを超え**、かつ面積が**1,500㎡を超える**ものに関する工事を行う場合には、原則として、都道府県知事の許可を受けなければならない（同法30条、施行令28条、25条）。

4　正しい　　**特定盛土等規制区域内**において行われる特定盛土等又は土石の堆積に関する工事については、工事主は、当該工事に着手する日の**30日前**までに、主務省令で定めるところにより、当該工事の計画を**都道府県知事に届け出**なければならない（同法27条）。

さらに理解！

　　宅地造成及び特定盛土等規制法では、**宅地造成等工事規制区域**の他に、**特定盛土等規制区域**が定められた。切土や盛土をする際の許可が必要となる規模が各区域で異なるので、どちらの区域について問われているのか、しっかり確認してから解答するようにしよう。

問 20　難易度 C　土地区画整理法　正解 3

🔍 基本書　➡　第3編　法令上の制限　第4章　土地区画整理法

1　正しい　　施行者は、施行地区内の宅地について換地処分を行うため、換地計画を定めなければならない。この場合において、施行者が個人施行者、**土地区画整理組合**、区画整理会社、市町村または機構等であるときは、その換地計画について**都道府県知事の認可**を受けなければならない（土地区画整理法86条1項）。

2　正しい　　土地区画整理組合が施行する土地区画整理事業の換地計画においては、**土地区画整理事業の施行の費用に充てる**ため、または規準、規約もしくは定款で定める目的のため、一定の土地を換地として定めないで、その土地を**保留地**として定めることができる（同法96条）。

3　誤り　　宅地の所有者の申出または同意があった場合においては、換地計画において、その宅地の全部または一部について**換地を定めない**ことができる。この場合、施行者は、換地を定めない宅地を使用し、または収益することができる権利を有する者（賃借人等）があるときは、換地を定めないことについてこれらの者に補償をするのではなく、「**同意**」を得なければならない（同法90条）。

4　正しい　　仮換地が指定された場合、**従前の宅地を使用又は収益していた者**は、仮換地指定の効力発生の日から換地処分の公告の日まで、**仮換地を仮に使用又は収益**することができる（同法99条）。

👍さらに理解！

　　土地区画整理法は、毎年1問出題されている。専門用語が多く、また範囲も広いため得点しにくい科目であるが、**換地計画の要件や仮換地の効果**等について、過去問を中心に重要論点を覚えておこう。

問 21　難易度 Ⓐ　農地法　正解 3

🔍 基本書 ➡ 第3編　法令上の制限　第5章　農地法

1　誤り　　市街化区域内の農地を転用する場合や、転用のための権利移動をする場合では、農業委員会に届け出れば許可は不要であるが、本肢の農地を耕作目的で取得する場合は、**市街化区域内であっても、農地法3条の許可が必要である**（農地法3条）。

2　誤り　　「**市街化区域**」内にある**農地を転用**する場合は、**農業委員会に届け出ればよく、4条許可を受ける必要がない**が、市街化調整区域内の農地の場合は、原則どおり4条許可が必要である（同法4条）。これは、遊休化している農地を転用する場合も同様である。

3　正しい　　都道府県知事は、農地法5条1項の許可を受けずに転用を行った者に対して、必要な限度において**原状回復**その他違反を是正するため必要な措置を講ずべきことを命ずることができる（同法51条）。

4　誤り　　農地を農地以外のものにするために売却する場合には、**農地法5条1項の許可**を受けなければならない。たとえ、いったん農地法4条1項の許可を受けた土地であっても、農地を他人に転用目的で売却する場合には、5条1項の許可が必要である（同法5条）。

> ☆ **ココに着目!**
> 　肢1・肢2の市街化区域内の農地を転用や転用のための権利移転の場合、許可ではなく**農業委員会への届出で足りる**旨の規定は頻出である。要件は正確に覚えておこう。

問 22　難易度 Ⓐ　国土利用計画法（事後届出）　正解 4

🔍 基本書 ➡ 第3編　法令上の制限　第6章　国土利用計画法　❷　事後届出制

1　誤り　　**市街化区域内の2,000㎡以上の土地取引**は、権利取得者が事後届出をしなければならない。届出対象面積に該当するか否かは、「一団の土地」について判断する。したがって、Aは1,500㎡ずつ合計3,000㎡の土地を順次取得しているので、事後届出が必要となる（国土利用計画法23条）。

2　誤り　　**民事調停法**に基づく調停により土地を取得した場合は、**事後届出は不要**である（同法23条）。

3　誤り　　国土利用計画法の事後届手が必要な取引は、土地売買等の「契約」である。**相続**は、契約ではないので、**事後届出は不要**である（同法23条）。

4　正しい　　都道府県知事は、事後届出に係る**土地の利用目的**について勧告をした場合において、その勧告を受けた者がその勧告に従わないときは、その旨及びその**勧告の内容を公表する**ことができる（同法26条）。

ココに着目！

肢**4**の事後届出でも、対価の額を届け出る点も併せて覚えておこう。**対価の額**について、引き下げるよう「**勧告**」**することはできない**ので、混同しないように注意しよう。事後届出制で勧告できるのは、土地の利用目的の変更についてである。

問 23 難易度 **B**

贈与税

正解 **3**

🔍 基本書 ➡ 第4編　税・その他　第1章　土地・建物に関する税　**6**　土地・建物の譲渡所得

1 **誤り**　　非課税特例は、令和8年12月31日まで延長されることになった。非課税特例を受けるには、**贈与者は受贈者の直系尊属であることが**必要であり、配偶者の父母（または祖父母）は直系尊属には該当しない（租税特別措置法70条の2第1項）。なお、養子縁組をしている場合は直系尊属に該当する。

2 **誤り**　　受贈者が、非課税特例を受けるには、贈与を受けた年の1月1日において、**18歳以上**でなければならない（同法70条の2第2項1号）。

3 **正しい**　　非課税特例を受けるには、贈与を受けた年の年分の所得税に係る**合計所得金額が2,000万円以下**（新築等をする住宅用の家屋の床面積が40㎡以上50㎡未満の場合は、1,000万円以下）であることが必要である（同法70条の2第2項1号）。

4 **誤り**　　直系尊属からの贈与であれば、その**年齢を問わず**、非課税特例を利用することができる（同法70条の2第1項）。

ココに着目！

非課税特例を受けるには、贈与を受けた年の**翌年3月15日**までに住宅取得等資金の全額を充てて住宅用の家屋の**新築等をすることが**必要であり、受贈者が「住宅用の家屋」を所有することにならない場合は、この特例の適用を受けることはできない。

問 24 難易度 **B**

登録免許税

正解 **1**

🔍 基本書 ➡ 第4編　税・その他　第1章　土地・建物に関する税　**5**　登録免許税

1 **誤り**　　住宅用家屋の所有権保存登記の税率の軽減措置の適用を受けるには、当該住宅用家屋の新築後**1年以内**に**保存登記**を受けるものに限られる（租税特別措置法72条の2）。この軽減措置は、令和9年3月31日まで延長された。

2 **正しい**　　住宅用家屋の所有権移転登記に係る税率の軽減措置の適用を受けることができるのは、住宅用家屋の取得原因が**売買又は競落である場合に限られる**（同法73条、施行令42条3項）。この軽減措置は、令和9年3月31日まで延長された。

3 **正しい**　　住宅用家屋の所有権移転登記の税率の軽減措置は、**新耐震基準に適合した建築物**

に適用されるが、床面積が50㎡未満の場合には、軽減措置の適用を受けることができない（同法73条、施行令42条）。この軽減措置は、令和９年３月31日まで延長された。

4 正しい　個人が、資金の貸付けを受けて住宅用家屋を新築して、住宅取得資金の貸付け等に係る抵当権設定登記の税率の軽減措置を受けるには、**新築後１年以内に抵当権設定登記を受ける必要があり**、税率は1,000分の４が1,000分の１に軽減される（同法75条）。この軽減措置は、令和９年３月31日まで延長された。

 解法のポイント

住宅用家屋の税率の軽減措置を受けるための要件として、**自己居住用の家屋で、個人が登記を受ける場合であること、新築又は取得後１年以内に受ける登記であること、床面積が50㎡以上の住宅であること**等の要件を覚えよう。

問 25　難易度 A　地価公示法　正解 2

 基本書 ➡ 第４編　税・その他　第２章　地価公示法と土地・建物の鑑定評価

1 誤り　土地鑑定委員会から求められた不動産鑑定士は、標準地の鑑定評価を行うにあたっては、近傍類地の取引価格から算定される推定の価格、近傍類地の地代等から算定される推定の価格及び**同等の効用を有する土地の造成に要する推定の費用の額を勘案**してこれを行わなければならない（地価公示法４条）。

2 正しい　不動産鑑定士は、公示区域内の土地について鑑定評価を行う場合において、当該土地の正常な価格（地価公示法第２条第２項に規定する正常な価格をいう。）を求めるときは、**公示価格を規準**としなければならない（同法８条）。

3 誤り　土地鑑定委員会は、前条の規定による公示をしたときは、速やかに、**関係市町村の長**に対して、公示した事項のうち当該市町村が属する都道府県に存する標準地に係る部分を記載した書面及び当該標準地の所在を表示する図面を送付しなければならない（同法７条１項）。

4 誤り　土地鑑定委員会は、標準地の単位面積当たりの正常な価格を判定したときは、すみやかに、一定の事項を官報で公示しなければならないが、標準地の単位面積当たりの価格だけでなく、標準地の**前面道路の状況等も公示する必要がある**（同法６条、施行規則５条２号）。

ココに着目！

肢**2**と一緒に覚えなければならないのは、「都市及びその周辺の地域等において、土地の取引を行なう者は、取引の対象土地に類似する利用価値を有すると認められる標準地について**公示された価格を指標として取引**を行なうよう努めなければならない。」ということである。

問26 難易度B 宅建業法（重要事項の説明−電磁的方法） 正解3

基本書 ➡ 第2編 宅建業法 第2章 業務上の規制 ❶ 一般的規制

1 正しい 宅建業者が、重要事項の説明をする相手方から、電磁的方法による提供をすることについて承諾を得て、電磁的方法による提供をする場合、相手方が**相手方ファイルへの記録を出力**することにより**書面を作成できる**ものでなければならない（宅建業法施行規則16条の4の8）。

2 正しい 宅建業者が、重要事項の説明をする**相手方から**電磁的方法による提供をすることについて**承諾**を得る場合は、**書面又は電磁的方法**により承諾を得なければならない（施行令3条の3）。

3 誤り 宅建業者は、35条書面の交付について、相手方より電磁的方法による提供をする旨の承諾を得ていれば、**電磁的方法による提供**をすることが**できる**のであって（宅建業法35条8項）、相手方から電磁的方法による提供を希望する旨の申出があっても、これに応じなければならない旨の規定はない。

4 正しい 宅建業者は、35条書面の交付について、相手方より電磁的方法による提供をする旨の承諾を得ていても、**書面等**により**電磁的方法による提供を受けない旨の申出**があったときは、電磁的方法による**提供をしてはならない**（施行令3条の3第）。

👍 **さらに理解！**

電磁的方法による提供については、かなり細かな規定が存在し、昨年度の宅建試験でも細かい点まで問われている。まだ本試験で出題されていない論点も多いので、**本試験で未出題の論点も含めて勉強しておくべき**である。

問27 難易度A 宅建業法（事務所複合） 正解1

基本書 ➡ 第2編 宅建業法 第2章 業務上の規制 ❸ 報酬・その他の制限

1 正しい 宅建業者は、**事務所ごとに帳簿**を備えなければならないが（宅建業法49条）、取引の関係者に**閲覧**させる**義務はない**。従業者名簿について、取引の関係者から請求があった場合に閲覧させる義務があること（同法48条）と混同しないこと。

2 誤り 自ら売主である宅建業者の**事務所で買受けの申込み**を行った場合、たとえ契約の締結は事務所等以外で行っていても、宅建業者ではない買主は、**クーリング・オフによる売買契約の解除はできない**（同法37条の2）。

3 誤り 免許権者は、その免許をした宅建業者（法人では役員）の所在や**事務所の所在地**を**確知できない**場合、官報又は都道府県の公報でその事実を**公告**し、その公告の日から30日を経過しても宅建業者からの申出がないときには、その**免許を取り消す**ことが**できる**。あくまで「取り消すことができる」（任意）であり、「取り消さなければならない」わけではない（同法67条）。

4 誤り 宅建業者が**営業保証金**を供託する場合、主たる事務所の最寄りの供託所に、その

54

宅建業者が設置する**すべての事務所分**の営業保証金を**一括**して**供託**し、免許権者に**届け出る**必要がある。「事務所ごと」に、その最寄りの供託所に供託するのではない（同法25条）。

ココに着目！

宅建業法上、宅建業者の**事務所**は、重要な意味を持つ。横断的に整理しよう。
① **免許権者の決定**…事務所の設置場所
② **宅建業者名簿や免許証に記載される**…変更の届出や免許証の**書換交付申請**の要否
③ **保証金の額**…営業保証金や弁済業務保証金の額は、事務所の数で決定
④ **事務所には5点セットが必要**…①帳簿、②従業者名簿、③標識、④報酬額の掲示、⑤専任の宅建士
⑤ **クーリング・オフの可否**…事務所で買受けの申込み（または買受けの申込み及び売買契約の締結）を行うとクーリング・オフ不可
⑥ 公告による**任意的免許取消処分の対象**…本問の肢**3**

第2回

解答・解説

問 **28** 難易度 **B** 　　**宅建業法**（業務上の規制）　　正解 **2**

🔍 **基本書** ➡ 第2編　宅建業法　第2章　業務上の規制　**3**　報酬・その他の制限

ア　違反する　宅建業者や従業者には**守秘義務**が課せられており、正当な理由なく、業務上取り扱ったことについて知り得た秘密を他に漏らすことは禁止される（宅建業法45条）。かかる**宅建業法の守秘義務は**、**個人情報保護法**の規制対象となる個人情報取扱事業者であるか否かにかかわらず、**宅建業者やその従業者すべてに適用される**。

イ　違反しない　宅建業者は、手付について、貸付けその他の信用を供与することにより契約の締結を誘引する行為は、禁止される（同法47条）。そして、かかる**手付貸与等による契約締結の誘引の禁止は、宅建業者間にも適用**される。しかし、宅建業者が手付について**銀行に融資のあっせんをする**場合は、宅建業者が手付金を貸すわけではなく、宅建業者が信用供与をしているわけではないので、手付貸与等による契約締結の誘因の禁止規定には**抵触しない**。

ウ　違反しない　取引上、重要な事実を告げなかったり、虚偽の事実を告げることは禁止される（同法47条）。かかる**重要な事実の不告知等の禁止規定は、重要事項の説明義務**（同法35条）とは**別の義務**であり、宅建士ではない従業員が取引上重要な事実を告げても、宅建業法の規定には違反しない。

エ　違反する　宅建業者の相手方等が**契約の申込みの撤回**をするに際し、**既に受領した預り金を返還することを拒んではならない**（同法47条の2、施行規則16条の11）。「預り金として受領した金銭は、返還せよ」との趣旨である。よって、預り金から媒介報酬相当額を差し引くことは、宅建業法の規定に違反する。

以上より、違反するものは、**ア、エ**の2つであり、正解は肢**2**となる。

解法のポイント

手付貸与等による契約締結の誘引の禁止規定について学習する際は、該当しそうで該当しないものをしっかり覚える必要がある。宅建業者が支払いを猶予したり、手付金の分割払いを認めること、手付金を貸すことは該当するが、本問で出題しているように、①銀行に融資のあっせんをすることはもちろん、②代金や手付金を減額する旨を持ち掛けて契約締結を誘引しても、手付貸与等による契約締結の誘引の禁止には該当しない。

宅建業法（免許基準）

正解
1

🔍 **基本書** ➡ 第2編　宅建業法　第1章　総則　**4**　免許の基準と登録の基準

1　誤り　法人が宅建業の免許を取得するには、①法人自身、②法人の役員、③法人の政令使用人の3者が**免許欠格者に該当しない**必要がある。本肢では、②法人の役員が免許欠格者か否かが問題となるが、**罰金刑に処せられた**ことにより免許欠格者となるのは、**一定種類の犯罪**を犯した場合に限られる（宅建業法5条）。この点、**詐欺罪**は、その**一定種類の犯罪には含まれ**ないので、役員が詐欺罪で罰金に処せられたとしても、A社は免許を受けることができる。

2　正しい　指定暴力団（公安委員会が、反社会性が強い団体として指定した暴力団）の構成員（暴力団員）は、暴力団員による不当な行為の防止等に関する法律（暴力団対策法）の規定に違反して罰金刑等に処せられていない場合でも、免許欠格者に該当し、肢**1**と同様、**免許欠格者を役員**とするB社は、免許を受けることができない（同法5条）。

3　正しい　法人の**役員が免許欠格者**に該当するとして**免許取消処分**を受けても、免許欠格者である**役員が退任**すれば、C社が免許の申請をした場合に免許欠格者は存在しなくなるので、役員を退任させた後にC社が免許を申請すれば、C社は免許を受けることができる（同法5条）。もっとも、C社はその役員の懲役刑の裁判確定前に退任させておけば、そもそも免許取消処分を受けることもなかった。

4　正しい　執行猶予を取り消されることなく**執行猶予期間を満了**すれば**刑の言渡しは効力を失う**ので（刑法27条）、役員は免許欠格者ではない。よって、D社が免許を申請すれば、免許を受けることができる（同法5条参照）。

⭐ **ココに着目！**

犯罪及び刑罰と免許基準について、原則として、**刑の執行が終わって5年間**、**免許欠格者と**なるものは、以下の通りである。

犯罪の種類	刑の重さ	刑の執行が終わってから
すべての犯罪	禁錮以上	5年
① 刑法の暴力犯関係 ② 背任罪 ③ 宅建業法違反	罰金刑	

①について…ⅰ）暴力団員による不当な行為の防止等に関する法律（暴力団対策法）、ⅱ）傷害罪、ⅲ）現場助勢罪、ⅳ）暴行罪、ⅴ）凶器準備集合罪及び結集罪、ⅵ）脅迫罪

よって、詐欺罪で罰金刑に処されても免許欠格者ではない（肢**1**）。なお、暴力団対策法に違反して罰金刑に処されていなくても、同法の規定による**指定暴力団の構成員**というだけで、免許欠格者となる（肢**2**）。

問 30 (難易度 A) 宅建業法 (営業保証金) 正解 1

🔍 基本書 ➡ 第2編　宅建業法　第1章　総則　5　営業保証金と保証協会

1 正しい　宅建業者は、営業保証金の**取戻し**をするための公告をしたときは、**遅滞なく、**その旨を**免許権者**（甲県知事）に**届け出**なければならない（宅建業法30条1項・2項、営業保証金規則7条）。

2 誤り　宅建業者と宅建業に関し取引した者であり、かつ、宅建業に関する「取引」による債権を有していても、その債権を有する者が**宅建業者**である場合は、**営業保証金から還付**を受けることはできない（同法27条）。営業保証金の還付は、一般消費者を保護するために設けられた制度であることから、**宅建業者は、還付請求権者から除外**されているのである。なお、宅建業者が還付請求権者から除外（宅建業者は、営業保証金だけではなく、弁済業務保証金からも還付を受けることができない。同法64条の8）されているので、取引の相手方が宅建業者である場合、**供託所等に関する説明**をする必要もない（同法35条の2）。

3 誤り　宅建業者と**宅建業に関し取引した者**は、宅建業の「**取引**」により生じた債権について、その宅建業者が供託している営業保証金から、弁済を受けることができる（同法27条）。本肢において、本店の店内改装工事を請け負った工務店Cの**工事代金債権**は、宅建業の「取引」により生じた債権ではなく、営業保証金から**還付**（弁済）を**受けることはできない。**

4 誤り　宅建業者は、たとえ宅建業に関し不正な行為をしたとして**免許取消処分を受けた**場合でも、**営業保証金を取り戻すことができる**（同法30条、66条）。不正行為を理由とする免許取消処分だからといって営業保証金の取戻しを認めないという制裁は存在しない。

> ☆ **ココに着目！**
> 　宅建業者の供託した**営業保証金の取戻し**には、原則として、還付請求権を有する者に対して、**6カ月以上の期間**を定めて、その期間内に宅建業者の免許権者に対して申し出るべき旨の公告が必要である。そして、定めた期間の経過後に取戻しが認められるのであるが、取戻しの際には、免許権者から交付される「所定期間内に債権の申し出がない旨の**証明書**」が必要となる。この証明書の交付を受けるためにも、宅建業者は、公告をしたときは、**遅滞なくその旨を免許権者に届け出る**必要がある。

問 31 (難易度 B) 宅建業法 (広告) 正解 1

🔍 基本書 ➡ 第2編　宅建業法　第2章　業務上の規制　1　一般的規制

1 誤り　宅建業者Aは、宅地の**売買の媒介**に関する広告をするときは、**取引態様の別の明示**として「媒介」である旨の表示をしなければならないが、**売主の名称**は**表示する必要はない**（宅建業法34条）。

2 正しい　宅建業者は、取引する宅地建物に関する**代金等**について、著しく事実に相違する表示や**実際のものよりも著しく優良**又は**有利**と人を誤認させる表示をすると、**誇大広告の禁止規定に違反する**（同法32条）。この点、消費税が課税される建物の代金は、消費税等を含む**総額表示**が義務付けられるが、代金のうち**消費税額**がいくらであるかの**明示**は必ずしも**必要では**

ないので、消費税額を明示しなくても、誇大広告等の禁止規定には違反しない。

3　正しい　宅建業者は、**広告**をするときは、**取引態様の別**を**明示**しなければならない。したがって、広告をするときに取引態様の別が「売主」であるか「（売主の）代理」であるかが未定であれば、**広告に取引態様の別を明示できず**、当該物件の**広告はできない**（同法34条）。

4　正しい　宅地建物の取引に関する**広告**も「**業務**」であり、甲県知事からその**業務の全部の停止**を命ぜられた場合には、たとえ業務停止処分の期間経過後に契約を締結することにしても、当該**業務停止処分の期間中は広告はできない**（同法65条）。

 解法のポイント

　広告における代金等を記載では、**総額表示（消費税込みの価格の明示）**が義務付けられる（代金のうち、**消費税相当額がいくらであるかの表示**をするか否かは任意）。これに対して、**37条書面**には、売買であれば「**代金の額**」を記載しなければならないが、消費税等相当額は、代金の額の一部となるものであり、かつ、代金に係る重要な事項に該当するので、「**代金の額**」の記載に当たっては、当該売買につき課されるべき**消費税等相当額を明記**しなければならない（国交省「考え方」）。消費税相当額の明記の要否について、両者を混同しないこと。

問 32　難易度 Ⓐ　宅建業法（宅建業者の届出等）　正解 2

🔍 **基本書** ➡ 第2編　宅建業法　第1章　総則　❷ 宅建業の免許

1　正しい　宅建業者の**免許の有効期間は5年**であり、免許の有効期間満了後も宅建業を営むのであれば、その**有効期間の満了の日の90日前から30日前まで**に免許を受けた国土交通大臣または都道府県知事に免許の**更新を申請**しなければならない（宅建業法3条、施行規則3条）。

2　誤り　役員（取締役）の**住所**は、**宅建業者名簿の登載事項ではなく**、役員の住所に変更があっても、**変更の届出は不要**である（同法9条、8条参照）。

3　正しい　宅建業者が**死亡**した場合、その相続人は、**死亡を知った日から30日以内**に免許を受けた国土交通大臣または都道府県知事に**届け出なければならない**（同法11条）。本肢は正しいが、これを「死亡した日から30日以内」とする誤りの肢が出題されるので、要注意である。

4　正しい　政令使用人（支店長等）の**本籍**は、**宅建業者名簿の登載事項ではなく**、政令使用人の住所に変更があっても、**変更の届出は不要**である（同法9条、8条参照）。

👍 **さらに理解！**

　役員、政令使用人、事務所ごとに設置する専任の宅建士の「**氏名**」は、宅建業者名簿の登載事項であり、これらの者の氏名に変更が生じた場合、宅建業者は30日以内に**変更の届出**をしなければならない。しかし、これらの者の「**本籍**」や「**住所**」は、宅建業者名簿の登載事項ではなく、**変更の届出は不要**である。特に「**住所**」については、個人情報の保護が重要視され、開示しない傾向にある。一般の閲覧に供される**宅建業者名簿**の登載事項からは「**住所**」が削除され、取引の関係者から請求があれば閲覧させる義務のある**従業者名簿**の記載事項からも、従業者の「**住所**」が削除された（近時の法改正）。

問33 難易度 B 宅建業法（重要事項の説明） 正解 4

🔍 基本書 ➡ 第2編 宅建業法 第2章 業務上の規制 **1** 一般的規制

1 誤り 売買・交換契約の対象となる建物が住宅の品質確保の促進等に関する法律に規定する**住宅性能評価を受けた新築住宅**であるときは、その旨を重要事項として説明しなければならない（宅建業法35条1項、施行規則16条の4の3）が、**貸借**においては、説明は**義務付けられてはいない**。

2 誤り 建物及び敷地の**管理**が委託されているときの、その**委託先の氏名や住所等**は、マンションの**売買**の媒介でも、**貸借**の媒介でも重要事項として**説明しなければならない**（同法35条1項、施行規則16条の2）。

3 誤り 天災その他不可抗力による損害の負担（**危険負担**）は、**売買、貸借**を問わず、**重要事項の説明対象ではない**（同法35条参照）。37条書面において危険負担の特約は、その定めがある場合は記載しなければならないことと混同しないこと（同法37条1項・2項）。

4 正しい 未完成の建物の媒介を行う場合、それが**売買か貸借**かを問わず、工事完了時における建物の**形状、構造、主要構造部、内装及び外装の構造又は仕上げ**並びに**設備の設置及び構造**を説明しなければならない（同法35条1項、施行規則16条）。

 ココに着目！

　以下に掲げたものは、目的物が「宅地か建物か」を問わず、また契約が「売買か貸借か」を問わず、重要事項の説明対象ではない。間違いやすいので注意すること。
① 代金・借賃の額、支払時期、支払方法
② 移転登記申請時期
③ 物件引渡時期
④ 危険負担の特約（本問の肢**3**）
⑤ 契約不適合責任の特約…ただし、売買において、かかる責任の履行に関する保証等の資力確保措置を講ずるか否か、講ずる場合の措置の概要は説明対象
⑥ 公租公課の負担の特約

問 **34** 難易度 **C**

宅建業法（報酬計算）

正解 **3**

🔍 基本書 ➡ 第2編　宅建業法　第2章　業務上の規制　**3**　報酬・その他の制限

1 **正しい**　低廉な空家等の売買・交換の媒介・代理に関して受領できる報酬の特例（以下「特例」とする）は、**消費税等を含まない価額が400万円以下の物件**に適用される。本肢の**建物代金は500万円**であり、**特例の適用はない**。したがって、報酬の上限額は、代金500万円に速算法を適用し、21万円（500万円×3％＋6万円）となる（宅建業法46条、報酬告示2）。また、宅建業者は、特別の広告費用、遠隔地における現地調査の費用、**空家等の調査等に要する費用**等は、①依頼者の特別の依頼により行うもので、②その負担について**事前の依頼者の承諾**があるものは、**報酬とは別途に受領できる**（国交省「考え方」）。よって、報酬21万円及び費用5万円で、合計の上限額は26万円となる。

2 **正しい**　特例は、売買又は交換の媒介・代理に適用され、**貸借には適用されない**。本肢は、店舗（居住用建物以外）の貸借の媒介なので、**1カ月分の借賃17万円**が、AがCから受領できる**報酬の上限額**となる。なお、現地調査の費用は、①依頼者の特別の依頼により行うもので、②その負担について事前の依頼者の承諾があれば、受領できる。しかし、この費用は**報酬とは別に受領する**もので、報酬として受領するものではないので、報酬の上限額は、1カ月分の賃料相当額である17万円であることに変わりはない（同法46条、報酬告示4）。

3 **誤り**　Aが**売主E**（代理の依頼者）から受領する報酬には、**特例が適用**される。代金額は**300万円**であり、特例を適用した結果、**売買の代理**においては、依頼者から**基準額の2倍**に通常の売買に比べて多く要する現地調査等の費用を加えた額、つまり「基準額」＋「基準額＋通常の売買に比べて多く要する現地調査等の費用」を受領できる（ただし、後者の「基準額」に現地調査等の費用を加えても税抜きで18万円を限度とする）。本肢では、「基準額」（300万円×4％＋2万円＝14万円）に「基準額＋通常の売買に比べて多く要する現地調査等の費用4万円＝18万円」を加えた**32万円**を限度に報酬として受領できる（同法46条、報酬告示8）。

4 **正しい**　本肢のAが**売主D**から受領する報酬には、**特例が適用**される。代金額は**350万円**なので、**速算法により16万円**（350万円×4％＋2万円）となり、これに通常の売買の媒介に比べて多く要する現地調査等の費用2万円を加えると、報酬の上限額は**18万円**となる（同法46条、報酬告示7）。

✏ **解法のポイント**

　宅建業者が老朽化した空家や遠方にある宅地の売買（または交換）の媒介（または代理）をすることは、通常の物件に比べ、調査等に要する経費がかかり、規定の報酬では採算が合わないことが多い。そこで、**低廉な空家等の売買・交換の媒介・代理に関して受領できる報酬の「特例」**を認め、宅建業者は、媒介（代理）契約締結時に、あらかじめ報酬額について空家等の売主（または交換を行う者）に説明をすれば、**通常より多く要する現地調査等の費用を報酬に含めることができる**（近時の報酬告示の改正点）。ただし、その上限は、**売買の媒介の依頼者から受領できる報酬であれば、税抜き18万円（税込み19万8,000円）**である（売買の代理は肢**3**参照）。特例のポイントは、以下の通り。

① **400万円（税抜き）以下の廉価な物件**（空家に限定されず、建物でも宅地でも可）
② **売買・交換**（貸借は含まない）
③ 売買であれば、**売主から受領する報酬に限定**（買主からの報酬に適用なし）
④ 特例の適用について売主等に**説明をする**必要あり
⑤ **売買の媒介**ならば、売主から受領できる**報酬上限は18万円**（税込み19万8,000円）

60

問 35 難易度 Ⓐ 宅建業法（クーリング・オフ） 正解 4

🔍 **基本書** ➡ 第2編　宅建業法　第2章　業務上の規制　**2**　自ら売主制限（8種制限）

1 **正しい**　買主が宅建業者でない限り、買主が**個人**でも、**法人**でも、**8種制限は適用される**ので、**銀行の応接室**で買受けの申込みをしたBは、その売買契約を**解除できる**（宅建業法37条の2）。

2 **正しい**　売買の目的物である建物が、**投資用物件**であるか買主Bが**居住するための建物**であるかを問わず、宅建業者が自ら売主として、宅建業者でない者に宅地建物を販売する場合には**8種制限の適用はある**ので、事務所等以外の場所に該当する**喫茶店**で買受けの申込みをしたBは、その買受けの申込みを**撤回できる**（同法37条の2）。

3 **正しい**　クーリング・オフ制度は、宅建業者が自ら売主となって宅建業者でない者と売買契約を締結する場合に、宅建業者でない者が不安定な契約意思での取引について白紙還元の余地を認めたものであり（国交省「考え方」）、クーリング・オフ制度により買受けの申込みの撤回等が行われても、宅建業者は申込みの撤回等に伴う損害賠償又は**違約金の支払いは請求できない**（同法37条の2）。そして、宅建業者がクーリング・オフ制度の適用のある場所で契約締結等を行ったにもかかわらず、**クーリング・オフをするには損害賠償又は違約金が発生するなどを告げる行為**は、情状に応じ、**指示処分や業務停止処分等の対象**となる（同法65条、国交省「考え方」）。

4 **誤り**　「分譲住宅」という**土地に定着する建物内**に設けられた**自ら売主となっている宅建業者Aの専任の宅建士の設置義務のある案内所**で買受けの申込み及び売買契約の締結をしたBは、その売買契約を**解除できない**（同法37条の2、施行規則16条の5）。**クーリング・オフ制度の適用の有無**については、その場所が専任の宅建士を設置しなければならない場所であるか否かにより区別されるものであり、**実際に専任の宅建士がいるか否か**、その旨の標識を掲げているか否か、その旨の届出がなされているか否かなどによって**区別されるものではない**（国交省「考え方」）。

⭐ ココに着目！

　契約行為等を予定する案内所には、①標識の掲示義務、②免許権者と所在地を管轄する知事への届出義務、③1人の専任の宅建士の設置義務がある。この3つの規制を遵守しなければ、宅建業法違反となるが、土地に定着し、かつ専任の宅建士の設置義務のある案内所における買受けの申込みや売買契約については、**クーリング・オフはできない**。3つの規制を遵守しているか否かと、クーリング・オフの可否は関連しないのである。

問 **36** 難易度 **B** 　**宅建業法（業務上の規制）**　正解 **3**

🔍 基本書 ➡ 第2編　宅建業法　第2章　業務上の規制　**3**　報酬・その他の制限

ア　誤り　　宅建業者が自ら売主となって、宅建業者でない者との間で売買契約を締結する場合においては、売主となる宅建業者は、原則として**手付金等の保全措置を講じた後でなければ**手付金等を受領してはならないが、例外として、**完成物件**の場合、受領しようとする手付金等の額が、**代金額の10％以下**であるとき、「**かつ**」**1,000万円以下**であるときは、**保全措置を講じる必要はない**（宅建業法41条の2第1項、41条、施行令3条の5）。したがって、例えば、手付金等の額が代金額の10％以下であっても、1,000万円を超えるときは保全措置が必要となるので、「又は」とする本肢は誤り。

イ　正しい　　宅建業者は、たとえ厚意によって支払われる場合であっても、**国土交通大臣の定めた報酬額を超えて報酬を受領してはならない**（同法46条2項・1項）。

ウ　誤り　　宅建業者は、**自己の所有に属しない宅地建物**について、宅建業者でない者と、**自ら売主**となる**売買契約**を締結してはならない（同法33条の2）。これは、その売買契約が**停止条件付き**であっても**同様**である。

エ　誤り　　宅建業者の従業者は、その業務を補助した上で知り得た秘密を正当な理由なく漏らしてはならない（**守秘義務**）。これは宅建業者の**従業者でなくなった後も同様**である（同法75条の3）。

以上より、誤っているものは**ア、ウ、エ**の3つであり、正解は肢**3**となる。

⭐ **ココに着目！**

　肢**ア**については、「**かつ**」なのか「**または**」なのかに気をつけることが、本問のような**ひっかけ問題に対応**するためには肝要となる。
　肢**ウ**については、**誰と誰との契約が停止条件付きでは許されない**のかをしっかり把握すること（物件所有者をA、他人物の自ら売主となる宅建業者をB、Bから物件を購入する宅建業者でない者をCとすると、**AB間の契約が停止条件付の契約**であり、その停止条件が成就する前は、BはCと売買契約を締結してはならない。また、AB間でBが確実に物件を取得する契約を締結していない限り、**BC間の売買契約が停止条件付の契約**であったとしても、かかる売買契約を締結することはできない）。契約停止条件付きでは許されないのは、**物件所有者と自ら売主となる宅建業者の物件取得契約**である。

🔍 基本書　➡ 第2編　宅建業法　第2章　業務上の規制　**2**　自ら売主制限（8種制限）

ア　認められない　宅建業者が自ら売主となる宅地建物の売買において、売主である宅建業者が宅建業者ではない買主に対して、**クーリング・オフできる旨及びその方法を告げる**のは「**書面**」によって行わなければならず、これを**電磁的方法によることは認められない**（宅建業法37条の2、施行規則16条の6）。

イ　認められない　宅建業者が自ら売主となる宅地建物の売買において、宅建業者ではない**買主がクーリング・オフをする場合**は、「**書面**」によって行わなければならず（書面を発した時にクーリング・オフの効果が発生する）、これを**電磁的方法によることは認められない**（同法37条の2）。

ウ　認められる　宅建業者が自ら売主となる宅地建物の売買において、手付金等を受領する場合、原則として、法定の保全措置が必要となる（**手付金等の保全措置**）。この場合の法定の保全措置として、**保険事業者による保証保険**によることができるが、この場合、保証証券または**保険証券に代わるべき書面を交付**するときに、かかる**書面の交付に代わり電磁的方法により提供することも認められる**（同法41条1項・5項、41条の2第1項・5項）。

エ　認められない　宅建業者が自ら売主となる宅地建物の売買において、宅建業者ではない買主と**割賦販売契約**を締結した場合において、買主の賦払金の支払義務の履行がなされない場合、宅建業者は、**30日以上の相当期間を定め**、**書面でその支払いを催告**した後でなければ、契約を解除し、または支払期限の到来していない賦払金の支払いを請求することはできない（同法42条）。この場合の催告は、**書面**で行わなければならず、書面での催告に代わり**電磁的方法によることは認められない**。

以上より、認められないものは**ア、イ、エ**の3つであり、正解は肢**3**となる。

⭐ **ココに着目！**

宅建業法で、書面に代わり、電磁的方法による提供が認められたもの
① 媒介契約書面（34条の2書面）
② 重要事項説明書（35条書面）
③ 37条書面
④ 手付金等の保全措置（銀行等が連帯保証することを約する書面、保険証券に代わるべき書面、手付金等寄託契約を証する書面及び質権設定契約を証する書面）
住宅瑕疵担保履行法で、書面に代わり、電磁的方法による提供が認められたもの
① 供託所等の説明（新築住宅の売買契約を締結するまでに、供託所の所在地等について書面を交付して説明する）

問 38 難易度 A 宅建業法 (8種制限) 正解 1

🔍 基本書 ➡ 第1編 権利関係 第3章 債権 ⑧ 売主の契約不適合責任、第2編 宅建業法 第2章 業務上の規制 ② 自ら売主制限（8種制限）

ア 正しい 損害賠償額の予定を代金額の2割（20%）までとする規定は、宅建業者が自ら売主となって、宅建業者でない者に宅地建物を売却する場合に適用される**8種制限**である（宅建業法38条、78条）。本肢は、**宅建業者間取引**であり、損害賠償額の制限は、適用されないので、損害賠償額を代金額の3割（30%）と定めることができる。

イ 誤り 8種制限の1つであるクーリング・オフによる書面による解除は、買主が宅地建物の引渡しを受け、かつ、代金の全部を支払っていない限り、宅建業者からクーリング・オフできる旨等を**書面で告げられた日から7日以内**であれば認められる。そして、クーリング・オフは、買主が**書面を発した時に効力を生ずる**（同法37条の2）。上記の条件をすべて満たしているにもかかわらず、クーリング・オフが認められないとする本肢は、誤りである。

ウ 誤り 8種制限の1つである宅地建物の**種類または品質に関する契約不適合責任**についての特約の制限では、原則として、**民法の規定**よりも**買主に不利となる特約**をすることは認められない（同法40条）。本肢のように、購入した建物を短期で取り壊す予定があっても、民法で定められた**契約不適合責任を負わない旨の特約を定めることはできない**。

エ 誤り 8種制限の1つである宅地建物の**種類または品質に関する契約不適合責任**については、原則として、民法の規定よりも買主に不利となる特約をすることはできないが、例外として、買主が売主に契約不適合がある旨を**通知すべき期間についてのみ、引渡日から2年以上とする特約**をすることが認められる（同法40条）。本肢においては、建物の引渡日は、売買契約締結日から1週間後であり、**引渡日から起算すれば、2年未満となってしまうので**（2年間－1週間）、かかる**特約を定めることはできない**。

以上より、正しいものは**ア**のみであり、正解は肢**1**となる。

> ✦ ココに着目！
>
> 8種制限の問題では、売主が宅建業者であることはもちろんのこと、**買主が宅建業者となっていないかの確認**を怠ってはいけない（8種制限は**宅建業者間の取引には適用がない**）。この点、肢**ア**で買主が宅建業者であることを見落とした方は、今後は注意を怠らないようにしよう。

問 39 難易度 B 宅建業法 (手付金等の保全措置) 正解 1

🔍 基本書 ➡ 第2編 宅建業法 第2章 業務上の規制 ② 自ら売主制限（8種制限）

ア 誤り 宅建業者は、**建築工事完了後の物件（中古マンション）**において、**代金の10%（又は1,000万円）を超える手付金等を受領**しようとする場合、相手方の承諾を得ていたとしても、一定の**保全措置を講じた後**でなければ、手付金等を受領することはできない（宅建業法41条の2第1項、施行令3条の5）。したがって、AはBから中間金を受領するときに、まとめて必要な保全措置を講じることはできない。

イ　正しい　宅建業者は、**銀行等**の金融機関が宅建業者の手付金等の返還債務について**連帯保証**をすることによる保全措置を講ずることができる（同法41条の２第１項本文、41条１項１号）。この場合、銀行等が手付金等の返還債務を連帯して保証することを約する**書面を買主に交付**するか、または買主の承諾を得て、国土交通省令・内閣府令で定めるところにより、**電磁的方法により提供**した後に手付金等を受領できる（同法41条の２第１項、41条１項・５項、施行規則16条の７）。

ウ　誤り　**手付金等の保全措置の目的**は、宅建業者が**手付金等の返還債務を負う**に至った場合であってもその**履行が確実**になされ、**取引の相手方に損害を生じないようにすること**にある（同法41条の２）。他方、**営業保証金**制度は、手付金等の保全措置よりももっと広く、**宅地建物の取引から生ずる債務の履行等を補填**する意味を有するものであり、Bに、取引により生じた損害がある場合は、Aが供託した営業保証金から還付を受けることができる（同法27条）。

以上より、正しいものは**イ**の１つであり、正解は肢**1**となる。

> ✎ **解法のポイント**
>
> 　手付金等の保全措置の方法は、①**保証委託契約による保全**、②**保証保険契約による保全**、③**手付金等寄託契約による保全**（完成物件に限る）の３つのいずれか、である。
> 　いずれもかかる保全措置を講じたことを証する書面を買主に交付することで保全措置が完成するが、その書面の交付に代わり、買主の承諾を得て、**電磁的方法による提供**をすることが認められる。

問40　難易度 B　宅建業法（専任媒介契約）　正解 1

🔍 **基本書** ➡ 第２編　宅建業法　第２章　業務上の規制　**1**　一般的規制

1　誤り　宅建業者が売買・交換の媒介契約を締結した場合、遅滞なく、法定事項を記載した書面を作成し、記名押印して依頼者に交付しなければならない（依頼者の承諾を得て、電磁的方法により提供することもできる）。かかる法定の記載事項の一つとして、既存の建物（住宅）の場合には、**建物状況調査を実施する者のあっせんに関する事項**がある（宅建業法34条の２）。かかる「あっせんに関する事項」では、**あっせんの有無及びあっせんをする場合はその内容**を記載しなければならないので、**あっせんをしない場合は「無」**と媒介契約書面に記載する必要がある。

2　正しい　宅建業者が建物状況調査の実施をあっせんする場合、**建物状況調査を実施する者**（建物の構造耐力上主要な部分や雨水の浸入を防止する部分の状況の調査であって、経年変化等の建物に生じる事象に関する知識及び能力を有する者として**国土交通省令で定める者**）は、建築士法に規定する**建築士**であり、かつ、**国土交通大臣が定める講習を修了した者**でなければならない（施行規則15条の８）。

3　正しい　専任媒介契約を締結した場合、**依頼者が他の宅建業者の媒介によって売買契約を成立させたときの措置**を、**媒介契約書面**（電磁的方法を含む）に**記載**しなければならない（同法34条の２、施行規則15条の９）。

4　正しい　専任媒介契約を締結した宅建業者は、遅滞なく、法定事項が記載された**媒介契約書面**を作成しなければならないが、かかる媒介契約書面には、**宅建業者が記名押印**をしなければならない。35条書面や37条書面については、改正により、宅建士の押印が廃止され、記名の

みとなったが、媒介契約書面には、宅建業者の（宅建士ではない）記名と押印が必要（電磁的方法により提供する場合は、宅建業者の電子署名が必要）であることに注意しよう（同法34条の2）。

 さらに理解！

　　既存建物（既存住宅）の売却の媒介契約を締結した場合、依頼者への建物状況調査を実施する者の「あっせんに関する事項」として、**あっせんをする場合**はその旨とあっせんの内容を記載し、**あっせんをしない場合**は、「無」と記載しなければならない。なお、媒介契約書面として、国土交通大臣が定める**標準媒介契約約款**を用いる場合が多いが、標準媒介契約約款の一部が改正され、あっせんをしない場合は、「無」と記載するだけでなく、**あっせんを「無」とする理由**も記載することになった（例：売主が建物状況調査の実施を希望していない、すでに建物状況調査が実施されている等）。

　　もっとも、宅建試験における宅建業法の分野においては、標準媒介契約約款の内容自体が出題されたことはない（かなり以前に「その他の関連知識」として出題されたことはある）。しかし、近時、既存建物の取引における情報提供を充実させる見地より、建物状況調査の活用が重視されていることから、建物状況調査についての試験対策は入念に準備すべきであろう。

問 **41** 難易度 **B** # 宅建業法（建物状況調査） 正解 **4**

🔍 基本書 ➡ 第2編　宅建業法　第2章　業務上の規制　**1**　一般的規制

1　誤り　　建物状況調査を実施する者のあっせんは、**媒介業務の一環**であるため、宅建業者は、依頼者に対し建物状況調査を実施する者をあっせんした場合において、**報酬とは別にあっせんに係る料金を受領することはできない**（国交省「考え方」）。

2　誤り　　37条書面に建物の構造耐力上主要な部分等の状況について当事者の双方が確認した事項を記載しなければならないのは、**売買・交換の契約に限られる**（宅建業法37条1項）。**貸借の媒介や代理**を行った場合は、37条書面に建物の構造耐力上主要な部分等の状況について当事者の双方が確認した事項を**記載する必要はない**（同法37条2項・1項参照）。

3　誤り　　35条書面には、建物状況調査を実施しているかどうか、および実施している場合における結果の概要を記載するが、その調査については、原則として**調査の実施後1年を経過していないもの**に限られ、例外として、**共同住宅**（鉄筋コンクリート造または鉄骨鉄筋コンクリート造の共同住宅等）については、**調査の実施から2年を経過していないもの**に限られる（同法35条1項、施行規則16条の2の2）。よって、すべての既存住宅について、調査の実施から1年を経過していないものに限られるわけではない。

4　正しい　　既存住宅の**建物状況調査の主な調査対象**は、主として**構造耐力上主要な部分や雨水の浸入を防止する部分**に限られる（同法34条の2）。住宅の品質確保の促進等に関する法律（品確法）及び住宅瑕疵担保履行法上、新築住宅の売主が資力確保措置を負うのは、かかる部分の瑕疵に限られるが、建物状況調査は、住宅瑕疵担保責任保険法人が既存住宅瑕疵保険の引受けが可能となる既存住宅瑕疵保険の調査対象と同じである。

問 **42**	難易度 **C**	宅建業法（重要事項の説明）	正解 **4**

🔍 基本書 ➡ 第2編　宅建業法　第2章　業務上の規制　**1**　一般的規制

1　**正しい**　　宅建業者が行う水害ハザードマップに関する重要事項の説明の方法は、宅地建物が**所在する市町村の長が提供する図面**（水害ハザードマップ）における当該**宅地建物の所在地**を説明することにより行う（宅建業法35条１項、施行規則16条の４の３）。この場合、市町村が水害ハザードマップを作成していないときは、**提示すべき水害ハザードマップが存在しない旨を説明**しなければならない。

2　**正しい**　　宅建業者は、取引物件（土地であれば、その面積が200㎡を下回らない範囲で政令で定める規模未満を除く）が「**重要施設周辺及び国境離島等における土地等の利用状況の調査及び利用の規制等に関する法律**」（重要土地等調査法）12条１項の規定により内閣総理大臣が指定した**特別注視区域**にあるときは、同法13条１項により、**当事者が契約締結前に一定事項**（当事者の氏名や利用目的等）をあらかじめ**内閣総理大臣に届け出なければならない旨を重要事項として説明**しなければならない（同法35条１項、施行令３条１項、重要土地調査法13条１項）。

3　**正しい**　　宅建業者は、**建物の売買や貸借**（の媒介・代理）をする場合において、**消費生活用製品安全法**に関する**特定保守製品**の保守点検に関する事項について、重要事項として**説明する必要はない**（同法35条１項、施行令３条３項、施行規則16条の４の３参照）。なお、消費生活用製品安全法は、設置された屋内式の瞬間湯沸かし器の整備の不十分による一酸化炭素中毒による賃貸アパートの住人の死亡事故が発生したため、注目された法律であり、類似の問題は、本試験においても出題されている。

4　**誤り**　　貸借（媒介・代理）において先行して認められたＩＴ重説は、令和３年３月より、**売買、交換でも認められた**（国交省「考え方」）。また、**35条書面の交付**について、説明の相手方の承諾を得て、これを**電磁的方法による提供**によることも可能としたのは、近年の改正点である（同法35条８項・９項）。なお、ＩＴ重説を行う場合でも、従前の**35条書面の交付**により重要事項の説明をすることができ（同法35条１項）、必ずしも**電磁的方法による提供**に限定されることはない。

問 43 難易度 Ⓐ 宅建業法（37条書面） 正解 4

🔍 基本書 ➡ 第2編　宅建業法　第2章　業務上の規制　❶　一般的規制

1　違反する　　損害賠償額の予定又は**違約金**に関する**定めがあれば**、その内容を**37条書面**に記載しなければならない（宅建業法37条）。よって、その内容を37条書面に記載しないと、宅建業法の規定に違反する。

2　違反する　　天災その他不可抗力による損害の負担（危険負担）に関する**定めがあるとき**は、その内容を**37条書面**に**記載しなければならない**（同法37条）。引渡しがたとえ契約締結の翌日であっても、危険負担について定めたのであれば、37条書面に記載しなければならない。よって、その内容を37条書面に記載しないと、宅建業法の規定に違反する。

3　違反する　　宅地建物の種類又は品質に関して契約の内容に適合しない場合におけるその不適合を担保すべき責任（契約不適合責任）に関する**定め（特約）**があるときは、その内容を**37条書面**に記載しないと、宅建業法の規定に違反する（同法37条）。

4　違反しない　所有権移転登記の申請時期については、定めのあるなしにかかわらず**37条書面**に記載しなければならない事項であるが（同法37条）、**登記されている抵当権**については、**37条書面の記載事項ではない**ので、その記載をしなかったとしても、宅建業法の規定に違反しない。

⭐ ココに着目！

　近時の民法改正により「瑕疵担保責任」が「種類又は品質に関して契約の内容に適合しない**場合における担保責任**」（契約不適合責任）と変更になったことに伴い、**宅建業法も改正された**。もっとも、宅建試験においては、かかる契約不適合責任について、①ⅰ）契約不適合責任の**特約**と、ⅱ）契約不適合責任の追及に備えた保険等の**資力確保措置**、の２つの問題があることを理解するとともに、②ⅰ）ⅱ）のそれぞれの**35条書面と37条書面の記載事項の異同**をしっかり把握することが肝要である。

	ⅰ）特約	ⅱ）資力確保措置
35条書面	記載事項ではない。	資力確保措置を**講ずるか否か**、講ずる場合はその措置の概要を記載しなければならない。
37条書面	特約がある場合は、記載しなければならない。	資力確保措置について**定めがあるとき**は、その**内容を記載しなければならない**。

68

問 44 難易度 B 宅建業法（保証協会） 正解 3

🔍 基本書 ➡ 第2編 宅建業法 第1章 総則 **5** 営業保証金と保証協会

ア 正しい 保証協会が**弁済業務保証金**を法務大臣及び国土交通大臣が定める**供託所**に供託する場合には、**金銭以外**に国債証券等**一定の有価証券**をもって**供託できる**（宅建業法64条の7、25条）。宅建業者が保証協会に納付する弁済業務保証金分担金は、金銭のみであることと混同しないこと。

イ 誤り 保証協会は、社員がその**一部の事務所を廃止**したため、弁済業務保証金分担金の額が、政令で定める額を超えることとなった場合には、その**超過額に相当する額の弁済業務保証金を取り戻す**ことができ、保証協会は、その取り戻した額に相当する弁済業務保証金分担金を還付請求権者に**公告することなく**、その社員に**返還**することができる（同法64条の11）。本肢のように、そもそも**保証協会が弁済業務保証金を取り戻そうとするときに公告を要する旨の規制は存在しない**し、一部の事務所の廃止による**弁済業務保証金分担金の一部返還**にあたっても**公告は不要**である。

ウ 誤り 保証協会は、**必要的業務**（適正かつ確実に実施しなければならない業務）の1つとして、宅建士その他宅建業の**業務に従事している者**のほか、これから**従事しようとする者**に対する**研修業務**をしなければならない。この研修業務は、保証協会が任意で行うことができる業務ではなく、**必ず実施しなければならない業務**である（同法64条の6）。

エ 誤り 保証協会は、**任意的業務**として、宅建業者を直接又は間接の社員とする一般社団法人に対する**研修費用の助成**をすることもできるが（同法64条の3第2項）、かかる業務をするにあたり、あらかじめ**国土交通大臣の承認**を受けなければならない旨の**規制はない**。国土交通大臣の承認が必要となるのは、任意的業務のうち、①一般保証業務（同法64条の3第2項、64条の17第1項）、②手付金等保管事業（同法64条の3第2項、64条の17の2第1項）、③宅建業の健全な発達を図るため必要な業務（同法64条の3第3項）である。

以上より、誤っているものは**イ**、**ウ**、**エ**の3つであり、正解は肢**3**となる。

👍 **さらに理解！**

保証協会は、宅建業者を直接又は間接の社員とする一般社団法人に対する**研修費用の助成**をすることもできる。これは、近時の法改正により、保証協会の**任意的業務**として追加された。もっとも、それ以外の任意的業務である①**一般保証業務**（社員である宅建業者が、顧客から受領した支払金等の返還債務について連帯保証をする業務）や、②**手付金等保管事業**（8種制限の1つである完成物件について認められている手付金等の保全措置として、保証協会が手付金等を宅建業者に代わって預かる）、③**宅建業の健全な発達を図るため必要な業務**とは異なり、あらかじめ**国土交通大臣の承認を受ける必要はない**。①②は、宅建業者の財政基盤を危うくする危険があるし、③は業務内容が広範であり、保証協会の本来の業務に支障を生じさせるおそれがあることから、国土交通大臣の承認を必要とした。しかし、研修費用の助成については、保証協会の財政基盤を危うくするほどの費用の支出ではないし、業務内容も明確だからである。

第2回 解答・解説

宅建業法（住宅瑕疵担保履行法）

正解 **4**

🔍 基本書 ➡ 第2編 宅建業法 第4章 住宅瑕疵担保履行法

1 誤り 近時の法改正により、令和3年度から毎年9月30日の基準日が廃止され、**基準日は年1回**（3月31日）となった。なお、**基準日から3週間以内に資力確保措置の状況**について、**免許権者**（甲県知事）**に届け出なければならない**とする点は、正しい（住宅瑕疵担保履行法12条、3条1項）。

2 誤り 宅建業者は、毎年、**基準日から3週間を経過する日までの間**において、当該基準日前10年間に自ら売主となる売買契約に基づき買主に引き渡した新築住宅（当該宅建業者が住宅瑕疵担保責任保険法人と住宅販売瑕疵担保責任保険契約を締結し、当該買主に、保険証券又はこれに代わるべき書面を交付し、又はこれらに記載すべき事項を記録した電磁的記録を提供した場合における当該住宅販売瑕疵担保責任保険契約に係る新築住宅を除く。）について、当該買主に対する特定住宅販売瑕疵担保責任の履行を確保するため、**住宅販売瑕疵担保保証金の供託をしていなければならない**（同法11条）。よって、「基準日までの間に」住宅販売瑕疵担保保証金の供託をしていなければならないとする本肢は、誤りである。

3 誤り 新築住宅を自ら売主として宅建業者でない買主に販売する宅建業者が住宅販売瑕疵担保保証金の供託をする場合、買主に対し、当該新築住宅の「**売買契約を締結するまで**」に、**供託所の所在地等**について記載した**書面を交付**し、又は買主の承諾を得て書面に記載すべき事項を電磁的方法により提供して、**説明しなければならない**（同法15条）。よって、新築住宅の「引渡しをするまでに」とする本肢は誤りである。なお、供託所の所在地等について、「買主の承諾を得て……電磁的方法により提供して」説明することができるとする点は、正しい。

4 正しい Aは、主たる事務所を移転したため、**主たる事務所の最寄りの供託所が変更**した場合において、**金銭のみをもって住宅販売瑕疵担保保証金の供託をしている**ときは、法務省令・国土交通省令で定めるところにより、遅滞なく、住宅販売瑕疵担保保証金の供託をしている供託所に対し、費用を予納して、移転後の主たる事務所の最寄りの供託所への住宅販売瑕疵担保保証金の**保管替えを請求しなければならない**（同法16条、8条）。

ココに着目！

肢**3**の保証金を供託すべき時期についての近時の改正点（基準日から3週間を経過する日までの間）は、すでに本試験において出題されているが、改正点は、繰り返して出題されることもあるので、本年度の試験対策としても注意しておこう。

住宅金融支援機構

正解 **2**

🔍 基本書 ➡ 第4編 税・その他 第3章 住宅金融支援機構

1 正しい 機構は、**高齢者の家庭に適した**良好な居住性能及び居住環境を有する**賃貸住宅**若しくは賃貸の用に供する住宅部分が大部分を占める建築物の**建設に必要な資金に必要な資金の貸付け**を行う（機構法13条）。

2 誤り 子どもを育成する家庭、高齢者の家庭のための賃貸住宅の建設資金は、機構の**直接融資**であり、賃貸住宅建設のための貸付債権を**譲受けの対象としていない**（同法13条1項）。

3 正しい 機構は、バリアフリー性、省エネルギー性、耐震性、耐久性・可変性に優れた住宅について、貸付金の利率を一定期間引き下げる制度を設けている。これを**優良住宅取得支援制度**といい、フラット35Sと称している。

4 正しい 住宅金融支援機構は、住宅金融支援機構法第13条第1項に規定する業務のほか、市町村又は空家等管理活用支援法人からの委託に基づき、**空家等及び空家等の跡地の活用**の促進に必要な資金の融通に関する**情報の提供その他の援助**を行うことができる（同法13条2項2号）。本肢は、令和6年度の改正点である。

 ココに着目！

　肢**4**とは別に、機構は、住宅の建設、購入、改良若しくは移転（以下「建設等」という。）をしようとする者又は住宅の建設等に関する事業を行う者に対し、必要な資金の調達又は良質な住宅の設計若しくは建設等に関する**情報の提供、相談その他の援助**を行う。

問 **47** 難易度 **B** 　景表法（公正競争規約）　正解 **3**

🔍 基本書 ➡ 第4編　税・その他　第4章　取引の実務　**1**　景表法

1 誤り 広告に記載する物件が公園、庭園、旧跡その他の施設から**直線距離で300m以内**に所在している場合は、これらの施設の名称を用いることができる（不動産の表示に関する公正競争規約19条1項(3)）。道路距離で300mではなく、直線距離で300mである。

2 誤り 土地が擁壁によっておおわれない**がけの上又はがけの下**にあるときは、その旨を明示しなければならない（施行規則7条(11)）。

3 正しい 電車、バス等の交通機関の所要時間を表示する場合には、**朝の通勤ラッシュ時の所要時間を明示**することが必要。この場合において、平常時の所要時間をその旨を明示して併記することができる（施行規則9条(4)ウ）。

4 誤り 朝の通勤ラッシュ時の所要時間を明示する場合、**乗換えを要するときは、その旨を明示**し、所要時間には乗り換えにおおむね要する時間を含めなければならない（施行規則9条(4)エ）。

 ココに着目！

　肢**2、3、4**は、**近年の改正点である**から注目しよう。肢**2**について、土地が擁壁によっておおわれないがけの上又はがけの下にあるときは、その旨を明示し、この場合において、当該土地に建築（再建築）するに当たり、制限が加えられているときは、その内容を明示することが必要である。

問 **48** 難易度 **B**　　　　　　　　**統計**　　　　　　　　正解 **3**

🔍 基本書 ➡ 第4編　税・その他　第6章　統計

1 **誤り**　令和6年地価公示（令和6年3月公表）によれば、令和5年の地価変動は、全国平均では、**全用途平均は対前年比2.3％上昇**し、**3年連続で上昇し、上昇率が拡大**した。

2 **誤り**　令和4年度宅地建物取引業法の施行状況調査（令和5年10月公表）によれば、令和4年度において、宅地建物取引業法の規定に基づき国土交通大臣又は都道府県知事が行った**宅地建物取引業者に対する監督処分の件数は、対前年度比で14.2％減少**した。

3 **正しい**　建築着工統計調査報告（令和5年計。令和6年1月公表）によれば、令和5年の**持家は224,352戸で前年比11.4％減**となり、**2年連続の減少**となった。

4 **誤り**　年次別法人企業統計調査（令和4年度。令和5年9月公表）によれば、令和4年度における**不動産業の経常利益**は、5兆9,392億円であり、対前年度比で2.0％減少し、**3年ぶりに減少**した。

👍 **さらに理解！**

> 令和4年3月末（令和4年度末）現在での宅地建物取引業者数は、対前年度比では、大臣免許が146業者（5.3％）、知事免許が861業者（0.7％）でそれぞれ増加。全体では1,007業者（0.8％）増加し、**9年連続の増加**となった。

問 **49** 難易度 **B**　　　　　　　　**土地**　　　　　　　　正解 **4**

🔍 基本書 ➡ 第4編　税・その他　第5章　土地・建物　**1**　土地

1 **適当**　現在は河川ではないが、昔は河川であったところを**旧河道**という。もともと河川であった場所なので、粘土質で地盤は軟弱であり、低湿（ひくいところにあるじめじめした土地）で、地震や洪水による被害を受けることが多い。

2 **適当**　段丘の地表面は比較的平坦であり、水はけもよく地盤が安定しているため、自然災害に対し安全である。

3 **適当**　大きな地震の揺れにより、**地盤が液状化することの多い場所**は、海岸、河口付近、埋立地、河川の扇状地などの**緩い砂地盤**である。

4 **最も不適当**　**扇状地**とは、河川により運ばれた砂礫が、山地から平地への谷の出口から、扇状に堆積することで形成される平坦地である。谷の出口に広がる扇状地は、土石流のリスクが高く、安全であることが多いとは言えない。

 ココに着目！

> 肢**1**について。旧河道は、一般的には砂の層でできている場合が多いので、地震の際には**液状化を起こしやすい**。旧河道と堤防が接している場所では、洪水時には堤防が決壊する可能性があるので、注意が必要である。

建物

正解
1

🔍 **基本書** ➡ 第4編　税・その他　第5章　土地・建物　❷　建物

1　**最も不適当**　**鉄骨造**は、**自重が軽く、靭性が大きい**（粘り強い）構造なので、体育館のような大空間を有する建築や高層建築の骨組に適している。

2　**適当**　　**鉄骨鉄筋コンクリート造**は、鉄筋コンクリートの中に鉄骨が入っている構造で、**鉄筋コンクリート構造よりさらに強度や靭性が増加**する。また、耐火性・耐震性の点でも優れているが、高額になる。

3　**適当**　　ブロック造とは、コンクリートブロックを積み上げて壁体を構成するが、ブロックだけでは、崩れやすいので耐震性に乏しい。そのため、壁体の底部と頂部を固めることが必要であり、底部を固めるために、**鉄筋コンクリートの布基礎**とし、頂部を固めるために、壁体頂部を固める鉄筋コンクリート製の梁（**臥梁**）を設けることが適切である。

4　**適当**　　組積式構造の建築物について、耐震性を向上するには、窓や扉などの**開口部を大きくしないよう**にし、れんがやコンクリートブロックを、何重にも重ねて**壁厚を大きく**すればよい。

👍 **さらに理解！**

　組積式構造とは、石、れんが、コンクリートブロックなどの小さな素材を積み上げて建築物をつくる方式をいい、ブロック構造も組積式構造である。組積式構造は、耐震性は劣るものの、**熱、音などを遮断する性能に優れている**。

解答・解説

第**3**回

ステップアップ編

合格目標 **33**点

- ・第3回の出題一覧
- ・正解と成績

- ●正解した問題には「チェック」を付けて、チェックを全ての問題につけられるまで復習するようにしましょう。

- ●登録講習修了者は、「問45〜50」の5問が免除されます。

第3回の出題一覧・正解と成績

科目	問題	出題項目	正解	難易度	チェック	科目	問題	出題項目	正解	難易度	チェック
権利関係	1	民法（債権譲渡）	1	B	☐☐	宅建業法	26	宅建業法（37条書面）	3	B	☐☐
	2	民法（意思表示）	4	C	☐☐		27	宅建業法（業務上の規制）	4	B	☐☐
	3	民法（代理）	1	B	☐☐		28	宅建業法（広告）	3	B	☐☐
	4	民法（物権変動）	4	B	☐☐		29	宅建業法（監督処分）	3	B	☐☐
	5	民法（時効）	1	B	☐☐		30	宅建業法（重要事項の説明）	1	B	☐☐
	6	民法（抵当権）	2	C	☐☐		31	宅建業法（宅地・建物の意味）	2	B	☐☐
	7	民法（弁済）	1	B	☐☐		32	宅建業法（免許等複合）	1	B	☐☐
	8	民法（解約手付等）	2	A	☐☐		33	宅建業法（媒介契約書面・35・37条書面）	4	C	☐☐
	9	民法（委任）	3	A	☐☐		34	宅建業法（クーリング・オフ）	4	A	☐☐
	10	民法（不法行為）	4	B	☐☐		35	宅建業法（媒介契約）	2	B	☐☐
	11	借地借家法（借家）	2	B	☐☐		36	宅建業法（37条書面）	1	A	☐☐
	12	借地借家法（借地）	3	B	☐☐		37	宅建業法（営業保証金）	1	A	☐☐
	13	区分所有法	4	A	☐☐		38	宅建業法（免許複合）	2	A	☐☐
	14	不動産登記法	4	B	☐☐		39	宅建業法（報酬計算）	4	B	☐☐
法令上の制限	15	都市計画法	4	C	☐☐		40	宅建業法（宅建士等複合）	2	B	☐☐
	16	都市計画法（開発許可）	1	B	☐☐		41	宅建業法（手付金等の保全措置）	4	A	☐☐
	17	建築基準法	2	C	☐☐		42	宅建業法（重要事項の説明）	1	B	☐☐
	18	建築基準法	3	B	☐☐		43	宅建業法（保証協会）	3	B	☐☐
	19	宅地造成及び特定盛土等規制法	1	B	☐☐		44	宅建業法（宅建士）	2	B	☐☐
	20	土地区画整理法	2	B	☐☐		45	宅建業法（住宅瑕疵担保履行法）	3	B	☐☐
	21	農地法	4	A	☐☐	5問免除科目 ※	46	住宅金融支援機構	4	A	☐☐
	22	国土利用計画法	3	A	☐☐		47	景表法（公正競争規約）	2	C	☐☐
税・価格の評定	23	不動産取得税	4	B	☐☐		48	統計	3	C	☐☐
	24	所得税	3	A	☐☐		49	土地	3	B	☐☐
	25	不動産鑑定評価基準	2	A	☐☐		50	建物	3	B	☐☐

※ 登録講習修了者は、問「46〜50」の5問について「免除」となります

●得点目標

権利関係	法令上の制限	宅建業法	税・価格の評定 5問免除科目	得点の合計
14問中	8問中	20問中	8問中	50点中
点	点	点	点	点
目標6点	**目標5点**	**目標17点**	**目標5点**	**目標33点**

▶肢に惑わされず、正確に解答するクセをつけるようにしましょう。お試しに巻末の「苦手科目をちょっと復習 解いて覚える一問一答」（P.111）をチェック！

問 1　難易度 B　民法（債権譲渡）　正解 1

基本書 ➡ 第1編　権利関係　第3章　債権　4　債権譲渡

最判昭49.3.7を題材にした問題である。

1　正しい　判決文は、通知の到達の先後によって優劣を決すべきとしているので、**同時に到達した場合は優劣を決めることができない**。それゆえ、同時到達の場合、譲受人の間では、互いに相手方に対し自己が優先的地位にある債権者であると主張できないとされている（最判平5.3.30）。

2　誤り　判決文は、債権の二重譲渡における譲受人の優劣に関し、**いずれの譲渡についても確定日付のある証書による通知または承諾があった場合の基準**を述べたものである。譲受人の一方のみが確定日付のある証書による通知または承諾を得ている場合は、その譲受人が他方の譲受人に優先する（民法467条2項）。

3　誤り　判決文は、二重譲受人相互間の優劣は、確定日付の先後によって定めるべきではなく、確定日付ある通知が債務者に**到達した日時の先後**によって決すべきとしているのだから、Bについての通知が先に到達している以上、Cについての通知が先に発信されたことを確定日付によって証明しても、Cが優先することはできない。

4　誤り　判決文は、債権が二重に譲渡された場合における譲受人間の優劣を示しているだけである。確定日付のある証書による通知が行われたからといって、弁済によって消滅した債権の復活を認めるものではない。第二の譲受人Cは、**すでに消滅した債権**を譲り受けたのであるから、債権を取得しない（大判昭7.12.6）。

 解法のポイント

多少難易度の高い問題であるが、判決文をよく読み、そこから**論理的に導かれること**を各肢の問題文と照らし合わせながら考えていけば、正解肢を絞ることができるであろう。

問 2　難易度 C　民法（意思表示）　正解 4

基本書 ➡ 第1編　権利関係　第1章　民法総則　3　法律行為・意思表示

1　正しい　詐欺による**取消しの後**に出現した第三者と、詐欺を理由に契約を取り消した者との優劣は、登記の先後で決し、**第三者の善意・悪意や過失の有無は問わない**（大判昭17.9.30）。したがって、Aは、Cが悪意であっても、登記なくして取消しを対抗することはできない。

2　正しい　詐欺を理由とする取消しは、善意無過失の第三者には対抗できないが（民法96条3項）、その「第三者」とは、**詐欺に基づいて行われた行為を前提にして新たな利害関係を取得した者**をいう（最判昭49.9.26）。本肢の事例であれば、Bが抵当権を放棄した後に、放棄されたことを前提に、土地に対して新たな利害関係を取得した者を指すわけである。ところが、二番抵当権者Cは、Bが抵当権を放棄する以前から、土地に対して権利を取得しており、抵当権の順位の上昇も自動的に生じたものにすぎない。したがって、本肢のCは「第三者」に該当しないので、Bは、Cが善意無過失でも、取消しを対抗できる。

第3回　解答・解説

3　正しい　　強迫を理由とする取消しは、**取消し前の善意無過失の第三者にも対抗することができる**（民法96条３項反対解釈）。したがって、Aは、Cが善意無過失であっても、取消しを対抗することができる。

4　誤り　　取消し前に善意無過失の第三者が出現したからといって、詐欺を理由とする取消しができなくなるわけではない。取消しはできるが、それを善意無過失の第三者に**対抗できないだけである。**

✏️ **解法のポイント**

> 詐欺による取消しを第三者に対抗できないとする規定は、第三者を保護するためのものである。**詐欺を行った相手方を保護する必要はないので、相手方との関係では取消しは可能である。**

民法（代理）

🔍 **基本書** ➡ 第１編　権利関係　第１章　民法総則　4　代理

1　正しい　　任意代理において、代理を依頼した本人が破産手続開始の決定を受けたときは、自動的に代理権が消滅する（民法111条２項、653条２号）が、**本人が成年被後見人になったとしても代理権は消滅しない。** 本人が成年被後見人になった場合、本人が自ら契約することは困難なので、代理権が消滅したら困るからである。

2　誤り　　代理人が**成年被後見人**となった場合は、代理権が自動的に消滅する（同法111条１項２号）。しかし、成年被後見人よりも能力が高い**被保佐人**や**被補助人**になったにすぎない場合は、代理権は消滅しない。

3　誤り　　代理人自身が契約の相手方になる行為は、自己契約にあたる。自己契約は、原則として、**本人Aがあらかじめ許諾しなければ**行うことができない（同法108条１項）。本人Aにとって有利であるかどうかを、代理人Bが勝手に判断して自己契約することはできないのである。

4　誤り　　相手方の取消権は、無権代理の場合に認められる権利である（同法115条）。Aの代理人であることを告げずに（顕名をせずに）契約を締結したとしても、無権代理となるわけではない。原則として、その契約は**代理人B自身が行ったものとみなされ**（同法100条）、無権代理のように契約が無効とはならないからである。

💥 **ココに着目！**

> 肢**1**については、**それぞれの状況を想像して代理権を消滅させたほうがよいか、それとも代理権を存続させたほうがよいか、**自分なりに考えてみよう。

78

民法（物権変動）

正解 **4**

🔍 **基本書** ➡ 第1編　権利関係　第2章　物権　**2**　不動産物権変動

1　正しい　抵当権の**被担保債権が弁済されると、付従性により抵当権は消滅する**。したがって、Bが抵当権の登記をしていたとしても、すでに抵当権は消滅している以上、土地を買い受けたCは、Bに対し抵当権の消滅を主張することができる（大決昭8.8.18）。

2　正しい　ＤＥ間の譲渡は、仮装のものであり虚偽表示として無効となるから、Eはまったくの無権利者である。所有者Dから土地を買い受けたFは、このような**無権利者に対しては、登記がなくても、その所有権を主張することができる**（最判昭34.2.12）。

3　正しい　地役権は、要役地の便益のために設定する権利なので、**地役権は要役地に付き従う性質（付従性）を有する**。要役地の所有権が移転すれば、これとともに地役権も移転する（民法281条1項）。それゆえ、要役地について所有権移転登記を得れば、地役権を取得したことについても第三者に主張することができる（大判大13.3.17）。

4　誤り　時効により土地を取得した者と、時効完成後に、元の所有者から譲渡を受けた者とは、元の所有者を起点として二重に譲渡を受けた者同士の関係に似ている。二重に譲渡を受けた者の間は、**先に登記を得たほうが勝つ関係**となり、登記を得ない限り、互いに自分の権利を主張することはできない（同法177条）。したがって、Kは、登記なしに、Mに対し、土地の所有権を主張することはできない（大連判大14.7.8）。

👍 **さらに理解！**

　不動産に対する権利をめぐる争いのすべてが、登記によって解決されるわけではない。**登記で決着を図る範囲をしっかりとわきまえておきたい。**

民法（時効）

正解 **1**

🔍 **基本書** ➡ 第1編　権利関係　第1章　民法総則　**5**　時効

1　正しい　債務者自身が債務を承認すれば、当然、その債務の消滅時効が更新する（民法152条1項）。そして、その効果は**付従性**により物上保証人にも及ぶ。

2　誤り　**債務者および抵当権設定者との関係**では、被担保債権が時効で消滅し、付従性により抵当権が消滅することはあっても、被担保債権が消滅していないのに、**抵当権だけが独立して消滅時効にかかることはない**（同法396条）。

3　誤り　物上保証人Aが債務の承認をしても、その債務の消滅時効は更新しない。そもそも物上保証人は、最終的に自己の不動産を競売で失うという負担を受けているだけで、**債務の弁済義務まで負っているわけではない**。自分で債務を負っていない者が、他人の債務を承認する権限はなく、時効更新の効力は生じないのである。

4　誤り　**所有権そのものは、消滅時効にかからない**。所有権が時効で消滅すると、だれの所有物でもない状態になってしまうからである。

第3回　解答・解説

解法のポイント

　　抵当権は、被担保債権に付従する。被担保債権について時効の更新があれば、物上保証人にもその効果が及ぶ。

民法（抵当権）

正解 2

🔍 **基本書** ➡ 第1編　権利関係　第2章　物権　**5**　抵当権・根抵当権

1　正しい　　根抵当権の被担保債権を固定するための基準日として「確定期日」を定めることができるが、その**確定期日は約定の日から5年以内に到来するようにしなければならない**（民法398条の6第3項）。この5年という制限は、確定期日を定めた場合、確定期日が到来するまでは、根抵当負担者が根抵当権の負担を免れる手段がないので、根抵当権による負担があまり長期にならないようにするために規定されたものである。

2　誤り　　極度額が変更されると、後順位抵当権者等の利害に影響がある。それゆえ、**極度額を変更**する場合は、利害関係者全員の承諾を得なければならない（同法398条の5）。

3　正しい　　債務者が変わっても、極度額が変わらない限り、後順位抵当権者等に特に不利益はない。債務者が誰になっても、後順位抵当権者としては、根抵当権者が極度額までは優先弁済を受けることを覚悟しているからである。したがって、後順位抵当権者等の承諾がなくても、**債務者を変更**することができる（同法398条の4第1項後段、2項）。

4　正しい　　肢**3**の場合と同様に、**被担保債権の範囲が変更**になっても、極度額が変わらない限り、後順位抵当権者等に特に不利益はない。したがって、後順位抵当権者等の承諾がなくても、被担保債権の範囲を変更することができる（同法398条の4第1項前段、2項）。

👍 **さらに理解！**

　　根抵当権については、細かい知識をたくさん覚えるよりも、**根抵当権の基本的な仕組みを**しっかりと理解することを心がけてほしい。その上で、極度額が当事者にとってどのような意味を持つものなのかを考えれば、本問も正解にたどり着けたはずである。

民法（弁済）

正解 1

🔍 **基本書** ➡ 第1編　権利関係　第3章　債権　**9**　弁済

1　誤り　　債務の一部を弁済する場合は、**費用→利息→元本の順**に充当されるのが原則である（民法489条1項）。しかし、債権者と債務者が合意したのであれば、これとは異なる順序で充当することもできる（同法490条）。当事者双方で合意しているのに、これをあえて否定する必要はないからである。

2　正しい　　弁済をするについて正当な利益を有しない第三者は、債務者の意思に反して弁済をすることができないだけでなく、**債権者の意思に反して弁済することもできない**（同法474

条2項・3項)。

3　正しい　無権限者への弁済は、原則として無効である。しかし、真実は無権限者であっても、取引上の社会通念に照らして**受領権者としての外観を有するもの**に対して債務者が善意無過失で弁済したときは、有効な弁済として扱われる（同法478条）。

4　正しい　弁済と領収書（受取証書）の交付は、**同時履行の関係**にある。すなわち、弁済をするものは、弁済と引換えに、弁済を受領する者に対して受取証書の交付を請求することができる（同法486条）。弁済したという証拠をその場でもらっておかないと、二重払いさせられる危険があるからである。したがって、Ａは、領収書の交付がなされるまで弁済を拒むことができる。

肢**1**は、充当の仕方について**両当事者が合意した場合**の話であり、当事者の一方が指定する場合とは異なることに注意。

問 8　難易度 **A**　　　　民法（解約手付等）　　　　正解 **2**

🔍基本書 ➡ 第1編　権利関係　第3章　債権　**7**　売買，予約・手付他

1　誤り　手付による解除と債務不履行による解除は、全く別の物である。**債務不履行を理由とする解除**なら、相手方が履行に着手した後でもすることができる。

2　正しい　**相手方が履行に着手する**と、手付解約はできなくなる（民法557条1項ただし書）。本肢のような行為がある場合は、買主側の履行の着手があると考えられているので（最判昭33.6.5）、Ｂは手付解約ができない。

3　誤り　売主Ｂが手付解約をするときは、**現実に手付の倍額の金銭を買主に提供して行わ**なければならない（同法557条1項）。口頭の催告だけだと、売主に倍額を償還する資力がないおそれもあり、買主側のリスクが大きいからである。しかし、買主Ａから手付解約するときは、すでに手付を売主に支払っており、そういう心配がないので、単に口頭で手付を放棄することを告げるだけでよいとされている。

4　誤り　債務不履行による損害賠償額は、手付の額とは無関係に、**実害の算定によって決**められる。だから、損害賠償として手付を没収することはできない。

✏️解法のポイント

「履行の着手」とは、債務の内容たる給付の実行に着手すること、すなわち客観的に外部から認識できるような形で履行行為の一部をなし、又は履行の提供をするために欠くことのできない前提行為をした場合を指し、**単なる履行の準備行為では足りないとする判例がある**（最大判昭40.11.24）。

問 9 難易度 A

民法（委任）

正解 3

🔍 基本書 ➡ 第1編 権利関係 第3章 債権 ⑫ 請負・委任・寄託・贈与・使用貸借・消費貸借

1　正しい　受任者は、**委任者から請求があったとき**は、いつでも事務処理状況を報告し、**委任事務が終了した後**は、遅滞なくその経過および結果を報告しなければならない（民法645条）。

2　正しい　受任者が委任事務を処理するにあたって受け取った物は、**随時**、委任者に引き渡す義務を負う（同法646条1項）。他方、委任の報酬を支払う場合でも、その時期は原則として**後払い**である（同法648条2項本文）。したがって、受取物の引渡し義務と報酬支払いとは、同時履行の関係には立たない。

3　誤り　委任契約は、**いつでも**、**いずれの当事者からでも**、自由に解除できる（同法651条1項）。相手方が不利な時期であっても、契約を解除すること自体はできる。相手方が不利な時期に解除した場合は、やむを得ない事由がない限り、損害賠償が必要なだけである（同法651条2項）。

4　正しい　委任者が死亡すると、委任契約は自動的に終了する（同法653条1号）。しかし、**差し迫った事情がある場合**に、そのまま受任者が完全に手を引いてしまうと、大きな損害が生じる可能性がある。そこで、このような場合は、応急的に事務処理を継続する義務がある（同法654条）。

🖊 **解法のポイント**

　　正解肢は、委任契約における最重要ポイントの1つである。本問は、確実に正解できるようにしておこう。

問 10 難易度 B

民法（不法行為）

正解 4

🔍 基本書 ➡ 第1編 権利関係 第3章 債権 ⑬ 不法行為

1　誤り　人の生命又は身体を害する不法行為による損害賠償責任が時効で消滅するのは、「**被害者または法定代理人が損害および加害者を知った時から**」5年経過したとき、または、不法行為の時から20年経過したときである（民法724条、724条の2）。

2　誤り　AD間には契約関係はないが、Dは、損害の原因について責任を負うべき立場の者なので、これに対し**求償すること**が可能である（同法717条3項）。

3　誤り　Aは、工作物の占有者としての責任を免れることができたとしても、所有者である以上、所有者としての責任を免れることはできない。そして、**所有者としての責任**は、自己に過失がないことを証明したとしても、これを免れることはできない（同法717条1項）。

4　正しい　注文者は、請負人がその仕事をするについて行った不法行為に関しては、**注文者の行った注文または指図に過失がない限り**、責任を負わない（同法716条）。なお、注文者Bは、Dに対して損害賠償責任を負わないが、Aに対しては売主の担保責任として損害賠償責任等を負うことがある。

問 **11** 難易度 **B**　　借地借家法（借家）　　正解 **2**

🔍 基本書 ➡ 第1編　権利関係　第5章　特別法　**2**　借地借家法－②（借家関係）

1　**正しい**　　通常の借家契約では、1年未満の定めは認められず、期間の定めがないものとして扱われる（借地借家法29条1項）。しかし、**定期建物賃貸借**では、定められた期間で必ず契約が終了することを前提に、契約条件等が定められる（同法38条1項）。それゆえ、**1年未満の定めであっても、そのまま有効な期間となる**。

2　**誤り**　　期間満了の1年前から6月前までに契約の終了通知が行われなかったとしても、**契約が自動的に更新されるわけではない**。通知期間経過後であっても、通知が行われれば、その通知の日から6月後に契約が終了する（同法38条6項ただし書き）。

3　**正しい**　　定期建物賃貸借であることを賃借人がよく理解しないまま契約が締結されると、賃借人の利益が害されるので、本肢のとおり、賃貸人は**事前に書面で説明**しなければならないこととされている（同法38条3項）。

4　**正しい**　　原則として、定期建物賃貸借を中途解約することはできない。しかし、**転勤、療養等のやむを得ない事由がある場合**も、期間満了まで無駄に賃料を払い続けさせるのはかわいそうなので、本肢のとおり、解約申入れをすることが認められている（同法38条7項）。

👍 さらに理解！

　定期建物賃貸借は、借地借家法における頻出論点である。定期で契約が終了するからこそ、貸主も安心して建物を賃貸することができ、これによって良質な物件が賃貸市場に出回るというメリットがある。こうした背景がわかった上で学習すると、定期建物賃貸借の理解も深まり、得点アップを図ることができる。なお、肢**3**の書面は、**賃借人の承諾を得れば電磁的方法により提供することもできる**。

問 **12** 難易度 **B**　　借地借家法（借地）　　正解 **3**

🔍 基本書 ➡ 第1編　権利関係　第5章　特別法　**1**　借地借家法－①（借地関係）

1　**誤り**　　専ら事業の用に供する建物の所有を目的とする借地権（事業用定期借地権）は、存続期間を10年以上50年未満として、必ず公正証書によって契約を締結する必要がある（借地借家法23条）。この場合の「事業の用」とは、店舗・事務所等の建物としての用途を指す。したがって、**居住用**のマンションは、「事業の用」に供するものとはいえず、事業用借地権として契約することはできない。

2　誤り　　一般定期借地権を設定するためには、存続期間を**50年以上**としなければならない（同法22条）。また、一般定期借地権において、裁判所の許可という制度は設けられていない。

3　正しい　　借地権設定後30年以上経過した日に、借地権を消滅させるために、借地上建物を借地権設定者に相当の対価で譲渡する旨の特約を結ぶことができる（同法24条1項）。この特約は、**書面によらなくてもよいもの**とされている。

4　誤り　　一般定期借地権は、公正証書でなくともかまわないが、**書面を用いて特約を定める必要がある**（同法22条）。書面化すべき特約事項としては、①契約の更新がないこと、②建物の築造による存続期間の延長がないこと、および③存続期間満了時の建物の買取請求権がないこと、の3つが要求されている。したがって、本肢の内容のみを書面化したのでは、一般定期借地権として認められない。

✏️ **解法のポイント**

　　定期借地権については、契約締結における書面の要否を正確に押さえておく必要がある。①一般的借地権は、**書面が必要**だが、書面の種類は問わない、②事業用借地権は、**公正証書**という書面に限る、③建物譲渡特約付借地権は、**書面不要**となっている。

問 **13** 難易度 **A**

区分所有法

正解 **4**

🔍 基本書 ➡ 第1編　権利関係　第5章　特別法　**3**　建物の区分所有等に関する法律

1　正しい　　管理組合を法人化する場合は、**区分所有者および議決権の各4分の3以上の多数**による集会の決議が必要である（区分所有法47条1項）。この4分の3という数字は、必ず暗記しておこう。

2　正しい　　管理者が、その職務の範囲内で第三者との間でした行為については当該区分所有者のみでなく、その**特定承継人、包括承継人に対しても効力を生じる**（同法29条2項）。

3　正しい　　管理者に職務を行うに適しない事情があるときは、各区分所有者は裁判所に対して解任を請求できる（同法25条2項）。しかし、そもそも管理者の選任および解任は、区分所有者および議決権の各過半数による集会の決議で決定できるので（同法25条1項）、あえて裁判所に請求せず、この**決議によって管理者を解任することも可能**である。

4　誤り　　監事とは、理事を監督する機関である。その監事が理事を兼ねていたのでは、監督できないであろう。それゆえ、**理事が監事を兼ねることはできない**（同法50条2項）。

⭐ **ココに着目！**

　　監事については、**管理組合法人と理事との利益が相反する事項**については、監事が管理組合法人を代表するということを押さえておいてほしい。

基本書 ➡ 第1編 権利関係 第5章 特別法 4 不動産登記法

1 正しい 区分建物の保存登記は、**表題部所有者から所有権を取得した者**も、申請することができる（不動産登記法74条2項）。マンションは、分譲されるのが原則なので、購入者に保存登記することを認めたのである。

2 正しい 規約共用部分は、区分所有者全員の共有に属するのが原則である（区分所有法11条1項）。そうすると、規約共用部分の登記も権利部の甲区に行われることになりそうだが、規約共用部分の登記については、特別に建物の登記記録の**表題部**に登記されることになっている（同法44条1項6号）。

3 正しい 区分建物（専有部分のこと）の表示の登記を、各購入者がバラバラに申請したのでは、いつまでも登記がそろわないおそれがあるので、**表題登記は全部一括で申請**することになっている（同法48条1項）。

4 誤り 区分建物の床面積は、壁その他の区画の「中心線」ではなく、「**内側線**」で囲まれた部分の水平投影面積により算出される（同法44条1項3号、不動産登記規則115条）。区分所有法において、共用部分の持分の基準となる専有部分の床面積は、壁その他の区画の内側線で囲まれた部分の水平投影面積によることとされているが（区分所有法14条3項）、登記もこれに連動しているのである。

 解法のポイント

区分建物については、区分所有法により特殊な権利関係が認められているので、登記についてもこれに適合する特殊な取扱いがなされている。したがって、区分建物の登記の問題を考える際は、**区分所有法の知識を動員**するとよい。

基本書 ➡ 第3編 法令上の制限 第1章 都市計画法 3 都市計画の内容

1 誤り 地区整備計画が定められている地区計画の区域内において、建築物の建築等を行おうとする者は、当該行為に着手する日の**30日「前」**までに、一定の事項を市町村長に届け出なければならない（都市計画法58条の2）。「行為の完了した日」から30日以内に届け出るのではない。

2 誤り 地区計画については、都市計画に、地区計画等の種類、名称、位置及び区域を定めなければならないが、**区域の面積**その他の政令で定める事項については、定めるよう「**努めなければならない**」という努力義務である（同法12条の4、同法12条の5）。また、建築物の建蔽率及び容積率の最高限度は定める必要はない。

3 誤り **第二種住居地域、準住居地域**もしくは工業地域が定められている土地の区域または用途地域が定められていない土地の区域（市街化調整区域を除く）における地区計画については、開発整備促進区を都市計画に定めることができる（同法12条の5）。

4 正しい 　**再開発等促進区**は、地区計画について土地の合理的かつ健全な高度利用と都市機能の増進とを図るため、**一体的かつ総合的な市街地の再開発又は開発整備**を実施すべき区域をいう（同法12条の５）。

> ★ **ココに着目！**
>
> 　肢3の開発整備促進区とは、本来は近隣商業地域、商業地域、準工業地域に指定されている土地にのみ建築できる床面積が**10,000㎡**超の大規模集客施設を、**第二種住居地域、準住居地域、工業地域**でも建築できるようにする区域である。

問 16　難易度 Ⓑ　都市計画法（開発許可）　正解 1

🔍 **基本書** ➡ 第3編　法令上の制限　第1章　都市計画法　**6**　開発許可制度

1 正しい 　開発許可を受けた開発区域内の土地においては、工事完了の公告があるまでの間は、原則として建築物を建築してはならないが、**開発行為に同意をしていない者**が、その権利の行使として建築物を建築し、又は特定工作物を建設することはできる（都市計画法37条）。

2 誤り 　何人も、開発許可を受けた開発区域内においては、工事完了の公告があった後は、当該開発許可に係る**予定建築物等以外の建築物**又は特定工作物を新築してはならない。ただし、以下の場合は、この限りではない（同法42条）。
　①**都道府県知事が許可したとき**
　②**用途地域等が定められているとき**
　本肢では、用途地域が定められているので、都道府県知事の許可がなくても、予定建築物等以外の建築物の新築が可能である。

3 誤り 　何人も、**市街化調整区域のうち開発許可を受けた開発区域以外の区域内**においては、都道府県知事の許可を受けなければ、原則として建築物の建築等をすることはできないが、**仮設建築物の新築**については、都道府県知事の**許可は不要**である（同法43条）。

4 誤り 　「**開発行為**」とは、主として建築物の建築又は**特定工作物の建設**の用に供する目的で行なう土地の区画形質の変更をいう（同法４条）。したがって、特定工作物の建設の用に供する目的で行う土地の区画形質の変更は開発行為には該当する。

> ★ **ココに着目！**
>
> 　肢1に関して、開発許可については、開発区域内の開発行為の妨げとなる権利を有する者について「**相当数の同意**」が必要とされるが、権利を有する者全員の同意は必要とされていない。そのため、**開発行為に同意をしない権利者**が開発区域内にいるケースもあり得るのである。

建築基準法

正解 **2**

基本書 ➡ 第3編 法令上の制限 第2章 建築基準法

1 誤り 地方公共団体は、延べ面積が**1,000㎡を超える**建築物の敷地が接しなければならない道路の幅員についてこれらの建築物の用途または規模の特殊性により、避難または通行の安全の目的を達するために、条例で、必要な制限を**付加**することができる（建築基準法43条）。緩和をすることはできない。

2 正しい 建築協定の目的となっている建築物に関する基準が建築物の借主の権限に係る場合においては、その建築協定については、当該**建築物の借主は、土地の所有者等**とみなす（同法77条）。

3 誤り 建築物の高さ**31m以下**の部分にある「**3階**」以上の階には、原則として非常用の進入口を設けなければならない（施行令126条の6）。すべての階に非常用の進入口が必要となるわけではない。

4 誤り 建築基準法の規定が適用された際現に建築物が立ち並んでいる**幅員4m未満の道**で、特定行政庁が指定したものについては、**道路の中心線から水平距離2mの線**が道路と敷地の境界線とみなされる（同法42条）。

> ⭐ **ココに着目！**
> 肢**3**は、31m以下の部分は、非常用の進入口を設け、火災時等に消防隊がはしご車で、非常用の進入口から建物内に入ることを想定している。**31mを超える**建築物については、原則として、**非常用の昇降機**を設置し、消防隊が非常用の昇降機で消火活動に当たることとあわせて覚えておこう。

建築基準法

正解 **3**

基本書 ➡ 第3編 法令上の制限 第2章 建築基準法

1 誤り 建築物が2以上の用途地域にわたる場合、北側斜線制限の適用については、**それぞれの用途地域の「建築物の部分」**について、北側斜線制限が適用される。したがって、第二種中高層住居専用地域内にある建築物の部分については北側斜線制限が適用されるが、近隣商業地域内にある建築物の部分については北側斜線制限は適用されない（建築基準法56条）。

2 誤り 建築物の敷地が**用途制限**の異なる複数の地域にまたがる場合、その建築物または敷地の全部について、**敷地の過半の属する地域の規定**が適用される。そして、共同住宅は、工業専用地域では建築することができない（同法48条、91条）。

3 正しい 隣地境界線から後退して**壁面線の指定**がある場合において、当該壁面線または壁面の位置の制限として定められた限度の線を越えない建築物で、特定行政庁が安全上、防火上及び衛生上支障がないと認めて許可したものの建蔽率は、その許可の範囲内において、**建蔽率による限度を超える**ものとすることができる（同法53条）。

4 誤り 建築物の**地階**でその天井が地盤面からの高さ1m以内にあるものの住宅の用途に

供する部分の床面積については、その建築物の住宅の用途に供する部分の床面積の合計の**3分の1**を限度として、容積率にかかる建築物の延べ面積に算入されない（同法52条）。

✏️ **解法のポイント**

　肢**1・2**のように、複数の地区・地域に敷地がわたる場合、**容積率・建蔽率**では、それぞれの面積按分率で各建蔽率および容積率を求め、その和を同区画の値とする加重平均が適用される。用途制限については、**敷地の過半**が属する用途地域の規制が適用される。**斜線制限**では、用途地域の「**建築物の部分**」ごとに規制が適用されることに注意しよう。

宅地造成及び特定盛土等規制法

問 19　難易度 **B**　正解 **1**

🔍 **基本書** ➡ 第3編　法令上の制限　第3章　宅地造成及び特定盛土等規制法

1　誤り　宅地造成等工事規制区域の指定の際、当該宅地造成等工事規制区域内において行われている宅地造成等に関する工事の工事主は、その指定があった日から**21日以内**に、主務省令で定めるところにより、当該工事について都道府県知事に届け出なければならない（特定盛土法21条）。

2　正しい　都道府県知事は、一定の場合には都道府県（地方自治法に基づく指定都市又は中核市の区域にあっては、それぞれ指定都市又は中核市）の規則で、宅地造成等工事規制区域内において行われる宅地造成等に関する工事の**技術的基準を強化**し、又は**付加**することができる（施行令20条）。

3　正しい　都道府県知事は、**造成宅地防災区域**について、擁壁等の設置又は改造その他宅地造成等に伴う災害の防止のため必要な措置を講ずることにより当該区域の**指定の事由がなくなった**と認めるときは、その**指定を解除する**ものとする（同法45条）。

4　正しい　都道府県知事は、**基礎調査**のために他人の占有する土地に立ち入って測量又は調査を行う必要があるときは、その必要の限度において、他人の占有する土地に、**自ら立ち入り**、又はその命じた者もしくは委任した者に立ち入らせることができる（同法5条）。

⭐ **ココに着目！**

　肢**4**の**基礎調査**は、宅地造成等規制区域や特定盛土等規制区域を指定するために、宅地造成、特定盛土等又は土石の堆積に伴う崖崩れ又は土砂の流出のおそれがある土地に関する地形、地質の状況の調査をいう。この基礎調査はおおむね**5年**ごとに実施することが予定されている。

土地区画整理法

問 20　難易度 **B**　正解 **2**

🔍 **基本書** ➡ 第3編　法令上の制限　第4章　土地区画整理法

1　正しい　土地区画整理事業の施行により**公共施設**が設置された場合においては、その公共

施設は、換地処分があった旨の公告があった日の翌日において、その公共施設の所在する**市町村の管理**に属するものとする（土地区画整理法106条）。

2　誤り　　土地区画整理組合の設立の認可の公告があった日後、換地処分の公告がある日までは、施行地区内において、土地区画整理事業の施行の障害となるおそれがある土地の形質の変更若しくは建築物等の新築等を行おうとする者は、**都道府県知事か市の長**（市の区域内で施行する土地区画整理事業の場合）のどちらかの許可を受けなければならない（同法76条）。

3　正しい　　関係権利者は、換地処分があった旨の公告があった日後においては、施行地区内の土地及び建物に関しては、**土地区画整理事業の施行による施行地区内の土地及び建物の変動に係る登記がされるまでは、他の登記をすることができない**（同法107条）。

4　正しい　　換地処分は、換地計画に係る区域の全部について土地区画整理事業の工事が完了した後において、遅滞なく、しなければならないが、規準、規約、定款または施行規程に別段の定めがある場合においては、換地計画に係る区域の全部について**工事が完了する以前**においても換地処分をすることができる（同法103条）。

　ココに着目！

　　肢**3**は、土地区画整理事業により、土地の所在・地番・地目・面積や権利者等が変わるため、登記内容が大幅に変更されることになる。そのため土地区画整理法では、施行者は、事業の施行により、施工地区内の土地および建物について変動があったときには、遅滞なく、その**変動に係る登記**を申請し、または嘱託しなければならないと、**施行者の登記申請を義務付けて**いる。

問 **21**　難易度 **A**　　　　# 農地法　　　正解 **4**

🔍 基本書　➡　第3編　法令上の制限　第5章　農地法

1　誤り　　国または都道府県等が、農地を農地以外のものにするため取得しようとする場合においては、国または都道府県等と都道府県知事等との**協議**が成立することをもって法第5条第1項の**許可があったものとみなされる**ので、協議とは別に許可を受ける必要はない（農地法5条）。

2　誤り　　農地法3条の許可を**停止条件**とする売買契約を締結し、それに関する**仮登記**を申請する場合、農業委員会に届出をする必要はない（同法3条参照）。

3　誤り　　農地または採草放牧地の賃貸借は、その登記がなくても、農地または採草放牧地の「**引渡し**」があったときは、これをもってその後その農地または採草放牧地について物権を取得した**第三者に対抗することができる**（同法16条）。

4　正しい　　法人の代表者が、その法人の業務または財産に関し、農地法4条に違反する行為をしたときは、行為者を罰するほか、その法人に対して**1億円以下の罰金刑**が科せられる（同法67条）。

ココに着目！

　農地法のやや細かい論点からの問題であるが、過去出題実績のあるものなので、確認をしておこう。肢**2**は、農地法３条の許可が下りることを**停止条件**としているので、仮登記ではなく、**本登記を申請する場合**に、**３条の許可**が必要となる。

問 22　難易度 Ⓐ　国土利用計画法　　正解 3

🔍 **基本書** ➡ 第3編　法令上の制限　第6章　国土利用計画法　② 事後届出制

1　誤り　　都道府県知事は、勧告に基づき当該土地の利用目的が変更された場合において、必要があると認めるときは、当該土地に関する権利の処分についてのあっせんその他の措置を講ずるよう「**努めなければならない**」（国土利用計画法27条）。あっせん等の措置を「講じなければならない」という義務を負うわけではない。

2　誤り　　事後届出については、「**土地の利用目的**」と「**対価の額**」の両方を届け出なければならない（同法23条）。

3　正しい　　事後届出が必要な場合に、事後届出をしなかった者は、**6月以下の懲役又は100万円以下の罰金**に処せられる（同法47条）。

4　誤り　　都道府県知事は、事後届出があった場合において、その届出に係る土地の利用目的について必要な変更をすべきことを勧告することができるが、**対価の額について勧告をすることはできない**（同法24条）。

ココに着目！

　肢**2**と肢**4**は混同しやすいので注意しよう。事後届出の際に、土地の利用目的と対価の額の両方を届け出なければならないが、**勧告の対象となるのは「土地の利用目的」についてだけ**であり、対価の額は対象となっていない。

問 23　難易度 Ⓑ　　不動産取得税　正解 4

🔍 **基本書** ➡ 第4編　税・その他　第1章　土地・建物に関する税　② 不動産取得税

1　誤り　　新築住宅について1,200万円の控除の対象になるのは、**床面積が50㎡以上240㎡以下の場合に限られる**（地方税法73条の14第1項、施行令37条の16）。床面積が250㎡の場合には、控除の対象にならない。

2　誤り　　家屋が新築された日から**6か月を経過**しても、最初の使用がなく、譲渡も行われないときは、6か月を経過した日に所有者が取得したとみなして、不動産取得税が課される（同法73条の2第2項ただし書き）。

3　誤り　　不動産取得税の課税標準となるべき額が、土地の取得にあっては**10万円**、家屋の

取得のうち建築に係るものにあっては1戸につき**23万円**、その他のものにあっては1戸につき**12万円**に満たない場合においては、不動産取得税が課されない（同法73条の15の2第1項）。

4　正しい　共有物の分割による不動産の取得（当該不動産の取得者の**分割前の当該共有物に係る持分の割合を超える部分の取得**を除く。）には、不動産取得税は課税されない（同法73条の7第2号の3）。

 さらに理解！

　　新築住宅を取得した場合の1,200万円の特別控除は、個人が取得した場合も法人が取得した場合にも適用があるが、**既存住宅を取得した場合**の特別控除は個人が取得した場合に適用され、**法人が取得した場合には適用がない**。

問 24　難易度 **A**　**所得税**　正解 **3**

🔍 **基本書** ➡ 第4編　税・その他　第1章　土地・建物に関する税　**6**　土地・建物の譲渡所得税

1　正しい　個人が1月1日において所有期間が10年を超える居住用財産を譲渡した場合、課税長期譲渡所得金額の6,000万円以下の部分には**10%**、6,000万円を超える部分には**15%**の2段階の軽減税率が適用される（租税特別措置法31条の3第1項）。

2　正しい　収用等の場合の譲渡所得の**5,000万円特別控除**（同法33条の4）と**居住用財産譲渡の軽減税率**の特例（同法31条の3）は重複適用が可能である。

3　誤り　居住用財産を譲渡した場合の軽減税率は、**前年又は前々年**に、適用を受けている場合には、適用を受けることができない（同法31条の3）。

4　正しい　居住用財産を譲渡した場合の3,000万円の特別控除は、譲渡者の配偶者や直系血族（孫）に譲渡した場合には、生計を同一にしているか否かに関係なく、適用されない（同法35条参照）。

 さらに理解！

　　居住用財産を譲渡した場合の3,000万円の特別控除は、長期譲渡所得にも短期譲渡所得にも適用がある。また、所有期間が10年を超えるのであれば、**3,000万円の特別控除**と居住用財産を譲渡した場合の**軽減税率の重複適用も可能**である。

問 25　難易度 **A**　**不動産鑑定評価基準**　正解 **2**

🔍 **基本書** ➡ 第4編　税・その他　第2章　地価公示法と土地・建物の鑑定評価

1　正しい　不動産の価格は、その不動産の効用が最高度に発揮される可能性に最も富む使用を前提として把握される価格を標準として形成されるが、これを**最有効使用の原則**という。不

動産についての現実の使用方法は当該不動産が十分な効用を発揮していない場合があることに留意すべきである（不動産鑑定評価基準・総論4章Ⅳ）。

2　誤り　　収益還元法は、「文化財の指定を受けた建造物等の一般的に市場性を有しない不動産」以外のものには基本的にすべて適用すべきであり、**自用の住宅地であっても賃貸を想定することにより適用**されるものである（同基準・総論7章1節Ⅳ．1）。

3　正しい　　取引事例が特殊な事情を含み、これが当該事例に係る取引価格に影響していると認められるときは、**適切な補正を行い**、取引事例に係る取引の時点が価格時点と異なることにより、その間に価格水準の変動があると認められるときは、当該事例の**価格を価格時点の価格に修正**しなければならない（同基準・総論7章1節Ⅲ2．(2)）。

4　正しい　　不動産の価格を形成する要因（価格形成要因）とは、不動産の**効用及び相対的稀少性**並びに不動産に対する**有効需要**の三者に影響を与える要因をいう。価格形成要因は、**一般的要因、地域要因及び個別的要因**に分けられる（同基準・総論3章）。

> 　肢**1**の最有効使用の原則は、**不動産の価格に関する諸原則**の一つであるが、最有効使用は、現実の社会経済情勢の下で客観的にみて、良識と通常の使用能力を持つ人による合理的かつ合法的な最高最善の使用方法に基づくものをいう（同基準・総論4章Ⅳ）。

問 26　難易度 **B**　　宅建業法（37条書面）　　正解 **3**

🔍 **基本書** ➡ 第2編　宅建業法　第2章　業務上の規制　**1**　一般的規制

1　誤り　　37条書面に**記名**する必要があるのは、**宅建士**であり、媒介をした法人である宅建業者の代表者の記名は不要である（宅建業法37条）。

2　誤り　　損害賠償額の予定又は違約金に関する**定めがあれば**、**建物の貸借**においても、その内容を37条書面に記載しなければならない。しかし、その**定めがなければ**、37条書面に記載する必要はない（同法37条）。

3　正しい　　既存の建物について、37条書面に「**建物の構造耐力上主要な部分等の状況について当事者の双方が確認した事項**」を記載しなければならないのは、売買・交換の場合であり、**貸借の場合は37条書面に記載する必要はない**（同法37条）。

4　誤り　　宅建業者が媒介により**宅建業者間の賃貸借契約**を締結させた場合でも、**貸借の媒介をした宅建業者**は、**37条書面を賃貸借契約の両当事者である宅建業者に交付する義務が**ある。しかしながら、建物の**賃貸借契約**を成立させた場合には、37条書面には、**引渡しの時期は記載しなければならない**が、賃借権設定登記の申請時期は記載する必要はない（同法37条）。なお、建物の**売買契約**を成立させた場合であれば、37条書面には所有権移転登記の申請時期を記載しなければならないが、それと混同しないこと。

ココに着目！

37条書面の記載事項については、定めの有無にかかわらず必ず記載しなければならない事項（**必要的記載事項**）と定めがあれば記載しなければならないが、定めがなければ記載する必要がない事項（**任意的記載事項**）をしっかりと区別して覚えなければならない。また、**売買（交換）と貸借**の37条書面の記載事項の**異同**にも注意して学習しよう。

問 27　難易度 B　宅建業法（業務上の規制）　正解 4

🔍 **基本書** ➡ 第2編　宅建業法　第2章　業務上の規制　**■**　一般的規制

1　誤り　　一定の期間内に目的物の売却ができない場合に、媒介の依頼を受けた宅建業者が**媒介価額を下回る価額で買い受ける旨の特約**は、売主が宅建業者に**安く売ることを義務付けず、売主の希望があれば宅建業者が買い取る**べきことを定めたのみであれば差し支えない（国交省「考え方」）。よって、本肢のような特約を「すべて無効」とする本肢は、誤りである。

2　誤り　　売主である宅建業者及び媒介又は代理を行う宅建業者（**複数の宅建業者**）が①**同一の物件**について、**同一の場所**において業務を行う場合には、**いずれかの宅建業者が専任の宅建士を1人置け**ば、専任の宅建士の設置義務を満たすと解されている（国交省「考え方」）。

3　誤り　　広告に取引態様の別を明示した場合でも、**注文を受けた際**には、**改めて明示する**必要がある（宅建業法34条）。ただし、「**書面**」で取引態様を明示することは**不要**なので、その点が誤りとなる。

4　正しい　　宅建業者が**業務に関する展示会**その他これに類する催しを実施する場所には、その場所において契約の締結又は申込みを受け付けるか否かに関わらず**標識を設置しなければならない**（同法50条1項、施行規則19条1項5号）。

👍 **さらに理解！**

宅建業法の分野における宅建試験では、**宅建業法や同法施行令、同法施行規則**のみならず、国交省が提示する同法の**解釈・運用の考え方**（以下、「考え方」と略す）からも出題される。本問は、そんな「考え方」を素材に作問した。もっとも、宅建試験において、「考え方」を素材に出題される知識は、ある程度、限定された項目からなので、過去問を検討し、よく出題される「考え方」についての知識は学習しておこう。

問 28　難易度 B　宅建業法（広告）　正解 3

🔍 **基本書** ➡ 第2編　宅建業法　第2章　業務上の規制　**■**　一般的規制

1　正しい　　宅建業者は、宅地の造成又は建物の建築に関する**工事の完了前**においては、当該**工事に必要とされる許可・確認等の処分を受けた後**でなければ、当該工事に係る宅地又は建物の売買その他業務に関する**広告をしてはならない**（宅建業法33条）。したがって、建築確認を受ける前は、建築確認申請中である旨を広告中に明示したとしても、広告をすることはできない。

2 正しい 誇大広告等の禁止規定（同法32条）について、その**広告の媒体についての限定はない**。よって、インターネットを利用する方法で行った広告の場合でも、誇大広告等の禁止に違反したときは、監督処分を受けることがあり、また罰則の適用を受けることもある（同法65条、81条）。

3 誤り 宅建業者は、宅建業の「取引」に関する**広告**をするときは、**取引態様の別**を当該広告中に**明示しなければならない**（宅建業法34条1項）。しかし、「依頼者が他の宅建業者に重ねて売買の媒介を依頼することの許否」（一般媒介か専任媒介か）等、**媒介の種類の別**（一般媒介、専任媒介、専属専任媒介の別）までの**明示は要求されない**ので、単に「媒介」と明示するだけでよい。

4 正しい 宅地建物の取引に関する**広告の配布活動も業務**の一環であり、甲県知事からその**業務の全部の停止を命ぜられた場合**には、それが業務停止処分前に印刷した広告であっても、当該**業務停止処分の期間中は配布**することはできない。

ココに着目！

　宅建業者が、**広告に取引態様の別を明示**する際は、媒介等の種類についての明示までは不要である。実務においては、マンション等の販売チラシに「専属専任媒介」などと媒介の種類まで明示している広告を見かける。媒介の種類を明示しても宅建業法の規定に違反するわけではないが、「**媒介**」とのみ**明示**するだけで十分である。

問 29 **難易度 B** 　　**宅建業法（監督処分）**　　　**正解 3**

🔍 **基本書** ➡ 第2編　宅建業法　第3章　監督・罰則　**1** 監督処分等

1 誤り 甲県知事免許を受けている宅建業者Aが、乙県内にも事務所を有することとなった場合、Aは甲県知事免許から国土交通大臣免許に免許換えをしなければならない（宅建業法7条1項3号）。**免許換えをしなければならない事由に該当**したにもかかわらず、**免許換えをしていない**ことが判明した場合は、**免許権者である甲県知事**は、Aの**免許を取り消さなければならない**（同法66条1項5号）。国土交通大臣が免許を取り消すのではない。

2 誤り 免許権者は、その免許をした宅建業者（法人の場合は役員）の所在や**事務所の所在地を確知できないとき**は、官報又は都道府県の公報でその事実を公告し、その**公告の日から30日を経過しても**宅建業者から**申出がないとき**は、その宅建業者の**免許を取り消すことができる**（同法67条）。必ず免許を取り消さなければならないわけではない。

3 正しい 免許権者は、その免許をした宅建業者が、免許に付された条件に違反したときは、その**免許を取り消すことができる**（同法66条2項）。この場合の免許取消処分は**任意**であり、必ず免許を取り消さなければならないとはされていないので注意すること。

4 誤り このような**通知制度は存在しない**。この場合、業務地を管轄する乙県知事は、免許権者である甲県知事にあらかじめ通知をすることなく、自らAに対して指示処分や業務停止処分を行う（同法65条）。

解法のポイント

　宅建業者への監督処分としての**免許取消処分**について、宅建業法は、そのほとんどを一定事由に該当した場合は、免許権者は必ずその宅建業者の免許を**取り消さなければならない**と規定する（**必要的免許取消処分**）。しかし、一部の事由については、免許を**取り消すことができる**（**任意的免許取消処分**）と規定する。任意的免許取消処分事由については、以下の３つを覚えておいた方がよい。

- ① 免許に付した条件に違反した場合の免許取消処分
- ② 宅建業者や事務所の所在が不明な場合の公告による免許取消処分
- ③ 営業保証金を供託した旨の届出がない場合の免許取消処分

問 30 **宅建業法（重要事項の説明）** 正解 **1**

🔍 **基本書** ➡ 第２編　宅建業法　第２章　業務上の規制　**１**　一般的規制

1　誤り　　当該契約が**建物の貸借の契約以外**のものであるときは、**私道に関する負担に関する事項**（私道負担の**有無**）は重要事項の**説明対象**である（宅建業法35条）。よって、**私道負担がない場合**は、「なし」として**説明**する必要がある。

2　正しい　　１つの取引に複数の宅建業者が媒介業者として関与する場合、取引に関与したすべての宅建業者が重要事項を説明すべき義務を負う（同法35条）。もっとも、この場合は、**いずれかの宅建業者の宅建士の一人を代表**として、**説明させる**ことができる。

3　正しい　　**建物の登記簿上に記録されている権利**については、重要事項の**説明対象**である（同法35条）。よって、保存登記がなされておらず、表題部の登記しかない場合は、**表題部に記録されている所有者を説明**する必要がある。

4　正しい　　天災その他不可抗力による損害の負担に関する定め（**危険負担に関する特約**）については、重要事項の**説明対象ではない**（同法35条参照）。よって、必ずしも買主に**説明**をする必要はない。

解法のポイント

　肢**1**の「私道負担に関する事項」は、**建物の**（媒介・代理しての）**貸借の契約以外**では、**重要事項の説明対象**である。そして、私道負担がない場合は、「なし」として説明しなければならない。この点、重要事項の説明の学習では、①**ない場合は何も説明しなくてよいのか**、②**ない場合は「なし」として説明しなければならないのか**の区別が難しい。原則は②である（「**ない場合**」「**講じない場合**」など、**ない旨（講じない旨）を説明しなければならない**）。例外として、区分所有建物については、**規約（案も含む）がないとき**や、**管理の委託がないとき**は、**ない旨の説明は不要**である（例外として、①に該当する）と覚えておけばよい。

問 31 難易度 B 宅建業法（宅地・建物の意味） 正解 2

🔍 基本書 ➡ 第2編 宅建業法 第1章 総則 **1**「宅地建物取引業」とは

ア 正しい 用途地域外の土地は、現に「建物」があるか、現に建物がなくても当事者が「建物」を建てる目的で取引する土地を除き、「宅地」には該当しない（宅建業法2条、国交省「考え方」）。そして、宅建業法上の「建物」は、**土地に定着した、屋根と柱または壁を有する構造**のものをいう。この点、ソーラーパネルは、屋根や柱または壁は存しないので、「建物」には該当しない。よって、用途地域外のソーラーパネルのみが設置されている土地は、宅建業法上の「宅地」ではない。

イ 正しい 用途地域は、**都市計画区域及び準都市計画区域外**には**定められることはない**（都市計画法8条）。ということは、本肢の土地は、用途地域内の土地ではない。さらに、建物が建築されておらず、当事者はその土地上に建物を建築する目的で取引していないので、宅建業法上の「宅地」ではない（宅建業法2条）。

ウ 誤り 肢**ア**で記述したように、宅建業法上の「建物」は、建築基準法上の「建築物」（建築基準法2条）と同義と解されており、学校、病院、官公庁施設等の公共的な施設も「建物」に該当する。

エ 誤り 用途地域内の土地は、たとえ採草放牧地であっても、**原則として宅建業法上の「宅地」である**（宅建業法2条）。

以上より、正しいものは**ア**、**イ**の2つであり、正解は肢**2**となる。

👍 さらに理解！

　　宅建業法を学ぶにあたって最初に勉強するのは、**宅建業の意味**である。「宅地」「建物」「取引」「業」の意味をしっかりと把握しないと、**免許の要否や宅建業法の適用の有無が判断できなく**なってしまうので、しっかりと勉強しよう。

問 32 難易度 B 宅建業法（免許等複合） 正解 1

🔍 基本書 ➡ 第2編 宅建業法 第1章 総則 **2** 宅建業の免許

ア 誤り 宅建業者について、**破産手続開始の決定**があった場合、**破産管財人**は、破産手続開始決定のあった日から**30日以内**に、その宅建業者が免許を受けた国土交通大臣又は都道府県知事に届け出なければならない（宅建業法11条1項3号）。届出義務者は、破産管財人であり、Aではない。

イ 正しい **宅建業者（法人）が下記①～③の事由で免許を取り消された場合の役員**は、宅建業者（法人）の免許の取消し日から5年間、**免許欠格者**となる（同法5条）。
　　①不正手段で免許を受けた。
　　②業務停止処分事由に該当し、情状が特に重い。
　　③業務停止処分に違反した。
　しかし、本肢の**D社の免許取消事由**は、上記①～③のいずれにも該当しないので（D社の役員

96

Eの禁錮刑の執行が終わって5年を経過していないことを理由とする免許取消処分である)、D社の役員であったCは**免許欠格者にはならない**。とすれば、免許欠格者ではないCを役員とするB社は、D社の免許取消し日から5年を経過していなくても、**免許を受けることができる**。

ウ 正しい 業務停止処分の期間中でも、免許の**更新の申請**について、それを**制限する規定はない**ので(同法3条3項参照)、E社は免許の更新申請をして、免許の更新を受けることができる。もちろん、免許の更新を受けても、業務の全部の停止処分の期間中は、宅建業の業務を行うことはできない(同法65条2項・4項)。

以上より、誤っているものは**ア**の1つであり、正解は肢**1**となる。

ココに着目！

　肢**イ**のようなタイプの問題を苦手としている受験生は多い。このような問題を正解するには、順を追って正しく分析する必要がある。

　①まず、B社(法人)が宅建業の**免許**を受けようとする場合、誰を審査するかについては、ⅰ)B社(法人自身)、ⅱ)B社の**役員**、ⅲ)B社の**政令使用人**の3者をチェックする。いずれかが**免許欠格者**であると、**B社は免許を受けることはできない**。本肢では、B社の役員Cが免許欠格者でないかを検討する必要がある。

　②役員Cはかつて、B社とは別の法人D社の役員であったが、D社は免許を取り消されている。では、**D社の免許取消事由は何だろうか**。D社の免許取消事由が肢**イ**解説の①〜③事由のいずれかであれば、D社の免許取消し時の役員CもD社の免許取消し日から5年間は免許欠格者となる。しかし、D社の免許取消事由は、①〜③のいずれにも該当しない。したがって、D社の免許取消し時の役員だったCは免許欠格者ではない。

　③よって、B社が免許を申請した際に、役員Cが免許欠格者でなければ、他の欠格事由に該当する者がいないかを検討し、上記ⅰ〜ⅲ(B社自身、B社の役員、B社の政令使用人)のいずれも免許欠格者でなければ、B社は免許を受けることができる。

問 33 **難易度 C** **宅建業法(媒介契約書面・35・37条書面)** **正解 4**

基本書 ➡ 第2編 宅建業法 第2章 業務上の規制 ■ 一般的規制

ア 違反する **専属専任媒介契約**では、依頼した宅建業者が探索した者以外と契約は締結できない。専属専任媒介契約を締結したときは、媒介契約書面(宅建業法34条の2第1項書面)には、**取決めの有無にかかわらず「依頼者が媒介を依頼した宅建業者の探索した者以外と売買契約を締結したときの措置」を記載**しなければならない(同法34条の2第1項、施行規則15条の9)。

イ 違反する 建物の貸借の媒介を行う場合において**借賃以外の金銭の授受があるときは、35条書面**には、借賃以外に授受される金銭について、①その**額**、②**授受の目的**を記載しなければならない(同法35条1項)。また、**37条書面**には、①その**額**、②**授受の目的**、③**授受の時期**を、記載しなければならない(同法37条2項)。よって、35条書面に、その額、授受の目的を記載したとしても、その記載を37条書面で省略することは、宅建業法の規定に違反する。

ウ 違反する 本肢では、買主が金融機関から融資を受けられなかったときは、売買契約の無条件の**解除を認める旨の特約**があるので、この特約の内容を37条書面に記載しなければならない

（同法37条1項7号）。

以上より、違反しないものは**なし**であり、正解は肢**4**となる。

ココに着目！

　宅地建物の売買においては、**宅建業者が「代金についての金銭の貸借のあっせんに関する定めがある場合は、当該あっせんに係る金銭の貸借が成立しないときの措置」を37条書面に記載しなければならない。肢ウ**の事案では「**宅建業者は、自ら住宅ローンのあっせんはしない**」ので、買主が金融機関から融資を受けられなかった場合の契約の無条件解除を認める旨の特約の内容を、37条書面に記載する必要がないとも思える。しかし、37条書面には、上記以外に、**「契約の解除に関する定めがあるときは、その内容」**を記載しなければならず、かかる解除に関する定めとして、その内容（無条件解除を認める旨の特約）を**37条書面に記載しなければならない。**

問 34　難易度 A　宅建業法（クーリング・オフ）　正解 4

🔍 基本書 ➡ 第2編　宅建業法　第2章　業務上の規制　② 自ら売主制限（8種制限）

ア　正しい　　買受けの申込みをした場所と契約の締結をした場所が異なる場合は、**買受けの申込みをした場所**を基準にクーリング・オフ制度の**適用の有無を判断する**（宅建業法37条の2第1項）。よって、Aの**事務所で売買契約の申込みをした場合は、翌日、喫茶店で売買契約を締結しても、Bは、クーリング・オフによる契約の解除はできない。**

イ　誤り　　テント張りの案内所で買受けの申込みがなされ、売買契約が締結された場合、クーリング・オフ制度が適用される。もっとも、クーリング・オフ制度が適用される場合であっても、宅建業者が**クーリング・オフできる旨及びその方法を買主に告げることは、宅建業者の義務ではない。**告げなければ、買主が宅地の引渡しを受け、かつ、代金の全部を支払うまで、クーリング・オフがなされてしまう不利益を受けるだけである（同法37条の2第1項）。よって、告げなくても**宅建業法の規定には違反しないので、告げないということのみをもって宅建業者が監督処分として指示処分**（同法65条）を受けることはない。

ウ　誤り　　Bが**クーリング・オフ**による契約の解除をするときは、**書面**により行わなければならないが、その書面について、国土交通大臣が定める書式の書面をもってその意思表示を行わなければならない旨の規定は存在しない（同法37条の2第2項・1項）。

エ　正しい　　Bが買受けの申込みをしたレストランは、**クーリング・オフができる場所**であるが（同法37条の2第1項、施行規則16条の5）、かかる場所で売買契約を締結しても、買主が**物件の引渡しを受け、かつ、代金全部を支払ったときは、**売買契約を解除することができなくなる。この点、Bは、当該宅地の引渡しを受けてはいるが、**代金の一部**を支払っていただけであるから、売買契約を締結した5日後であれば、法が定める方法（一定事項が記載された書面）によりクーリング・オフができる旨を告げられていたとしても8日の経過はないので、当該契約を解除できる（同法37条の2第1項）。

以上より、正しいものは**ア、エ**の2つであり、正解は肢**4**となる。

ココに着目！

クーリング・オフについては、以下の手順でその可否を判断する。
① 宅建業者が売主で宅建業者でない者が買主か。
② 事務所等以外で買受けの申込みまたは売買契約がなされているか（買受けの申込と売買契約を締結した場所が異なるときは、**買受けの申込場所を基準**にする）。また、**事務所等以外に該当するかのあてはめ**には注意すること。
③ 宅建業者から法定事項が記載された書面の交付がなされた場合は、**その日から8日以内**か。
④ 宅地建物の引渡しを受け、**かつ**、**代金の全部の支払い**がなされていないか。
⑤ 買主（または申込者）が書面でクーリング・オフをする旨の**通知を発している**か。

問 **35** **難易度 B** 　　　　　　　　**宅建業法（媒介契約）**　　　　　　**正解 2**

🔍 **基本書** ➡ 第2編　宅建業法　第2章　業務上の規制　**1**　一般的規制

1 **違反しない** 宅建業者は、登録に係る物件の**契約が成立したとき**は、遅滞なく、その旨を**指定流通機構に通知**しなければならず、通知すべき事項は、①登録番号、②取引価格、③売買等の契約の成立した年月日である（宅建業法34条の2、施行規則15条の13）。登録した宅地建物については、すでに**登録番号によって管理されている**ので、**宅地の所在地**は、契約が成立したときの指定流通機構への**通知すべき事項ではない**。

2 **違反する** 専属専任媒介契約においては、**業務の処理状況**を**1週間に1回以上、報告**しなければならず、これには**休業日を除いてカウントしてよい旨の規定はない**（同法34条の2）。したがって、本肢の「Aの休業日を除き7日に1回」報告する旨の定めは、業務の処理状況の報告を1週間に1回以上とする宅建業法の規定に違反する。

3 **違反しない** 媒介契約書面に記名押印する義務があるのは**宅建業者**であり、また、宅建業者は宅建士をして記名押印させる義務もない（同法34条の2）。よって、宅建士ではない従業員をしてAの名で記名押印させたとしても、宅建業法の規定に違反しない。

4 **違反しない** 宅地の売却の媒介依頼を受けた宅建業者が専任媒介契約（**専属専任媒介契約を含む**）を締結した場合、宅建業者は、契約の相手方を探索するため、宅地建物の所在、規模、形質、売買すべき価額その他国土交通省令で定める**一定事項**を、**指定流通機構に登録しなければならない**が（同法34条の2、施行規則15条の11）、**登記された権利の種類**（本肢の登記された抵当権等）は、指定流通機構への**登録事項ではない**。

さらに理解！

　媒介契約書面を書面で作成する場合、**宅建業者の記名と押印が必要**であり、35条書面や37条書面のように押印（35条書面と37条書面は、そもそも宅建業者の記名押印は要求されておらず、**宅建士の記名押印が要求されていたが、宅建士の押印は廃止され、記名のみとなった**）は**廃止されていない**ことにも注意しよう。なお、押印は文書が真正であることを担保するために要求されているが（押印があると、民事訴訟法上、契約書の真正が推定される）、媒介契約書面を電磁的記録で作成する場合、押印に代わってその電磁的記録が真正であることを担保するため、**電子署名を用いる**（署名者本人のみが有する秘密鍵で署名を作成し、この秘密鍵と対をなす公開鍵と電子証明書を用い、電子署名により作成された文書の作成者を特定し、電子文書に以後の改ざんがなされていないことを確認する）必要がある。

問 36　**難易度 A**　# 宅建業法（37条書面）　**正解 1**

🔍 **基本書** ➡ 第2編　宅建業法　第2章　業務上の規制　**1**　一般的規制

1　**違反しない**　8種規制である**手付金等の保全措置**を講じた場合のその内容は、**37条書面**（電磁的方法を含む）の**記載事項ではない**（宅建業法37条1項・4項参照）。これは、35条書面の記載事項である（同法35条1項）。

2　**違反する**　建物の**貸借**の媒介でも、売買と同様に、**損害賠償額の予定に関する定めがある**場合は、その**内容を37条書面**（電磁的方法を含む）に**記載**しなければならない（同法37条2項・1項・5項）。

3　**違反する**　売買の目的物である宅地の**引渡しの時期**については、その**定めの有無を問わず、必ず37条書面**（電磁的方法を含む）に**記載しなければならない**（同法37条1項・4項）。本肢においては、Aは、「売主が2か月以内に宅地上の廃屋の取壊しを終了次第、遅滞なく、宅地を買主に引き渡す」旨を37条書面に記載しなければならない。

4　**違反する**　宅建業者の媒介により建物の**貸借の契約**が成立した場合、貸借の媒介を行った宅建業者は、契約の各当事者に借賃の額や支払時期のみならず、**支払方法**についても、その**定めの有無を問わず、37条書面**（電磁的方法を含む）に**記載しなければならない**（同法37条2項・5項）。

⭐ **ココに着目！**

　37条書面（電磁的方法を含む）の記載事項は、売買や貸借等の契約当事者間で約定する重要な項目について、書面や電磁的方法によって記録を残し、契約締結後の当事者間の契約上のトラブルを防止することにある。この点、宅建業者が自ら売主となる場合の**手付金等の保全措置**は、8種規制により、宅建業法が自ら売主である宅建業者に課している義務であり、37条書面の記載事項ではない。

問 37 難易度 Ⓐ 宅建業法（営業保証金） 正解 1

🔍 基本書 ➡ 第2編 宅建業法 第1章 総則 ⑤ 営業保証金と保証協会

1 誤り 宅建業者は、その本店（主たる事務所）を移転したため、本店の最寄りの供託所が変更した場合において、**金銭のみをもって営業保証金を供託**しているときは、**遅滞なく、費用（保管替えに掛かる切手代等の手数料）を予納して、変更前の供託所に対し、移転後の供託所への保管替えを請求しなければならない**（宅建業法29条）。

2 正しい 支店で宅建業に関する**取引をした者**（そもそも還付を受けることができない宅建業者を除く）であっても、その取引により生じた債権に関し還付を受けられる限度額は、Aの供託している**営業保証金の全額に相当する1,500万円**である（同法27条、25条、施行令2条の4）。

3 正しい Aは甲県内に本店及び支店1カ所を設置して宅建業を営んでいることから、**甲県知事の免許**を受けている宅建業者である（宅建業法3条）。甲県知事の免許を受けている宅建業者Aについて、営業保証金の還付がなされ、営業保証金が政令で定める額に不足することになった場合、Aは、**免許権者**（甲県知事）から**通知書の送付を受けた日から2週間以内**にその**不足額を供託**しなければならず、その**不足額を供託**したときは、**2週間以内にその旨を免許権者**（甲県知事）に**届け出なければならない**（同法28条、営業保証金規則5条）。

4 正しい 営業保証金を有価証券により供託した場合に、その有価証券の償還期の到来等により、従前の有価証券に代わる新たな有価証券を供託した後、従前の有価証券を取り戻すことを**変換（差し替え）**という。この場合、変換をした宅建業者は、**遅滞なく、免許権者**（甲県知事）に**届け出なければならない**（施行規則15条の4の2）。なお、届出をした場合、従前の有価証券は、**公告をすることなく取り戻すことができる**（国交省「考え方」）。

> ✏ **解法のポイント**
>
> 営業保証金や弁済業務保証金では、「**いつまでに**」という期間について、**2週間以内**と規定するものが多い。したがって、効率の良い受験対策としては、**2週間以外**（例えば「6カ月」「3カ月」「1カ月」「1週間」「直ちに」「遅滞なく」）と規定されているものは**きっちりと覚え**、覚えたもの以外は2週間だと判断すればよい。すなわち、本問であれば、肢**1**や肢**4**の「遅滞なく」はきっちりと覚えて、肢**3**の問題文の「2週間」は自分の記憶にないから、「2週間」は正しいのだろうと判断する。

問 38 難易度 Ⓐ 宅建業法（免許複合） 正解 2

🔍 基本書 ➡ 第2編 宅建業法 第1章 総則 ② 宅建業の免許

ア 正しい 免許を取り消された宅建業者であっても、その免許取消処分前に締結した契約に基づく**取引を結了する目的の範囲内**においては、なお**宅建業者とみなされる**（宅建業法76条）。よって、Aが免許取消処分前に締結した契約に基づく債務の履行をしても、無免許営業の禁止規定には、違反しない。

イ 誤り 免許の更新を受けようとする宅建業者は、免許の**有効期間満了の日の90日前から**

30日前までの間に免許申請書を免許権者に提出しなければならない（同法３条３項、施行規則３条）。「２週間前まで」ではない。

ウ　誤り　宅建業者は、宅建業を**廃止**（廃業）した場合、「**30日以内に**」免許権者にその旨を届け出なければならない（同法11条１項）。「遅滞なく」ではない。

エ　正しい　丙県知事免許を受けた宅建業者Ｄが、免許取得後に**複数の都道府県に事務所を設置**する場合、国土交通大臣への**免許換えの申請**が必要となるが、**案内所は事務所ではない**ので、免許換えの申請をする必要はない（同法７条１項）。

以上より、正しいものは**ア**、**エ**の２つであり、正解は肢**2**となる。

 ココに着目！

宅建業法に違反する行為をして宅建業の免許を取り消された場合でも、**取引を結了する目的の範囲内**では、なお宅建業者とみなされるので（**みなし業者**）、その範囲内においては、免許取消処分を受けた後であっても宅建業に関与できることになる。

 問 **39** **B** 難易度

宅建業法（報酬計算）

 正解 **4**

🔍 **基本書** ➡ 第２編　宅建業法　第２章　業務上の規制　**3**　報酬・その他の制限

ア　正しい　交換契約の場合、**交換物件の高い方の価額**（4,000万円）を基準に報酬額を算定できる。本肢において、Ａは、消費税の課税事業者であり、報酬を受領するにあたり10％が加算される。よって、Ａは、Ｂ及びＣのそれぞれから、（4,000万円×3％＋6万円）×1.1＝**138万6,000円**（税込み）を限度に（合計すれば277万2,000円）**報酬を受領できる**（宅建業法46条、報酬告示、以下根拠同じ）。

イ　正しい　**居住用建物以外**（本肢は「店舗用建物」であり、「居住用建物以外」に該当する）の賃貸借の媒介の場合、権利金の授受があるときは、**権利金の額を売買代金とみなして報酬の限度額を計算**し、**１カ月当たりの借賃と比較して高い金額を報酬**として受領できる。Ａは、消費税の課税事業者であり、報酬を受領するにあたり10％が加算される。なお、速算法で計算する場合は、賃料や権利金は、消費税抜きの価額で計算する。

　　権利金：（税抜き300万円×4％＋2万円）×1.1＝15万4,000円（税込み）

この15万4,000円をＤ及びＥからそれぞれ受領できるので、宅建業者ＡがＤ及びＥから受領できる**報酬の合計額**は、**30万8,000円**となる。

　　借賃：20万円（税抜き）×1.1＝22万円（税込み）

依頼者であるＤ及びＥから**合計で30万8,000円まで**報酬として受領できる。

したがって、１カ月分の借賃を基準とするよりも、権利金の額を基準として報酬計算をする方が高い額となるので、ＡがＤ及びＥから受領できる**報酬の合計額の限度**は、**30万8,000円**となる。

ウ　正しい　土地付建物の代金には、300万円の消費税等相当額（以下「消費税」という）が含まれるので、**消費税を除いた本体価格**で計算をする。宅建業者Ａが単独で、土地付建物の売買契約の媒介を依頼され、契約を成立させた場合、Ａは消費税の課税事業者であるから、以下の計算式により、Ｆから10％を加算した**270万6,000円**を**報酬として受領できる**。

　　{（8,300万円－300万円）×3％＋6万円}　×1.1＝270万6,000円（税込み）

エ　正しい　　居住用建物以外（「宅地」は「居住用建物以外」）の賃貸借において権利金の授受がある場合、**権利金の額**を**売買代金**とみなして報酬の限度額を**計算**し、**1か月当たりの借賃**と**比較**して高い額を報酬として受領できる。Aは、消費税の課税事業者であり、報酬を受領するにあたり10％が加算される。

　　権利金：（1,000万円×3％＋6万円）×1.1＝39万6,000円（税込み）

権利金の額を基準とする場合、39万6,000円を**依頼者の一方**であるGから受領できる。

　　借　賃：50万円×1.1＝55万円（税込み）

賃料を基準とする場合、55万円を依頼者Gから受領できる。

　　したがって、権利金の額を基準に依頼者の一方であるGから39万6,000円を受領するよりも、1カ月分の賃料を基準にGから55万円を受領する方が高い金額となるので、**Gから55万円を**限度に**報酬を受領できる。**

以上より、正しいものは**ア、イ、ウ、エ**の4つすべてであり、正解は肢**4**となる。

さらに理解！

　　「居住用建物以外」の賃貸借で権利金（権利設定の対価として支払われるもので返還されないもの）の授受がある場合、設問で、**「依頼者の一方から」**受領できる報酬限度額を訊かれたときは、**1カ月分の賃料と権利金の額を売買代金とみなして報酬計算した額**を比較して高い方の額が報酬限度額となる。これに対し、設問で、宅建業者が**「依頼者から」**受領できる報酬の限度額（貸主及び借主から依頼を受けている場合）を訊かれたときは、**1カ月分の賃料と権利金の額を売買代金とみなして報酬計算した額の「2倍の額」**を比較して高い方の額が報酬限度額となる。設問が、**依頼者の一方から**受領できる報酬限度額を訊いているのか、**依頼者から**受領できる報酬の限度額（宅建業者が受領できる報酬の合計額）を訊いているのかを読み間違えないようにしよう。

問 40　難易度 **B**　# 宅建業法（宅建士等複合）　正解 **2**

🔍 **基本書** ➡ 第2編　宅建業法　第1章　総則　❸ 宅地建物取引士、❹ 免許の基準と登録の基準

1　誤り　　宅建士試験に合格した者が登録を受けようとするときは、合格した**試験を行った知事の登録**を受ける（宅建業法18条）。これは、登録をした後に、**登録の移転を行い、その後に登録を消除されて再登録を受ける場合**でも**同様**である。したがって、Aは、甲県知事の行った試験の合格者であるから、登録の消除前に乙県知事に登録の移転をしていたとしても、再度登録の申請をする場合は、甲県知事にしなければならない。なお、登録の消除処分を受けたとしても、合格の決定が取り消されない限り、宅建士試験に合格したことは一生有効であり、Aは宅建試験を受け直す必要はない。

2　正しい　　宅建士の資格**登録を申請**しようとする場合、宅地建物の取引に関する**実務経験が2年以上**あれば、国土交通大臣の登録を受けた登録講習機関の講習（**登録実務講習**）を受講する必要はない（同法18条、施行規則13条の15、13条の16）。しかし、**宅建士証の交付申請をしようとする場合、試験に合格した日から1年以内に宅建士証の交付を受けるとき又は登録の移転の申請とともに移転先の知事から宅建士証の交付を受ける場合の2つの例外に該当しない限り、たとえ実務経験が2年以上あっても、登録をしている知事が国土交通省令の定めるところにより指定する講習（法定講習）で交付の申請前6カ月以内に行われるものを受講しなければならない**（同法22条の2、施行規則14条の17）。

3 誤り 宅建士が事務禁止処分を受け、その**事務禁止期間中に自ら登録消除の申請をして登録が消除された場合、その受けた事務禁止期間中は再登録ができない**（同法18条・22条）。Cは、令和6年4月1日から6カ月間の事務禁止処分を受けたのであるから、再登録が認められないのは同年9月末までであり、同年10月1日から登録を受けることができる。よって、「同年11月1日以降でなければ登録を受けることができない」とする本肢は誤りである。

4 誤り 都道府県知事は、不正の手段によって宅建士の資格試験（宅建士試験）を受け、又は受けようとした者に対しては、合格の決定を取り消し、又はその**試験を受けることを禁止**することができ、その処分を受けた者に対し、情状により**3年以内の期間**を定めて試験を受けることができないものとすることができる（同法17条）。よって、「最長で2年間」とする本肢は誤りである。

ココに着目！

3年以内の期間を定めて**再受験が禁止**される場合があることと、登録を受けるのに、原則として**2年以上の実務経験**が要求されることについて、「2年」と「3年」を混同する受験生は多いので注意すること。

問41 難易度A 宅建業法（手付金等の保全措置） 正解4

🔍 **基本書** ➡ 第2編 宅建業法 第2章 業務上の規制 ❷ 自ら売主規制（8種制限）

1 誤り 8種制限の適用場面（宅建業者が自ら売主となって宅建業者ではない者に宅地建物を売却する場面）では、**未完成物件**においては、受領した手付金等の額が代金額の5%または1,000万円を超える場合（本問では価格1億円の土地付建物なので、500万円を超える場合）は、法定の**保全措置が必要**になる（宅建業法41条）。本肢では、手付金に充当した申込証拠金20万円を加えた570万円について、**事前に法定の保全措置を講じないと、550万円の手付金を受領することはできない**。手付金等の受領後に保全措置を講じるのでは遅い。

2 誤り **手付金等**とは、①契約締結後引渡し前に授受される金銭で、かつ、②代金に充当されるものをいう（同法41条）。本問の申込証拠金50万円は契約締結前に授受されており、その時点においては手付金等ではないが、売買契約締結後に**申込証拠金を手付金に充当**することで、**手付金等の定義に該当**することになる。よって、手付金等の額は570万円となり、その全額について、法定の保全措置を講じる必要がある。

3 誤り 相手方（A）が「履行の着手」をすると、Bは手付解除をすることができなくなる（同法39条2項）。この点、「履行の着手」とは、**契約によって負担した債務の履行行為の一部を行うこと**であるが、手付金等保全措置を講じることは、**宅建業法上の宅建業者の義務を履行**しているだけであり、売買契約によって負担した債務の履行行為ではない。よって、Bの手付金放棄による契約解除は認められる。

4 正しい 手付金等の保全措置における**完成・未完成物件の区別**は、**売買契約時に判断**する（国交省「考え方」）。よって、売買契約時に未完成物件であれば、**途中で工事が完成しても、未完成物件として手付金等の保全措置の要否が決定される**ので、中間金430万円を受領する前に工事が完成していても、その受領前に法定の保全措置を講じる必要がある。

ココに着目！

　手付金等の保全措置は**クーリング・オフ**とともに**8種制限**でよく出題されるので、充分な対策を講じておこう。

問 42 　難易度 B 　宅建業法（重要事項の説明） 　正解 1

🔍 基本書 ➡ 第2編　宅建業法　第2章　業務上の規制　**1**　一般的規制

ア　必ず説明しなければならない　建物（区分所有建物を含む）の**貸借の媒介**においては、**契約終了時の敷金の精算に関する事項**について、必ず説明しなければならない（宅建業法35条1項、施行規則16条の4の3）。

イ　説明をする必要はない　区分所有建物の**貸借の媒介**においては、敷地の一部を特定の者にのみ使用を許す旨（**専用使用権**）の規約の定めの内容を説明する必要はない（同法35条1項、施行規則16条の2参照）。

ウ　説明する必要はない　建物（区分所有建物を含む）の**貸借の媒介**においては、**用途地域内における建築物の用途制限**に関する事項の概要を説明する必要はない（同法35条1項、施行令3条参照）。

エ　説明をする必要はない　建物（区分所有建物を含む）の**貸借の媒介**においては、**私道に関する負担**に関する事項を説明する必要はない（同法35条1項参照）。

以上より、説明をする必要があるのは**ア**の1つであり、正解は肢**1**となる。

ココに着目！

　敷金（いかなる名目によるかを問わず、賃料債務その他の賃貸借に基づいて生ずる賃借人の賃貸人に対する金銭の給付を目的とする債務を担保する目的で、賃借人が賃貸人に交付する金銭・民法622条の2）は、賃貸人と賃借人との間でトラブルが発生することが多い。よって、宅建業法は、重要事項の説明において、①その額と授受の目的、及び②精算に関する事項の説明を要求し、**37条書面**にも、③その額と授受の目的、授受の時期の記載を要求する。

問 43 　難易度 B 　宅建業法（保証協会） 　正解 3

🔍 基本書 ➡ 第2編　宅建業法　第1章　総則　**5**　営業保証金と保証協会

1　誤り　宅建業者が保証協会に納付する弁済業務保証金分担金は、金銭のみによることとされている。これに対して、**保証協会が弁済業務保証金**を法務大臣及び国土交通大臣が定める**供託所**に供託する場合には、金銭以外に国債証券等一定の**有価証券**でも**供託できる**（宅建業法64条の7、25条）。

2　誤り　保証協会は、社員がその**一部の事務所を廃止**したため、弁済業務保証金分担金の

額が、政令で定める額を超えることとなった場合には、その**超過額に相当する額の弁済業務保証金を取り戻す**ことができ、保証協会は、その取り戻した額に相当する弁済業務保証金分担金を還付請求権者に**公告することなく**、その社員に**返還**できる（同法64条の11）。

3　正しい　保証協会が適正かつ確実に実施しなければならない必要的業務の一つとして、宅建士その他宅建業の**業務従事者**に対する**研修業務**があるが、これは宅建業の**業務に従事している者**のほか、これから**従事しようとする者**に対して行うこともできる（同法64条の3）。

4　誤り　保証協会は、弁済業務保証金の不足額を供託する場合において、弁済業務保証金準備金をこれに充ててもなお不足するときは、その不足額に充てるため、社員に対し、その者に係る政令で定める弁済業務保証金分担金の額に応じ**特別弁済業務保証金分担金を保証協会に納付**すべきことを**通知**しなければならない（同法64条の12）。そして、その通知を受けた社員は、**通知を受けた日から1カ月以内**に、通知された額の**特別弁済業務保証金分担金**を当該保証協会に**納付**しなければ、保証協会の**社員としての地位を失う**（同法64条の12、64条の10）。

 さらに理解！

　　宅建業の業務の高度化に伴い、宅建業の業務に従事する者の能力向上は、喫緊の課題となっている。宅建業法も、**宅建業者**に対して、①その従業者に対し、業務を適正に実施させるため必要な教育を行うように努めなければならない義務を規定するとともに、**宅建士**に対して、②宅建士の宅建士証の交付（更新）にあたっての法定講習以外に、③宅地建物の取引に係る事務に必要な知識や能力の維持向上に努めなければならない義務を規定した。そして、**保証協会**に対しては、従前から存する保証協会として必ず行わなければならない業務（必要的業務）として、④宅建士その他宅建業の業務に従事し又は従事しようとする者に対する研修のほか（肢3で出題）、任意的業務として、⑤宅建業者を直接・間接の社員とする一般社団法人による宅建士等に対する研修費用の助成を行うことができる。

問 44　難易度 B　宅建業法（宅建士）　正解 2

🔍 **基本書** ➡ 第2編　宅建業法　第1章　総則　**3** 宅地建物取引士

ア　正しい　宅建士が破産手続開始の決定を受けたときは、登録の欠格事由に該当し、その登録は消除されるが、**復権を得た後は、5年の経過を待たず、直ちに登録を受けることができる**（宅建業法18条）。

イ　誤り　宅建士が**傷害罪**（刑法204条）により**罰金刑**に処せられて、その**登録を消除**された場合、再び登録を受けることができるのは、「**刑の執行を終わり、又は執行を受けることがなくなった日**」から**5年経過**したときである（宅建業法18条）。よって、「登録が消除された日」から5年を経過したときとする本肢は誤りである。

ウ　正しい　宅建士が**過失傷害罪**（刑法209条）により**罰金刑**に処せられても、登録の欠格事由に該当するわけではないので、登録している知事に**届出をする義務はない**（宅建業法21条、18条）。

エ　誤り　宅建士は、登録をしている都道府県知事の管轄する都道府県以外の都道府県に所在する宅建業者の事務所の業務に従事し、または従事しようとするときは、**登録の移転**を申請できる（同法19条の2）。この点、宅建士が**事務禁止処分**を受けた場合、その事務禁止処分の期間中は、**宅建士としての法定事務3つ**（①重要事項の説明をする、②35条書面に記名する、③37条書面に記名する）を行うことが**できない**のはもちろんである。さらに、宅建士の法定事

務ではないが、**事務禁止処分**を受け、その**禁止期間が満了していないとき**は、**登録の移転の申請もできない**（同法19条の２）。事務禁止処分の期間中は、宅建士証をその登録を受けた知事に提出しているが、登録の移転を認めると、登録知事の変更による宅建士証の取扱いをどうするかなど、監督処分の手続きが煩雑になるからである。

以上より、正しいものは**ア**、**ウ**の２つであり、正解は肢**2**となる。

 ココに着目！

　宅建士が刑に処せられたことにより登録を消除された場合、**再登録が可能となるまでの５年間の起算点**を「登録が消除された日」と勘違いする受験生がとても多い。正しくは、「**刑の執行を終わり、または執行を受けることがなくなった日**」から５年を経過したときであり、これは本試験でも頻出であるから注意すること。

問 45　難易度 B　宅建業法（住宅瑕疵担保履行法）　正解 3

🔍 **基本書** ➡ 第２編　宅建業法　第４章　住宅瑕疵担保履行法

1　誤り　　宅建業者が、主たる事務所を移転したため、**主たる事務所の最寄りの供託所が変更した場合**において、**金銭のみをもって住宅販売瑕疵担保保証金の供託をしているとき**は、法務省令・国土交通省令で定めるところにより、「**遅滞なく**」、住宅販売瑕疵担保保証金の供託をしている供託所に対し、費用を予納して、移転後の主たる事務所の最寄りの供託所への住宅販売瑕疵担保保証金の**保管替えを請求しなければならない**（住宅瑕疵担保履行法16条、８条）。

2　誤り　　住宅販売瑕疵担保責任保険契約は、買主が新築住宅の**引渡しを受けた時から10年以上の期間**、**有効でなければならず**、**国土交通大臣の承認を受けた場合を除き**、保険契約を**解除することはできない**（同法２条）。

3　正しい　　宅建業者が**住宅販売瑕疵担保保証金の供託をしている場合**、**供託している額が基準日**において、**供託すべき基準額を超えることとなったとき**は、**免許権者**（甲県知事）の**承認**を受けて、その超過額を**取り戻すことができる**（同法16条、９条）。

4　誤り　　住宅販売瑕疵担保責任保険契約を締結している**宅建業者**は、当該保険に係る新築住宅に、**構造耐力上主要な部分又は雨水の浸入を防止する部分の瑕疵**（構造耐力又は雨水の浸入に影響のないものを除く）がある場合、特定住宅販売瑕疵担保責任の**履行によって生じた損害**について、当該住宅を引き渡した日から10年間、**保険金を請求できる**（同法２条、住宅品質確保促進法95条、94条）。ただし、新築住宅の売主である宅建業者が倒産したり、担保責任を履行しない場合には、**買主が保険法人に保険金の支払いを請求できる**。

👍 **さらに理解！**

　住宅瑕疵担保履行法は、毎年、**問45**として１問出題される。住宅瑕疵担保履行法の問題は、過去に出題された知識が何度も繰り返して出題されることから、勉強さえすれば得点できる可能性が高いが、準備不足のせいで得点できない受験生が目立つ。確実に得点できるように、過去問を中心にしっかりと準備しよう。

住宅金融支援機構

問 46 難易度 **A**

正解 **4**

基本書 ➡ 第4編 税・その他 第3章 住宅金融支援機構

1 正しい 住宅の購入に付随する当該住宅の**改良に必要な資金**の貸付債権も譲受の対象となる（住宅金融支援機構法13条1項1号、施行令5条1項）。

2 正しい 機構は、**団体信用生命保険業務**として、貸付けを受けた者が死亡した場合だけでなく、**重度障害**となった場合においても、支払われる生命保険の保険金を当該貸付けに係る債務の弁済に充当することができる（同法13条1項11号）。

3 正しい 直接融資業務のうち、高齢者が自ら居住する住宅に対して行うバリアフリー工事については、毎月の返済は利息のみとし、元金は死亡時に一括返済するという**死亡時一括償還制度**が設けられている（独立行政法人住宅金融支援機構業務方法書24条4項）。そして、当該貸付金の貸付けのために設定された**抵当権の効力の及ぶ範囲を超えて、弁済の請求をしない**ことができる（同方法書24条5項）。

4 誤り 貸付けの時に貸付金の金利が償還期間の全期間について定まっていることが必要であるが、具体的な**金利は、それぞれの金融機関が定める**ので、どの金融機関でも同一ということにはならない（同方法書3条5号）。

👍 **さらに理解！**

マンションの共用部分の改良（高齢者が自ら居住するマンションの共用部分の改良で、当該高齢者に対する貸付けに係るものに限る。）に係る貸付金も、死亡時一括償還制度の対象となる。

景表法（公正競争規約）

問 47 難易度 **C**

正解 **2**

基本書 ➡ 第4編 税・その他 第4章 取引の実務 **1** 景表法

1 誤り 本肢の記述は、改正前の記述である。ガスは、**都市ガス又はプロパンガス**の別を明示して表示しなければならない（不動産の表示に関する公正競争規約施行規則9条㉕）。

2 正しい 団地と駅との間の道路距離又は所要時間は、取引する区画のうち駅から最も近い区画（**マンション及びアパートにあっては、その駅から最も近い建物の出入口**）を起点として算出した数値とともに、駅から最も遠い区画（**マンション及びアパートにあっては、その駅から最も遠い建物の出入口**）を起点として算出した数値も表示することが必要である（施行規則9条(8)）。

3 誤り 現に利用することができる、学校、病院、官公署又は公園を表示する場合、物件からの**道路距離又は徒歩所要時間を明示**しなければならない（施行規則9条㉙）。道路距離又は徒歩所要時間であって、道路距離**及び**徒歩所要時間ではないことに注意。

4 誤り 建物を増築、改築、改装又は改修したことを表示する場合は、その**内容及び時期を明示**しなければならない（施行規則9条(21)）。内容**又は**時期を明示ではない。

問 **48** 難易度 **C**

統計

正解 **3**

 基本書 ➡ 第4編　税・その他　第6章　統計

1 **誤り**　　令和6年地価公示（令和6年3月公表）によれば、令和5年の地価変動は、**三大
都市圏平均**では、**全用途平均**は対前年比3.5％上昇し、3年連続で上昇し、上昇率が拡大した。
また、商業地も3年連続で上昇し、上昇率が拡大した。

2 **誤り**　　建築着工統計調査報告（令和5年計。令和6年1月公表）によれば、令和5年の
新設住宅着工**床面積**は64,178千㎡で、前年比7.0％減で、**2年連続の減少**となった。

3 **正しい**　　建築着工統計調査報告（令和5年計。令和6年1月公表）によれば、令和5年の
建築工法別の戸数における**プレハブ**は、103,403戸で**2年連続の減少**（前年比8.1％減）で、**ツー
バイフォー**も、90,792戸で**2年連続の減少**（前年比0.5％減）となった。

4 **誤り**　　年次別法人企業統計調査（令和4年度。令和5年9月公表）によれば、令和4年
度における不動産業の**売上高経常利益率**は、12.8％で、前年度（12.5％）と比べて**増加**した。
全産業の売上高経常利益率（6.0％）より高い。

問 **49** 難易度 **B**

土地

正解 **3**

基本書 ➡ 第4編　税・その他　第5章　土地・建物　**1**　土地

1 **適当**　　**土砂災害**には、がけ崩れ（急傾斜地の崩壊）、土石流、地すべりの**3種類**があ
り、大雨や地震によって、これらの土砂災害が誘発される。傾斜が急な日本は、起こりやすい
環境にあり、突発的に大きな破壊力を持つ土砂災害は、正確な予測が難しい。

2 **適当**　　山の斜面や谷に堆積した石や土砂が、豪雨等によって大量に流れ出る現象を**土
石流**といい、石や流木などを一気に押し流すそのスピードは想像以上に速く、時には時速
50km以上にもなる。

3 最も不適当 深層崩壊とは、山崩れ・崖崩れなどの斜面崩壊のうち、すべり面が表層崩壊よりも深部で発生し、表土層だけでなく**深層の地盤までもが崩壊土塊となる**比較的規模の大きな崩壊現象をいう。特徴として、崩壊土塊（土砂）は高速で移動し、崩壊土塊（土砂）の大部分は崩壊範囲の外へ移動する場合が多い。

4 適当 豪雨や長雨が続いている、地面に亀裂や段差が生じる、木が傾いたり、地面が揺れたりする・川が濁ったり、木が流れたり、土臭いにおいがしたりする、降雨が続いているのに、川の水位が減少する等は、**土砂災害前兆現象**である。

 さらに理解！

　近年、豪雨、竜巻、地震等土砂災害を起こす自然現象が多発している。令和３年に静岡県熱海市において発生した土石流災害では、多くの貴い生命や財産が失われ、上流部の盛土が崩落したことが被害の甚大化につながったことから、『盛土等防災マニュアル』等が作成されている。土砂災害が注目をされているので、本問で押さえておこう。

<table>
<tr><td>問</td><td>難易度</td><td rowspan="2" style="text-align:center">建物</td><td>正解</td></tr>
<tr><td>50</td><td>B</td><td>3</td></tr>
</table>

🔍 **基本書** ➡ 第4編　税・その他　第5章　土地・建物　**2** 建物

1 適当 **耐震構造**には、耐震構造、制震構造又は免震構造がある。

2 適当 耐震構造は、**建物自体を頑丈にして地震の振動に対抗する**ものであるが、強い地震に対しては、建物の損傷は避けられない。

3 最も不適当 制震構造は、建物の要所にダンパーを設置し、地震などによる揺れを吸収し、揺れを小さくする構造をいう。ダンパーを筋交いのようにいれることができるので、**既存建物の耐震補強としても利用できる**。

4 適当 免震装置は、**建物と基礎の間**又は建物の**中間層**に設けて、地震のエネルギーを伝わりにくくする装置である。

✏ **解法のポイント**

　免震装置を設ける**免震工法**は、建物に地震のエネルギーを伝わりにくくする工法で、基本的には、**横方向の揺れの地震に大きな効果がある**工法である。免震工法は、縦揺れに対してはあまり効果はないが、**縦揺れにも対応できる３次元免震工法**が出現している。

苦手科目を **ちょっと** 復習

解いて覚える

一問一答

　3回の予想模試、おつかれさまでした。

　各回の「出題一覧・正解と成績」のページにある得点目標の目標点には届きましたか？

　ここでは、各肢の正誤を正確に捉える力を養うための一問一答を、各科目5問ずつ用意しました。苦手な科目や知識の定着度を上げたい科目のフォローアップに使ってください。

　さらに一問一答に取り組んでみたい方は、P.35の読者様向け「Webサービス」のご案内をご覧ください。

権利関係

以下の記述を読んで、〇×で答えなさい。

Q01
[成年被後見人]

　成年被後見人が所有する成年被後見人の居住の用に供する建物への第三者の抵当権の設定について、成年後見人は、家庭裁判所の許可を得なければ代理して行うことができない。

Q02
[代理]

　未成年者が代理人となって締結した契約の効果は、当該行為を行うにつき当該未成年者の法定代理人による同意がなければ、有効に本人に帰属しない。

Q03
[債務不履行]

　債務者が債務を履行しない場合であって、債務者がその債務の全部の履行を拒絶する意思を明確に表示したときは、債権者は、相当の期間を定めてその履行を催告することなく、直ちに契約の解除をすることができる。

Q04
[相続]

　甲建物を所有するAが死亡し、相続人がそれぞれAの子であるB及びCの2名である場合、Cが単純承認したときは、Bは限定承認をすることができない。

Q05
[借地借家法（借家）]

　Aを賃貸人、Bを賃借人とする甲建物の賃貸借契約が締結された場合、本件契約について期間の定めをしなかったとき、AはBに対して、いつでも解約の申入れをすることができ、本件契約は、解約の申入れの日から3月を経過することによって終了する。

A01
[R3(12)-問3-2]

家庭裁判所の許可を得なければ代理して行うことができない。成年被後見人の居住用建物に**抵当権を設定**すると、抵当権の実行により成年被後見人が居住する建物を失うことになる恐れがあるので、家庭裁判所の許可を得なければならないことにしたのである。

○

A02
[H24-問2-1]

制限行為能力者が代理としてした行為は、行為能力の制限によっては取り消すことができない（民法102条）。したがって、未成年者が代理人となって締結した契約の効果は、当該行為を行うにつき当該未成年者の法定代理人による同意がなくても、有効に本人に帰属する。

×

A03
[R2(10)-問3-4]

債務不履行があっても、債権者は相当の期間を定めてその履行を催告し、その期間内に履行がないときでなければ契約を解除できないのが原則である（民法541条本文）。しかし、債務者がその債務の全部の履行を拒絶する意思を明確に表示したときは、催告をしても無駄なので、催告することなく、ただちに契約を解除することが認められている（同法542条1項2号）。

○

A04
[H28-問10-3]

相続人が数人あるときは、限定承認は、共同相続人の全員が共同してのみこれをすることができる（民法923条）。

○

A05
[R3(10)-問12-1]

期間の定めがなく借家契約が締結された場合、契約当事者はいつでも解約を申し入れることができるが、賃貸人の側から解約を申し入れるためには**正当事由**が必要であり、正当事由のある解約申し入れであったとしても、契約が終了するのは、解約申入れの日から「**6月**」を経過した時である（借地借家法27条1項、28条）。

×

宅建業法

以下の記述を読んで、○×で答えなさい。

Q01
[免許]
　営業に関し成年者と同一の行為能力を有しない未成年者であるＡの法定代理人であるＢが、刑法第247条（背任）の罪により罰金の刑に処せられていた場合、その刑の執行が終わった日から５年を経過していなければ、Ａは免許を受けることができない。

Q02
[宅地建物取引士]
　宅地建物取引士は、重要事項の説明をするときは説明の相手方からの請求の有無にかかわらず宅地建物取引士証を提示しなければならず、また、取引の関係者から請求があったときにも宅地建物取引士証を提示しなければならない。

Q03
[媒介契約]
　宅建業者Ａは、Ｂが所有する甲宅地の貸借に係る媒介の依頼を受け、Ｂと専任媒介契約を締結した。このとき、Ａは、Ｂに宅建業法第34条の2第1項に規定する書面を交付しなければならない。

Q04
[重要事項の説明]
　昭和55年に新築の工事に着手し完成した建物の売買の媒介を行う場合、当該建物が地方公共団体による耐震診断を受けたものであるときは、その内容を重要事項として説明しなければならない。

Q05
[クーリング・オフ]
　宅地建物取引業者が自ら売主となる宅地の売買契約について、買受けの申込みを喫茶店で行った場合、買受けの申込みをした者が宅地建物取引業者であった場合、クーリング・オフについて告げられていなくても、申込みを行った日から起算して8日を経過するまでは、書面により買受けの申込みの撤回をすることができる。

A01
[H27-問27-3]

　宅建業に係る営業に関し**成年者と同一の行為能力を有しない未成年者**の法定代理人が、免許の欠格要件に該当する場合、Aは免許を受けることができない（宅建業法5条1項11号）。

A02
[R2(10)-問28-3]

　宅地建物取引士は、重要事項の説明をするときは、相手方の請求の有無にかかわらず、必ず宅地建物取引士証を提示しなければならない（宅建業法35条4項）。また、取引の関係者から請求があったときは宅地建物取引士証を提示しなければならない（同法22条の4）。

A03
[H27-問28-ウ]

　媒介契約の規制は、宅地または建物の売買または交換の媒介の場合に適用されるのであり、**貸借の媒介には適用されない**。したがって、Aは、Bに書面を交付する必要はない（宅建業法34条の2第1項）。

A04
[R2(10)-問44-1]

　昭和56年6月1日前に着工した建物で耐震診断を受けたものであるときは、その内容を説明しなければならない（宅建業法35条1項14号、施行規則16条の4の3第5号）。

A05
[R4-問38-2]

　クーリング・オフに関する法37条の2の規定は、宅建業者間取引には適用がなく、宅建業者である買主は、クーリング・オフによる売買契約の解除を行うことができない（宅建業法78条2項）。

×

法令上の制限

以下の記述を読んで、〇✕で答えなさい。

Q01

[都市計画法]

田園住居地域内の農地の区域内において、土地の形質の変更を行おうとする者は、一定の場合を除き、市町村長の許可を受けなければならない。

Q02

[建築基準法]

建築基準法の改正により、現に存する建築物が改正後の法の規定に適合しなくなった場合には、当該建築物は違反建築物となり、速やかに改正後の建築基準法の規定に適合させなければならない。

Q03

[建築基準法（集団規定）]

第一種低層住居専用地域内においては、神社、寺院、教会を建築することはできない。

Q04

[農地法]

農地法第2条第3項の農地所有適格法人の要件を満たしていない株式会社は、耕作目的で農地を借り入れることはできない。

Q05

[国土利用計画法]

Aが所有する都市計画区域外の10,000㎡の土地とBが所有する市街化調整区域内の10,000㎡の土地を交換した場合、A及びBは事後届出を行う必要はない。

A01
[H30-問16-1]

　田園住居地域内の農地について、土地の形質の変更をしようとする者は、原則として、市町村長の許可を受けなければならない（都市計画法52条１項）。

○

A02
[R4-問17-1]

　法の改正により、現に存する建築物が改正後の法の規定に適合しなくなった場合でも、当該建築物は**既存不適格建築物**となり、建築基準法の適用除外となる（建築基準法３条２項）。現に存する建築物が建築基準関係規定に違反していても、違反建築物ではなく、**速やかに改正後の法の規定に適合させる必要はない。**

×

A03
[R4-問18-1]

　第一種低層住居専用地域内においては神社、寺院、教会を建築することができる（建築基準法48条１項、同別表２（い）五）。**神社、寺院、教会などの宗教施設は、全ての用途地域で建築できる。**

×

A04
[R4-問21-2]

　農地を所有する法人は農地所有適格法人でなければならないが、農地を所有するのではなく、賃貸借することで農業経営を行う場合には、農地所有適格法人の要件を満たしていない株式会社でも、**一定の条件を満たすことにより耕作目的で農地を借り入れる**ことができる（農地法３条３項、３条の２参照）。

×

A05
[R2(10)-問22-4]

　「交換」は規制の対象となる土地取引に該当する（国土利用計画法14条１項）。Ａが所有する都市計画区域外の10,000㎡の土地とＢが所有する市街化調整区域の10,000㎡の土地を交換した場合、ＡもＢも事後届出を行う必要がある（同法23条２項１号ロ・ハ）。

×

税・価格の評定

以下の記述を読んで、〇×で答えなさい。※の問題は、本書発行時点の法令に照らし一部補正してあります。

Q01
[不動産取得税] ※

不動産取得税は、不動産の取得に対して課される税であるので、家屋を改築したことにより、当該家屋の価格が増加したとしても、不動産取得税は課されない。

Q02
[印紙税]

国を売主、株式会社Aを買主とする土地の売買契約において、共同で売買契約書を2通作成し、国とA社がそれぞれ1通ずつ保存することとした場合、A社が保存する契約書には印紙税は課されない。

Q03
[登録免許税] ※

住宅用家屋の所有権の移転登記に係る登録免許税の税率の軽減措置は、以前にこの措置の適用を受けたことがある者が新たに取得した住宅用家屋に係る所有権の移転の登記には適用されない。

Q04
[贈与税]

直系尊属から住宅取得等資金の贈与を受けた場合の贈与税の非課税の特例に関し、直系尊属から住宅用の家屋の贈与を受けた場合でも、この特例の適用を受けることができる。

Q05
[不動産鑑定評価]

原価法は、対象不動産が建物又は建物及びその敷地である場合には適用することができるが、対象不動産が土地のみである場合においては、いかなる場合も適用することができない。

A01
[R2(10)-問24-3]

　家屋を改築したことにより、当該家屋の価格が増加した場合には、当該改築をもって家屋の取得とみなして、不動産取得税を課するとされている（地方税法73条の2第3項）。

×

A02
[R2(10)-問23-3]

　国等と国等以外の者が共同で作成した文書は、国等以外の者が保存する文書を、国等が作成したものとみなす（印紙税法4条5項）。また、国等が作成する文書は非課税とされているので、本肢の記述は正しい（同法5条2号）。

○

A03
[H26-問23-3]

　この税率軽減措置には、既適用者に対する適用制限は設けられていない（租税特別措置法73条）。したがって、以前に適用を受けた者が、新たに取得した場合にも適用される。

×

A04
[H27-問23-1]

　直系尊属から住宅取得等資金の贈与を受けた場合の贈与税の非課税の特例（租税特別措置法70条の2）における「住宅取得等資金」とは、住宅の新築、取得または増改築等の対価に充てるための金銭をいう（同法70条の2第2項5号）。住宅用の家屋そのものは含まれない。したがって、この特例は受けられず、誤り。

×

A05
[R5-問25-2]

　原価法は、対象不動産が建物または建物および敷地である場合において、再調達原価の把握および減価修正を適正に行うことができるときに有効であり、対象不動産が**土地のみである場合においても、再調達原価を適切に求めることができるときは、適用できる**（基準総論第7章第1節Ⅱ　1意義）。例えば、たとえ既成市街地でも「建物及びその敷地」については、敷地の評価を取引事例比較法または収益還元法より行うことによって、全体として、原価法を適用することができる。

×

５問免除

以下の記述を読んで、○×で答えなさい。

Q01

[住宅金融支援機構]

独立行政法人住宅金融支援機構は、高齢者が自ら居住する住宅に対して行うバリアフリー工事または耐震改修工事に係る貸付けについて、貸付金の償還を高齢者の死亡時に一括して行うという制度を設けている。

Q02

[景表法]

物件からスーパーマーケット等の商業施設までの徒歩所要時間は、道路距離80mにつき１分間を要するものとして算出し、１分未満の端数が生じたときは、端数を切り捨てて表示しなければならない。

Q03

[景表法]

新築の建売住宅について、建築中で外装が完成していなかったため、当該建売住宅と規模、外観等は同一ではないが同じ施工業者が他の地域で手掛けた建売住宅の外観写真を、施工例である旨を明記して掲載した。この広告表示が不当表示に問われることはない。

Q04

[土地]

三角州は、河川の河口付近に見られる軟弱な地盤である。

Q05

[建物]

木材の強度は、含水率が小さい状態の方が低くなる。

A01
[H27-問46-1]

独立行政法人住宅金融支援機構は、高齢者が自ら居住する住宅に対して行うバリアフリー工事または耐震改修工事に係る貸付けについて、**貸付金の償還を高齢者の死亡時に一括して行うという制度**（死亡時一括償還制度）を設けている（機構業務方法書24条4項）。

○

A02
[R4-問47-1]

徒歩による所要時間は「**道路距離80mにつき1分間を要する**」として算出した数値を表示する必要がある。この場合において、**1分未満の端数**が生じたときは、1分として**切り上げて算出**する（不当景品類及び不当表示防止法5条、不動産の表示に関する公正競争規約15条(4)、表示規約施行規則9条(9)）。

×

A03
[H29-問47-2]

取引する建物が建築工事の完了前である等その建物の写真または動画を用いることができない事情がある場合においては、**取引する建物を施工する者が過去に施工した建物であり、かつ、当該写真または動画が他の建物である旨及び建物の外観は、取引する建物と構造、階数、仕様が同一であって、規模、形状、色等が類似する場合には、取引する建物と異なる部位を、写真の場合は写真に接する位置に、動画の場合は動画中に明示することとされている**（不当景品類及び不当表示防止法5条、表示規約15条(8)、表示規約施行規則9条(22) ア）。よって、この広告表示は、不当表示に問われる。

×

A04
[H29-問49-2]

三角州は、河川の河口付近に形成される土地で、河川により運ばれてきた細かい砂や泥等が堆積した軟弱な地盤である。

○

A05
[H29-問50-1]

木材の強度は含水率（木材に含まれる水分の量を、木材そのものの重さ（全乾燥重量）をもとにして百分率で表した比率）に影響を受け、**気乾状態**（乾燥した状態のことで、含水率13%〜18%、標準は15%程度）のものが、**強度が大きい**。したがって、木材の強度は含水率が大きい状態のほうが低くなる。

×

宅建受験新報
バックナンバーのご案内

2023年 夏号
定価1,430円（税込）

特集1●宅建試験
これまでとこれからの学習をチェック！
特集2●賃貸不動産経営管理士試験
スタートアップ講座
特集3●マンション管理士試験　管理業務主任者試験
最強の学習ガイド
コラボ企画！『正直不動産』宅建試験受験生 応援スペシャル！

2023年 秋号
定価1,430円（税込）

特集1●宅建試験
ココが狙い目！　速効の直前対策！
特集2●賃貸不動産経営管理士試験
令和5年度試験の攻略アドバイス！
特集3●マンション管理士試験、管理業務主任者試験
得点力を最大限に伸ばす学習！
イベントレポート
『正直不動産』原案者 夏原 武先生トークライブ

2024年 冬号
定価1,430円（税込）

特集1●
令和5年度　宅建本試験　問題と解答解説
日建学院／宅建講座　講師室
特集2●不動産の仕事と資格あれこれ
新春スペシャル
宮嵜 晋矢×吉野 哲慎
法律用語がわかる！

2024年 春号
定価1,430円（税込）

特集1●宅建試験の合格戦略！
日建学院／宅建講座　講師室
特集2●平柳将人が詳細分析！
令和5年度管理系資格試験の総評
賃貸不動産経営管理士、マンション管理士、管理業務主任者
試験に役立つ文具特集

【バックナンバーのご注文方法】

1. 最寄りの書店でご注文

2. オンライン書店　Fujisan.co.jpでご注文
URL：https://www.fujisan.co.jp/product/2301/b/list/
＊送料などの詳細につきましては、Fujisan.co.jpへ直接お問い合わせください。

【定期購読のご案内】 1年間 5,720円（税込）
＊年4回発売、計4冊（送料無料、1冊あたり1,430円）

1. 住宅新報出版へのお問い合わせ
URL：https://www.jssbook.com/

2. オンライン書店　Fujisan.co.jpでのお申込み
URL：https://www.fujisan.co.jp/product/2301

【本書へのお問合せ】

　本書の記述に関するご質問等は、**文書**にて下記あて先にお寄せください。お寄せ頂きましたご質問等への回答は、若干お時間をいただく場合もございますので、あらかじめご了承ください。また、**電話でのお問合せはお受けいたしかねます。**

　なお、当編集部におきましては、記述内容をこえるご質問への回答および受験指導等は行っておりません。何卒ご了承のほどお願いいたします。

宛て先　　〒171-0014　東京都豊島区池袋2-38-1
　　　　　（株）住宅新報出版
　　　　　FAX（03）5992-5253

正誤による修正の情報に関しては
下記ウェブサイトでご確認いただけます。

情報の公開は「2025年版」発行までとさせていただきます。
ご了承ください。

https://www.jssbook.com

2024年版　パーフェクト宅建士 直前予想模試

1991年12月12日　初版発行（旧書名　パーフェクト宅建直前予想模試）
2019年6月28日　2019年版（改題版）発行（旧書名　パーフェクト宅建の直前予想模試）
2024年6月21日　2024年版発行

編　者　　　住 宅 新 報 出 版
発行者　　　馬 場 栄 一
発行所　　　（株）住 宅 新 報 出 版
印刷・製本　（株）広 済 堂 ネ ク ス ト
組　版　　　朝日メディアインターナショナル(株)
　　　　　〒171-0014　東京都豊島区池袋2-38-1
　　　　　電話 (03) 6388-0052

Printed in Japan
ISBN　978-4-910499-82-6　C2032

落丁本・乱丁本はお取り替えいたします。